중국의 실리콘밸리, 광둥을 가다

중국의 실리콘밸리,
광둥을 가다

2021년 9월 10일 초판 1쇄 발행

지 은 이 | 김수영
펴 낸 곳 | 삼성경제연구소
펴 낸 이 | 차문중
출판등록 | 제1991-000067호
등록일자 | 1991년 10월 12일
주　　소 | 서울특별시 서초구 서초대로74길 4(서초동) 삼성생명서초타워 30층
전　　화 | 02-3780-8153(기획), 02-3780-8084(마케팅)
팩　　스 | 02-3780-8152
이 메 일 | seribook@samsung.com

ⓒ 김수영 2021
ISBN | 978-89-7633-112-0 03320

삼성경제연구소 도서정보는 이렇게도 보실 수 있습니다.
홈페이지(http://www.seri.org) → SERI 북 → SERI가 만든 책

중국의
실리콘밸리,
광둥을 가다

| 김수영 지음 |

삼성경제연구소

일러두기

- 고유명사는 중국어 발음으로, 일반명사는 우리말 발음으로 표기하는 것을 원칙으로 했다. 예컨 대 平安保险을 '핑안'(중국어 발음)과 '보험'(우리말 발음)으로 나누어 '핑안보험'으로 표기하는 방식 이다. 자오샹은행(招商银行), 따야만(大亚湾), 둥관현(东莞县), 판위구(番禺区) 등이 같은 예다.

- 다만 일반명사라 하더라도 우리에게 낯선 표현은 중국어 발음을 따라 표기했다. 동과 동사무소 에 해당하는 제다오(街道)와 제다오반(街道办) 그리고 웨강아오따완취(粤港澳大湾区) 등이 그 예다. 특히 빅 베이 에어리어(Big Bay Area)를 일컫는 '따완취'는 우리말 발음으로 표기하자면 '대만구'인 데, '타이완'과 혼동되는 것을 피하기 위해 중국어 발음을 사용했다.

- 관용어와 사자성어 등은 익숙한 우리말 발음으로 표기했다. 예를 들면, 남순강화(南巡讲话), 쌍순 환(双循环), 등롱환조(腾笼换鸟) 등과 잡지 명칭인《제일재경주간(第一财经周刊)》,《남풍창(南风窗)》 등이다. 같은 이유로 남월(南越), 남해군(南海郡), 주강(珠江), 장강(长江) 등의 익숙한 지역 명칭도 우리말 발음대로 표기했다.

- 중국에서 지역명은 흔히 약칭으로 쓰인다. 예컨대, 광둥성은 웨(粤), 홍콩은 강(港), 마카오는 아 오(澳), 푸젠성은 민(闽), 하이난성은 칭(琼), 광시좡족자치구는 구이(桂)로 표기하는 방식이다. 특히 광둥성과 홍콩 그리고 마카오를 함께 일컫는 '웨강아오(粤港澳)'는 이 책에서 빈번하게 사용 되는 표현이니 미리 알아두자.

미국의 대표적 국가안보 전문가 그레이엄 앨리슨(Graham Alison)은 미국과 중국의 패권 경쟁을 다룬 책《예정된 전쟁》에서 나폴레옹 보나파르트의 말을 인용한 바 있다. "잠에 빠져 있는 중국을 깨우지 마라. 중국이 깨어나는 순간 온 세상이 뒤흔들릴 테니."

보나파르트의 경고대로, 최근 잠에서 깨어난 '중국'이 세계인의 화두로 떠오르고 있다. 미중 무역분쟁, 바이든의 중국 정책, 화웨이 반도체 공급 금지, 틱톡, 일대일로, 홍콩 등 중국과 관련된 키워드들로 온 세상이 흔들리는 느낌이다.

중국은 1840년 아편전쟁 패배 이후 100년을 중국 역사상 가장 치욕스러운 시기라고 생각하며, 1949년 중화인민공화국 성립으로부터 100년이 지나는 2049년에는 중국의 찬란한 영화를 재현하겠다(중국몽)는 포부로 현재 경제발전에 매진하고 있다.

중국의 이러한 무서운 경제굴기는 아편전쟁 발발지인 광둥성에서 시작됐다. 중국 정부는 일찍이 1957년 해외의 화교자본을 통해 외화를 획득하고, 중국 제품 수출을 장려하기 위해 광저우에 캔톤페어(Canton Fair)를 유치하여 지금까지 세계 최대의 수출입박람회로 키워냈다. 1978년 12월 중국공산당 11기 중앙위원회 3차 전체 회의(十一届三中全会)에서 개혁개방 정책을 공식화한 덩샤오핑(邓小平)은 1980년 광둥성의 선전, 주하이, 산터우 등지를 경제특구 지역으로 지정, 본격적으로 세계와 경제교류를 개시했다.

개혁개방 이후 40여 년, 이제 광둥성은 중국에서 GDP 규모 1위의 경제대성(经济大省)이자 4차 산업혁명의 요람이 되어 중국의 미래를 선도하고 있다. 광저우, 선전, 후이저우, 둥관, 포산, 주하이 등지에 포진한 화웨이, 텐센트, DJI, 비야디(BYD) 등을 필두로 하는 중국 최고의 첨단산업 기업이 그 주인공들이다.

주광저우대한민국총영사관 상무영사를 역임한 저자가 이번에 《중국의 실리콘밸리, 광둥을 가다》를 출간했다. 저자는 2020년 초 코로나19의 엄습으로 광둥성 내의 수많은 우리 국민이 격리당해야 하는 상황일 때 한인상공회와 함께 이들을 돕고 기업인을 위한 전세기를 띄우느라 동분서주했다. 2020년 9월, 3년의 임기를 마치고 귀국하고 나서는 새로운 생활에 적응하느라 무척 바빴을 텐데 광둥성의 경제에 관한 이토록 방대한 책을 어찌 저술했는지 그저 놀라울 따름이다.

광둥성 곳곳을 직접 찾아다니며 이 지역의 현 경제 상황을 조목조목 분석하고 연구해준 저자 덕분에, 독자들은 광둥성 경제, 곧 '차이나 실리콘밸리'라는 프리즘을 통해 중국 경제 전체의 현황과 미래를 보다 잘 이해할 수 있을 것이다.

저자는 한중 관계를 갈등과 불화에서 건전한 경쟁과 협력의 동반자 관계로 발전시키려면 중국을 제대로 아는 전문가가 더 많아져야 한다고 항시 강조해왔다. 경제 분야만이 아니라 중국의 역사와 문화를 이해하기 위해 중국 사람들과 거침없이 교류하던 저자의 모습이 눈에 선하다. 저자가 앞으로 유능한 경제관료이자 중국 전문가로 거듭나리라는 기대감이 충만하다.

2021년 9월

홍성욱 *前* 주광저우대한민국총영사관 총영사

광둥성(广东省)은 한국에 관심이 아주 많다. 그래서 연초만 되면 광둥성 언론은 한국의 GDP와 광둥성 GDP를 비교하느라 열심이다. 2020년 3월 중국 언론《시나재경(新浪财经)》은 광둥성 GDP가 1.56조 달러로 1.64조 달러인 한국 수준에 근접했다고 보도하며 수년 내 한국의 규모를 넘어설 것이라고 전망했다. 그리고 2021년 1월 코로나19의 영향으로 광둥성 GDP가 1.61조 달러로 2.3% 성장한 반면 한국은 −1.0%로 역성장해 실질 GDP 기준 1.55조 달러를 기록하자 광둥성이 한국의 경제규모를 넘어섰다며 떠들썩했다.

그러더니 2021년 3월 4일 한국은행이 0.3% 증가한 1.63조 달러로 명목 GDP 수치를 공식 발표하자, 곧바로 당일 광둥성 언론은 간발의 차이로 한국에 뒤처졌다며 2021년에는 한국을 넘어설 것이 틀

림없다고 신속하게 보도했다. 이 기사에 대한 중국 네티즌들의 반응을 보면 광둥성의 경제성장 속도와 인구 규모를 볼 때 한국을 넘어서는 것은 당연하다는 주장이 대다수였다. 물론 그중에는 한국의 1인당 GDP(2020년 기준으로 3만 1,637달러)를 보면 광둥성의 2배가 넘는다면서 한국과 같은 경제 선진국과 비교하기에는 아직 무리라는 소수 의견도 있었다. 또 일부는 한국과 비교하는 것 자체가 불쾌하다는 반응을 보이기도 했다.

광둥성 입장에서는 40여 년 전 덩샤오핑이 개혁개방 정책을 펼치면서 광둥성에 부여한, '아시아의 네 마리 용'을 넘어서라는 과제를 완료하는 순간이 눈앞에 다가온 뜻 깊은 때일 것이다. 반면 우리 국민 중 광둥성 GDP에 관심을 기울이는 사람은 별로 없다. 광둥성이 중국 내에서 가장 경제규모가 큰 곳이기는 하지만 하나의 지방정부일 뿐이고 1인당 GDP 또한 한국이 3.1만 달러로 광둥성의 1.4만 달러보다 2배 이상 높기 때문이다. 하지만 광둥성 경제를 현장에서 바라본 한국 공무원의 입장에서는 한국의 GDP가 광둥성에 뒤처지며 중국 내 경제규모 2위인 장쑤성(江蘇省)에도 쫓기는 신세가 된다고 하면 이는 꽤나 자존심이 상하는 일이다.

중국 영토는 960만㎢로 남한과 비교하면 96배, 인구는 약 14억 명으로 남한의 27배를 자랑하는 거대한 규모다. 그러나 한 걸음 더 깊이 들여다보면 지역적으로 동부 연해안과 서부 내륙 간의 발전 격차가 매우 크고, 극심한 소득불균형을 보이고 있기도 하다. 이 때문에 중국을 한눈에 이해하기는 어렵고, 도리어 '평균의 함정'에 빠져 오해하기 쉽다.

중국을 제대로 알기 위해서는 지역별 연구가 꼭 필요하다고 강조하게 되는 이유다.

중국은 공산당을 중심으로 하는 강력한 중앙집권 체제를 유지하고 있다. 중앙에서 실시하는 정책이 신속하게 지방으로 전파되며, 중앙의 정책 의지가 지방에서 빠르게 실현된다. 다시 말해, 지방에서 실시하는 정책을 제대로 알면 중국 중앙정부의 정책이 어떤 것인지 그 모습을 좀 더 생생히 파악할 수 있다는 의미다. 정리하자면, 경제수준이 높은 지역을 선택해 분석하면 평균의 함정을 피할 수 있을 뿐 아니라 중국 전체의 정책 방향도 빠르게 파악할 수 있다는 뜻이다.

중국은 행정적으로 크게 22개 성(타이완을 포함하면 23개 성), 4개 직할시, 5개 자치구, 2개 특별행정구역으로 나뉜다. 이 중 우리나라가 관심을 갖고 살펴볼 만한 지역은 광둥성과 장쑤성이다. 두 지역은 중국 내 GDP 1위와 2위를 다투는 지역으로, 조금 단순화해 비교하자면 광둥성은 개혁개방을 통한 대외개방과 수출 전략에 강세를 보이고, 장쑤성은 전통적 발전 지역으로서 내수에 상대적 강세를 보인다.

특히 광둥성은 1989년부터 2020년까지 32년 연속 중국 내 GDP 1위를 유지하고 있다. 광둥성은 전체 면적이 한국과 큰 차이가 나지 않고, 천연자원도 그리 풍족하지 않으면서 대외개방을 통해 급속한 경제성장을 이뤘다는 점에서 우리나라와 유사한 데가 많다. 또한 현 시점에서는 인공지능, 빅데이터, 5G 등 신산업 분야의 혁신을 기반으로 새로운 성장동력을 육성하며 양적 수준뿐 아니라 질적 수준에서도 한국을 추월하고자 노력하고 있다.

서울대학교 공과대학 이정동 교수는 2017년 발간한 《축적의 길》에서 중국이 넓은 내수시장이라는 공간의 힘으로 시행착오를 빠르게 축적하면서, 창의적이고 근본적으로 새로운 개념을 제시할 수 있는 개념설계 역량을 기르는 데 필요한 시간을 압축하고 있다고 설명하는데, 매우 적절한 진단으로 보인다. 이를 보여주는 대표적 사례 지역이 바로 광둥성일 것이다. 그런 점에서 광둥성은 우리 입장에서 보면 중국을 대표할 만한 바로미터가 아닐까 생각한다.

사실 광둥성은 한국 사람들에게는 조금 생소한 지역이다. 지리적으로 한국에서 다소 먼 곳에 위치했고, 중국 정치와 경제를 대표하는 베이징과 상하이가 있으니 우리 국민들이 광둥성까지 이해의 폭을 넓히기란 쉽지 않다. 개혁개방으로 유명한 선전(深圳)과 아시안게임이 개최된 광저우(广州)는 알려져 있지만, 두 도시가 소재한 광둥성 자체 그리고 둥관(东莞)이나 후이저우(惠州) 등은 한국인에게 아직 낯선 지역이다. 하지만 광둥성은 중국을 대표하는 4개의 일선도시(一线城市: 베이징, 상하이, 광저우, 선전) 중 절반(광저우, 선전)이 소재한 곳이자 경제규모 면에서 캐나다와 러시아 그리고 한국과 어깨를 나란히 하는 지역이다.

필자는 2017년 9월부터 2020년 8월까지 주광저우대한민국총영사관에서 경제 담당 상무영사로 3년간 근무하면서 광둥성의 경제발전을 가장 가까이에서 살펴볼 수 있었다. 광둥성을 찾는 한국 방문단과 함께 현재 중국에서도 급속히 진행 중인 4차 산업혁명의 현장을 둘러볼 기회도 가졌다. 그리고 방문단을 수행하는 과정에서 광둥성에 대해 객관적이고 신뢰할 수 있는 분석과 설명 자료가 부족함을 절감하게 됐다.

광둥성의 경제발전에 관한 정보가 인터넷에 떠도는 내용 수준이었던 것이다. 언론에 소개되는 모습 역시, 광둥성에서 벌어지고 있는 4차 산업혁명의 실험적인 시도에만 치중하여 다소 과대포장되는 경향이 있었다. 광둥성의 현재를 보다 객관적으로, 또 깊이 있게 살필 필요가 있다고 여겼다.

필자는 이 책에서 광저우에서 선전을 거쳐 홍콩으로 이어지는 지역을 '차이나 실리콘밸리'라 명명하고, 이 지역의 경쟁력을 '사실' 중심으로 살폈다. 이를 위해 가능한 한 많은 중국 측 자료를 확인해 소개함으로써 좀 더 공신력 있는 시각을 담기 위해 노력했다.

그중 '광둥 개혁개방 40주년 회고와 전망 총서'를 많이 활용했다. 이는 필자가 광둥성 외판(외사판공실의 약어로 외교 업무를 담당한다)과 상무청에 광둥성 경제를 이해하는 데에 적절한 자료를 요청해 추천받은 것이다. 경제발전, 대외개방, 경제개혁, 지역경제발전, 민영기업, 재정개혁, 제조업 발전, 웨강아오(粤港澳) 협력, 기업의 사회책임, 금융발전 등 총 10권으로 구성되어 있다.

이 외에도 객관성을 확보하고자 광둥성 통계국 자료를 다수 활용했는데 그러다 보니 숫자와 그래프가 많이 담기게 됐다. 또 자료의 공적 신뢰성을 높이기 위해 광둥성에서 공개하는 법령과 정책을 인용하는 과정에서 좀 딱딱한 내용이 된 것도 사실이다. 이 책에 언급된 법령과 정책은 2017년 12월부터 2020년 4월까지 광둥성에서 발표한 535건의 자료 중 필요한 부분을 활용한 것이다. 다만 본문에서 법령을 설명할 때는 핵심내용을 가급적 간단히, 직관적으로 이해할 수 있는 정도로 번역했고, 법령의 중국어 원문을 주석으로 소개해 필요 시에 찾아볼 수 있도록 했다.

　가능한 한 최신 수치를 반영하려고 노력했지만 확보할 수 있는 자료의 한계로 인해 과거 자료를 인용하기도 했는데, 코로나19라는 예외적 상황을 고려하여 2019년도 실적을 기준으로 삼았고 2020년 수치는 필요 시 참고했다. 화폐 단위로는 주로 위안화를 썼는데, 위안화에 익숙하지 않은 독자는 달러당 6.5위안으로 환산하거나 위안당 170원으로 환산해서 보면 대략적 규모를 알 수 있으리라 본다. 다만 일부 꼭 필요한 곳에는 달러화 또는 원화를 병기했다.

　한편, 중국 자료의 경우 미사여구가 많고 자화자찬 성향이 있기에 자료를 활용하는 데 있어 객관적인 시선을 유지하기 위해 많은 주의를 기울였으나 혹 미흡한 부분이 있다면 새겨서 봐주길 당부드린다.

　이 책의 첫 번째 집필 목적은 향후 경제 정책을 설계하거나 결정하고자 할 때 '중국'이라는 필수적 고려 대상에 대한 시사점을 주려는 것이다. 특히 4차 산업혁명이라고까지 일컬어지는 첨단산업 분야에서 한국으로서는 쉽게 할 수 없었을 정책적 실험을 광둥성에서는 넓은 시장을 배경으로 과감하게 진행하고 있다. 광둥성의 성공과 실패 사례를 잘 분석해 활용할 만한 교훈을 찾아낸다면 꽤 의미 있는 일이 될 것이다. 광둥성의 정책 내용과 그곳에서 활동하는 기업들을 설명하면서 그 장점과 함께 문제점도 같이 지적한 이유다.

　다음으로는 광둥성에 진출하고 싶거나 광둥성 기업과 경제적 관계를 맺고자 하는 사람들에게 실질적 참고가 되었으면 하는 바람이 있다.

광둥성 기업인들과 만날 때 중국의 문화와 역사로 이야기를 풀어가는 것도 좋지만, 대단히 현실적인 광둥성 기업인들의 특징을 고려해 소통할 필요도 있어서다.

마지막으로는 이 책에서 광둥성의 경제발전을 바라보고 분석한 시각이 한국의 수많은 중국 전문가들에게 새로운 접근 방법의 하나로서 참고가 되기를 기대한다. 중국 지방정부의 정책과 현장의 실상을 본격적으로 분석하고 중앙정부의 정책이 지방 차원에서 어떻게 실현되는지를 보여주는 드문 기회일 것이기 때문이다.

이 책의 1장에서는 광둥성 경제성장의 과정을 설명하며, 이제는 한국도 광둥성을 주목할 때가 되었음을 강조한다. 광둥성 경제성장 과정은 중국 전체의 경제성장을 대표해서 보여주는 전형적 사례이기 때문에 이를 중국의 성장 과정이라 해석해도 무방할 것이다.

2장에서는 필자가 '차이나 실리콘밸리'라고 이름 지은 지역의 주요 도시를 좀 더 구체적으로 살폈다. 차이나 실리콘밸리를 이끈 주연배우인 혁신기업들이 활동해온 무대다. 또한 중국과 광둥성 정부가 본격적으로 추진 중인, 그리하여 두 번째 성장의 무대로 떠오른 빅 베이 에어리어(Big Bay Area), 즉 광둥성, 홍콩, 마카오로 구성된 웨강아오따완취(粤港澳大湾区)에 대해서도 별도로 상세히 설명했다.

3장에서는 광둥성의 4차 산업혁명 실현 현황과 광둥성 정부의 정책적 지원 노력을 소개한다. 제조업과 서비스산업, 과학기술, 5G와 인공지능, 친환경 저탄소 산업으로 나누어 설명했다. 각 분야별로는 현황과 문제점, 광둥성 정부의 정책을 다루었다.

4장에서는 광둥성의 주요 기업을 소개한다. 차이나 실리콘밸리에서 경제성장을 이끈 주역들이라 표현할 만하다. 필자가 수차례 방문해 기업 관계자와 비교적 깊이 교류할 수 있었던 곳들 중에서 엄선하다 보니 책에 소개하지 못한 기업이 많다는 점이 다소 아쉽다. 한국의 분야별 전문가들이 자율주행, 드론, 인공지능 관련 기업을 방문하고 중국의 기술 수준을 전문가 시각에서 평가한 내용도 수록했다.

5장에서는 광둥성의 성장을 이끈 4가지 요소를 짚어보고 이것이 과연 앞으로도 유효할지를 분석했다. 중국 경제는 대내외적 어려움이 많지만 사회주의 국가 특유의 자원동원력으로 위기를 극복할 수 있을 것이며, 중국 경제의 대표 주자로서 광둥성 경제 또한 성장세를 유지하리라 예측된다. 그러나 진정한 위기는 내부적으로 촉발될 수 있기에 이를 방지하기 위한 노력이 중요할 것이다.

그리고 부록으로 필자가 광둥성의 한국 기업 및 교민들과 함께 겪은 코로나19 현장의 모습을 담았다. 코로나19 방역 과정에서 격리된 교민들의 어려움을 해소하기 위해 노력했던 것과 기업인들을 지원하기 위해 전세기를 편성했던 것이 주된 내용이다. 이러한 경험을 통해 중국 공무원들의 업무 행태를 한 단계 더 깊이 이해하는 계기가 되었기 때문에 비교적 상세히 설명했다.

다양한 분야의 내용을 중국 측 자료에 기초해 소개하는 과정에서 혹 전문지식 부족으로 인한 오역 등이 있을 수 있다. 전문 번역가의 도움 없이 작업했기에 언어의 한계에 따른 오류 또한 생겨날 수 있을 텐데, 그것은 모두 나의 책임이다. 아는 것이 다른 사람과 공유할 만한 지식으로 자라나려면 일정 정도 축적의 시간이 필요함을 집필 과정에서 절감했다. 이 책에 혹시 있을지 모를 오류를 수정하고 새로 알게 된 사실을 업데이트할 기회가 있기를 기대한다. 그리고 많은 사람이 모여 이룬 집단지성으로 중국을 더 제대로 이해할 수 있게 이 책이 불쏘시개 역할을 할 수만 있다면 더 바랄 것이 없겠다.

이 책을 완성하기까지 많은 도움이 있었다. 무엇보다 상무영사로서 책임 있게 업무를 수행할 수 있도록 무한한 신뢰를 주신 주광저우대한민국총영사관 홍성욱 총영사님께 감사드린다. 총영사관 업무를 하는 데 실무적으로 많은 도움을 준 동료 영사들과 경제팀의 신중희 팀장, 중국인 직원들의 기여도 적지 않다. 필자가 책을 쓴다는 소식에 필요한 현장 사진을 아낌없이 보내주신 교민과 기업인의 지지에 대해서도 감사드린다. 한 분 한 분 이름을 언급하지 못해 죄송할 뿐이다. 삼성경제연구소 차문중 소장님과 유석진 부사장님 그리고 이유경 팀장과 출판팀에도 감사의 마음을 전한다. 이분들의 도움이 없었다면 재미없는 정보만 나열한 자료집에 그쳤을 것이다. 생소한 내용을 이해하려고 노력하면서 오타도 잡아주며 집필을 격려해준 이은주 여사와 아빠가 쓴 책을 손꼽아 기다리던 다은과 지후에게도 고마움을 전한다. 마지막으로 주광저우대한민국총영사관에서 근무하는 동안 유명을 달리하신 어머님과 홀로되신 아버님께 이 책을 바친다.

2021년 9월

김수영

16

후 여사의 꿈

'후(胡) 여사'는 광저우 지역의 아파트 단지를 돌며 가정관리사로 일하는 30대 여성이다. 주로 한국인 대기업 주재원 가정에 다닌다. 태어나 자란 곳은 후난성(湖南省)이지만 남편과 함께 광저우로 와서 돈을 벌고 있다. 아이들은 고향에서 조부모의 돌봄 아래 성장하고 있다.

광저우에서 근무할 때 필자는 후 여사와 비슷한 처지의 사람들을 주위에서 많이 볼 수 있었다. 필자가 살던 아파트 단지는 후이징신청(汇景新城)으로, 도심 외곽의 비교적 큰 단지다. 동서남북 출입구에 설치된 초소에서 일하는 직원만 해도 십수 명이었다. 넓은 정원을 관리하는 정원사, 각 동별 청소 인원, 안전 담당 보안요원까지 포함하면 100명이 훌쩍 넘는다.

아파트 밖으로 시야를 돌리면 이들의 규모는 더욱 커진다. 시내 지하철역에는 입구마다 엑스선(X线) 검색대가 있고 검색대마다 4~5명의 근무자가 상주한다. 광저우 시내 모든 지하철역마다 설치된 검색대를 생각하면 근무자 수는 실로 엄청나다. 저녁시간 광저우 도심의 우양춘(五羊邨) 지하철역 입구에는 배달 업무를 하는 사람들이 모여든다. 광저우 시내 어디로든 이동하기 편리한 도심 한가운데 위치한 지하철역이기 때문이다. 또 도심을 조금만 벗어나 공장 지역으로 나가면 점심시간에 쏟아져 나와 간단히 요기하는 젊은이들을 많이 볼 수 있다.

이들 중에는 후 여사처럼 광둥성 외지에서 온 사람이 많다. 이들이 물가도 비싸고 낯선 광둥성의 일선도시들에서 저임금으로 버티는 까닭은 무엇일까? 이들은 무슨 꿈을 꾸고 있을까?

다시 후 여사를 보자. 후 여사는 하루에 서너 가정을 다니며 일하고 각각 100위안을 받는다. 한 가정당 2시간씩 하루에 6~8시간 동안 한 달을 열심히 일하면 1만 위안(약 170만 원) 가까이 번다. 공장에서 일하는 남편의 수입보다 많다. 이렇게 번 돈으로 고향 마을에 아파트 분양도 받고 시골집 리모델링도 했다고 한다.

이처럼 중국 각지의 젊은이들이 생계유지를 위해서 그리고 신분상승을 꿈꾸면서 광둥성으로 모여든다. 지난 40여 년간 광둥성이 보여준 놀라운 경제발전과 수많은 성공 이야기는 대도시에서 성공하고 싶다는 사람들의 희망을 더욱 부채질하고 있다. 그렇다면 과연 이들이 바라보는 광둥성은 어떤 곳일까?

이 책을 통해 우리는 광둥성의 경쟁력이 어디 있는지, 그 경쟁력이 앞으로도 계속 유효할지 살펴볼 것이다. 광둥성의 속살을 들여다보는 여정이다.

· 1장 ·

우리가 광둥성에
주목해야만 하는 이유

광둥성 지도.

광둥성은 중국 남쪽 지역에 자리 잡은 성급 행정구다. 동쪽으로는 푸젠성(福建省), 북쪽으로는 장시성(江西省)과 후난성(湖南省), 서쪽으로는 광시좡족자치구(广西壮族自治区)와 접한다. 서남부쪽으로는 중국의 하와이라 불리는 하이난성(海南省)과 좁은 해협을 사이에 두고 마주보고 있다. 남쪽으로는 주강삼각주(珠江三角洲), 곧 주강 하구의 광저우, 홍콩, 선전, 마카오를 연결하는 삼각지대가 있고, 이 주강삼각주 동쪽에 홍콩, 서쪽에 마카오가 있다. 그래서 광둥성의 위치를 설명할 때는 "홍콩과 붙어 있는 곳"이라고 말하면 사람들이 가장 쉽게 이해한다. 광둥성의 면적은 18만㎢로, 남북한 전체 면적인 22만㎢보다는 작고 남한 면적인 10만㎢보다는 넓다.

1
주강의 기적,
중국 제일의 경제대성으로

1970년대 문화대혁명이 한창일 때만 해도 중국이 이토록 눈부신 성장을 이뤄내리라 예상한 이는 많지 않았을 것이다. 중국의 그 놀라운 성장 과정을 압축적으로 보여주는 지역이 바로 광둥성이다. 가난한 농업성에서 경제대성으로 거듭난 광둥성의 놀라운 성취에는 도대체 무슨 비결이 숨어 있을까? 이 질문에 대한 해답이 중국의 고속 성장에 대한 이유도 밝혀줄 것이다.

| 광둥성, 낙후된 농업성에서 10년 만에 경제대성으로 |

1949년 중화인민공화국 성립 후 약 30년간 중국은 타이완과의 군사적 대립에 집중했다. 타이완과 인접한 광둥성은 푸젠성과 함께 수시로 전쟁 준비에 돌입해야 했고, 미국과 타이완 해군의 연해안 봉쇄로 야기된 긴장 상태 때문에 해양 발전 및 이를 통한 생산력 증진을 이루기 어려웠다.

이 시기 중국의 경제 건설은 '삼선건설(三线建设)'이라는 말로 그 특징을 나타낼 수 있다. 1964년부터 시작된 삼선건설 사업은 전쟁 준비에 핵심적인 대규모 국방·과학기술·공업·교통 인프라를 지역별로 구분하여 건설하는 것으로 요약된다. 전선에 가까운 일선 지역에는 건설을 최소화했고, 전선에서 멀리 떨어진 삼선 지역, 곧 상대적으로 안전한 지역에서 대규모 건설 사업을 추진했다.

광둥성은 일선 지역에 속해 건설 프로젝트가 최소화됐다. 삼선건설 시기 광저우 등 연해안 도시의 주요 기업은 모두 광시(广西) 등의 지역으로 이전했고, 이로 인해 광둥성의 공업은 자체적 발전 능력을 상실했다. 지금도 삼선 지역이었던 광시좡족자치구 류저우(柳州)에 가면 삼선건설 당시 발달했던 공업 기지의 흔적을 볼 수 있다.

결국 광둥성은 농업을 위주로 할 수밖에 없어 경제가 매우 낙후됐다. 의식주조차 해결하기가 어려워 한 가족이 한 침대에서 이불 한 장으로 지내야 했을 정도다. 예를 들어 1978년 광둥성의 둥관은 농촌 인구가 90만 명에 달했는데, 1인당 연평균 수입은 149위안(당시 환율을 적용하면 약 4만 8,000원 수준)에 불과했다.

이처럼 낙후된 농업성이었던 광둥성이 개혁개방 시작 10년 만에 중국 제일의 경제대성으로 변모한 것이다. 1978년 186억 위안이었던 GDP는 1989년 1,381억 위안으로 1,322억 위안의 장쑤성을 제치고 중국 1위로 올라섰고, 그 이후 2020년까지 32년 연속 1위를 유지하

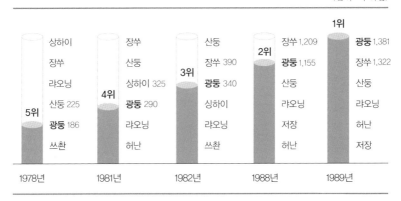

● 광둥성의 GDP 변화 　　　　　　　　　　　　　　　　　(단위: 억 위안)

1978년	1981년	1982년	1988년	1989년
상하이	장쑤	산둥	장쑤 1,209	광둥 1,381 (1위)
장쑤	산둥	장쑤 390	광둥 1,155 (2위)	장쑤 1,322
랴오닝	상하이 325	광둥 340 (3위)	산둥	산둥
산둥 225	광둥 290 (4위)	상하이	랴오닝	랴오닝
광둥 186 (5위)	랴오닝	랴오닝	저장	허난
쓰촨	허난	쓰촨	허난	저장

자료: 광둥성 통계국 자료를 바탕으로 재구성.

고 있다. 광둥성이 중국 경제에서 차지하는 비중은 1978년 5.1%에서 2019년 10.9%까지 2배 이상 상승했다.

| 싱가포르와 홍콩, 타이완을 뛰어넘은 광둥성의 GDP |

1990년대로 접어들며 광둥성 GDP는 더 빠르게 성장했다. 특히 1998년은 광둥성 GDP가 1,030억 달러로 싱가포르의 850억 달러를 추월한 해로 기록됐다. 2003년에는 1,914억 달러로 홍콩의 1,614억 달러를 추월했고, 2007년에는 4,179억 달러로 타이완의 3,931억 달러를 넘어섰다.

현재까지 아시아의 네 마리 용 중 광둥성이 추월하지 못한 곳은 한국뿐이다. 중국 언론 《시나재경》은 2020년 3월 광둥성과 한국의 GDP를 비교하며 광둥성이 과연 언제 한국을 추월할지에 대해 비상한 관심을 보였다. 2019년 광둥성 GDP는 약 1.56조 달러로 한국 GDP 1.64조

(단위: 억 달러)

	1992년	1997년	1998년	2002년	2003년	2007년	2012년
광둥성	444	938	1,030	1,631	1,914	4,179	9,040
한국	3,382	5,322	3,575	5,759	6,438	10,492	11,295
싱가포르	520	993	850	906	960	1,779	2,765
홍콩	1,056	1,790	1,694	1,663	1,614	2,116	2,633
타이완	2,199	2,987	2,751	3,011	3,108	3,931	4,741

자료:《광둥 대외개방 40년》(2018). 중국사회과학출판사.

달러보다 800억 달러 낮은 수준이며, 2022년에서 2025년 사이에는 광둥성 GDP가 한국을 넘어설 것으로 전망된다고 보도했다.[1]

한편 2020년 3월 발표된 한국의 명목 GDP는 0.3% 성장하며 1.63조 달러를 기록했다. 반면 광둥성은 코로나19에도 불구하고 2.3% 성장해 1.61조 달러를 달성했는데, 이는 한국과 비교해 200억 달러 차이에 불과하다. 그러자 중국 언론은 한국의 GDP 공식 발표를 비중 있게 보도하면서 2020년에는 간발의 차이로 한국이 광둥성을 앞섰지만, 2021년에는 광둥성이 한국을 앞설 것이라고 예측했다.[2]

선전시청 한편에 자리 잡은 선전개혁개방박물관(深圳改革开放史展厅)은 선전과 광둥성의 발전 과정을 손쉽게 볼 수 있는 곳이다. 한국에서 온 방문단을 수행하면서 이곳을 견학할 기회가 많았는데, 그때마다 빠짐없이 강조하며 소개하는 것이 있다. 바로 광둥성이 아시아 네 마리 용 중 세 마리를 넘어선 것을 나타낸 현황판이다. 아직까지는 한국이 광둥성에 앞서고 있는 모습을 보여주고 있지만, 한국이 예전에는 광둥

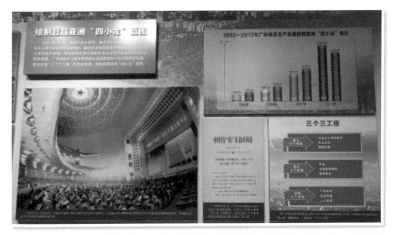

선전개혁개방박물관 현황판. 왼쪽 윗부분에 "아시아 네 마리 용을 따라잡는 청사진을 그리다(绘制赶超亚洲四小龙蓝图)"라는 문구가 있다. 오른쪽 상단 그래프는 '아시아의 네 마리 용' 4개국과 광둥성 GDP를 비교한 것이다.

성을 앞섰다는 추억을 곱씹으며 아쉬움을 달랠 날이 머지않아 보인다.

| 광둥성의 경제발전을 이끈 '3개의 봄' |

지난 40년간 중국은 중국특색사회주의(中国特色社会主义)와 전면적 개혁개방 그리고 과학기술 발전의 길을 동시에 걸어왔다. 중국특색사회주의란 마르크스주의를 중국이 직면한 상황에 맞는 이론으로 변모시켜 적용한 것을 가리키는 말이다. 광둥성은 중국의 국가발전 과정에서 선도 역할을 수행한 지역으로 중국특색사회주의 이론 발전사에서 유명한 '3개의 봄'이 모두 선언된 곳이다. 1992년 봄 덩샤오핑이 광둥성 시찰 후 '남순강화(南巡讲话)'를 발표했고, 2000년 봄에는 장쩌민(江泽民)이 광둥성에서 '3개 대표 사상(三个代表思想)'을 제창했다. 그리고

2003년 봄에는 후진타오(胡锦涛)가 광둥성을 시찰한 후 '과학적 발전관(科学发展观)'을 천명했다.

덩샤오핑은 중국 내부에서 개혁개방 정책을 둘러싸고 '자본주의냐 사회주의냐(姓資姓社)'라는 이념 논쟁이 발생했을 때, 남순강화를 통해 "자본주의에도 계획이 있고 사회주의에도 시장이 있다"라며 논쟁을 종식시켰다. 장쩌민은 공산당의 정체성을 전면 부정하는 것이라는 강력한 반발을 극복하고, 선진사회 생산력(기업가)과 선진문화 발전(지식인) 그리고 광대한 인민(노동자와 농민)의 근본이익을 공산당이 대표해야 한다면서 노동자와 농민의 적이었던 자본가와 지식인을 공산당 품으로 끌어들였다. 이후 후진타오가 내세운 과학적 발전관은 오로지 경제성장만을 추구했던 과거의 정책에서 벗어나 분배는 물론 사회 및 환경 등 모든 분야에서 지속가능한 발전을 이루겠다는 일종의 중국판 국정 지표다. 광둥성에서 선언된 3개의 봄은 중국특색사회주의의 발전 방향을 명확히 한 것으로 평가받았으며, 바로 이러한 기치에 따라 광둥성의 경제성장이 이루어졌다.

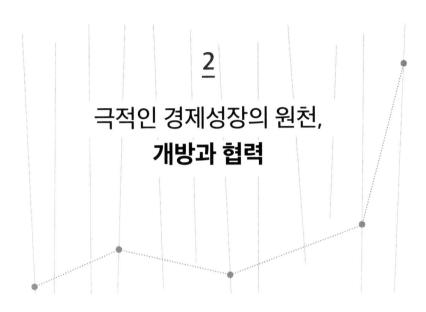

2
극적인 경제성장의 원천,
개방과 협력

광둥성 발전에 기여한 2가지 절대적 계기는 덩샤오핑의 개혁개방, 그리고 홍콩·마카오와의 협력이다. 이는 1978년 이래로 변치 않고 유지되어온 정책의 기본 틀이며, 현재도 변신을 거듭하며 진화 중이다. 특히 개혁개방은 사회주의 국가가 자본주의적 경제발전 방식을 도입한 것으로 당시 수많은 반대를 극복해야 하는 매우 어려운 결정이었다. 더구나 타이완과의 첨예한 적대관계 때문에 채택하고 있던 삼선건설(三线建设) 경제 정책에 대한 근본적인 대수술이기도 했다. 그래서 헨리 키신저는《중국 이야기(*On China*)》에서 "덩샤오핑은 지도자의 궁극적 임무, 즉 자신이 이끄는 사회를 지금 현재의 상태에서 일찍이 상상도 못했던 곳으로 인도하는 임무를 완수했다"라고 평가했던 것이다.

덩샤오핑의 개혁개방 정책을 광둥성 입장에서 가장 잘 설명한 자료는 2018년 10월에 출간된 《광둥 대외개방 40년》[3]이고, 《웨강아오 협력 40년》[4]은 광둥성과 홍콩·마카오의 협력을 잘 보여준다. 이하에 서술한 내용은 두 책자를 참고했다.

| 대외개방과 외자유치로 경제발전의 토대를 다지다 |

1978년은 중화인민공화국 대외개방 원년으로, 중국공산당 11기 중앙위원회 3차 전체 회의에서 대외개방을 기본 정책으로 확립했다. 경제특구(经济特区)를 통해 적극적으로 대외무역을 발전시키고, '삼래일보(三来一补)' 경제 모델을 채택하여 외국 자본과 선진 기술을 받아들였다. 삼래일보는 원료를 가져와 가공(来料加工)하는 것과 견본품을 가져와 가공(来样加工)하는 것 그리고 부품을 가져와 조립(来件加工)하는 것과 보상무역(补偿贸易)을 함께 일컫는 말이다. 여기서 보상무역이란 교역 일방이 설비를 제공하고 그 설비로 생산한 제품을 판매해 받은 대금으로 설비 자금을 분할 납부하는 것이다.

외국 자본의 도입은 일자리 증가와 기술발전을 통해 경제성장을 촉진했다. 외국 자본이 설비·원재료·견본품 등을 조달해주고, 중국 기업은 토지·공장·노동력을 제공했다. 생산된 물건의 대외판매는 외국 자본이 최종적으로 책임지는 형태였다. 1978년 둥관시 후먼(虎门)의 '타이핑의류공장(太平服装厂)'이 홍콩과 합자하여 '타이핑핸드백공장(太平手袋厂)'을 설립했는데, 이것이 '삼래일보' 기업의 최초 사례로 알려져 있다. '삼래일보'라는 개혁개방 초기의 무역 방식은 이른바 '전업도시경제(专业镇经济)'라는 모습으로 구체화됐다.

전업도시란 하나의 도시나 지역 범위에서 하나 또는 둘 이상의 상품을 전문적으로 생산하는 것을 말한다. 초기에는 홍콩과 마카오에 인접한 선전·둥관·주하이에서 주로 상품 생산이 이루어졌으나, 1985년 이후에는 주강삼각주 전 지역에서 '전업도시경제'가 보편적 생산 형태로 자리 잡았다. 《광둥 통계연감》에 따르면 1985년 전업도시는 9,000여 개로 크게 늘고 1987년에 1만 4,000여 개까지 증가했다. 현재에도 존재하는 전형적인 예로 포산(佛山)에는 '스완 도자기(石湾陶瓷)'와 '시차오 방직(西樵纺织)' 그리고 '러충 가구(乐从家具)'가 있고, 중산(中山)에는 '샤오란 금속(小榄五金)'과 '구쩐 조명(古镇灯饰)' 등이 있다. 둥관(东莞)의 '후먼 의류(虎门服装)'와 '호우지에 신발(厚街鞋业)' 그리고 '칭씨 전자(清溪电子)' 등도 대표적 사례다.

전업도시에서 운용하는 '삼래일보' 방식은 수출을 빠르게 늘렸지만, 중국 측 생산자 입장에서는 기업의 핵심 경영관리에 참여하지 못한다는 한계가 있었다. 전업도시 중 대다수 기업은 중소기업으로 저렴한 생산요소에 의존해 이윤을 창출하는 모델이다 보니 기술 진보나 규모의 경제를 기대하기 어려웠다. 개혁개방 초기에는 경쟁력이 있었지만, 시장이 확대되면서 구매자 주도의 시장이 형성되자 경쟁력 부족이라는 문제가 부각됐다. 단순한 전통산업 위주로 기술이 정체되며 글로벌 밸류체인에서 최하위 단계에 위치했다. 핵심기술 부족과 부가가치 하락 및 경쟁력 약화 등 발전 전망이 없는 약한 고리로 전락한 것이다. 기업 관리 측면에서도 문제가 많았는데, 부부 경영과 형제 경영 등 가족식 경영 기업이 대다수를 차지해 규범이 없고 폐쇄적으로 운영됐다.

| 한층 발전한 외자 유입 형태, 삼자기업 |

외국 자본을 이용하는 또 다른 중요한 형식으로 '삼자기업(三资企业)'이 있다. 삼자기업은 중국에 설립된 중외합자경영기업(中外合资经营企业), 중외합작경영기업(中外合作经营企业), 외상독자경영기업(外商独资经营企业)을 말한다.

여기서 합자기업은 중국과 외국의 투자자가 공동 출자하여 수익 분배와 위험 부담 등을 출자 비율만큼 공동으로 부담하는 방식이다. 그리고 합작기업은 중국과 외국의 투자자가 공동 출자하지만 수익 분배와 위험 부담 등을 출자 비율이 아니라 계약으로 결정하는 형태다. 합작기업은 사업의 특성과 투자자들의 사정을 고려하여 융통성 있는 계약을 체결할 수 있다는 것이 장점이지만 현지 사정에 대한 이해 부족으로 자칫 불리한 계약을 맺게 될 수도 있다. 그래서 외국인 투자자는 대개 합작기업보다는 합자기업을 선호한다. 한편 외상독자기업은 외국 투자자가 자본을 전부 투자한 기업을 말한다. 개혁개방 초기 중국의 경제발전과 투자환경이 불확실할 때 대부분 외자기업은 중외합자기업과 중외합작기업이었으나 중국의 경제발전이 가속화되면서 외상독자기업의 비중이 상대적으로 증가했다.

삼자기업은 한층 발전된 외자 이용 방식으로 경영과 위험부담을 나눠 가짐으로써 중국 측 기업인도 기업의 경영관리에 참여하고 외국의 선진적 기업관리 노하우를 배울 수 있다는 장점이 있었다. 광동성 경제의 확대로 외자 이용 방식이 다변화하면서 삼래일보, 중외합자, 중외합작, 외상독자 등의 형태가 병존하게 됐다. 이 책에서 필자는 '삼자기업'과 '삼래일보기업'을 모두 '외자기업'으로 통칭하겠지만 이는 주로 '삼자기업'을 의미한다고 봐도 무방하다. 홍콩, 마카오, 타이완 기업도 외자기업에 포함되며, 이들을 별도로 구분해야 할 경우에는 나머지 외자기업을 순수 외자기업이라고 표현했다.

| 광둥성 경제발전의 버팀목, 홍콩·마카오·타이완 |

홍콩과 마카오는 광둥성과 지리적으로 매우 인접한 곳으로, 광둥성을 글로벌 시장과 연결하는 통로 역할을 했다. 1950년 한국전쟁 발발 이후 1978년까지 미국은 중국에 대해 경제봉쇄를 취했으며 이 때문에 중국은 홍콩과의 제한적 상품 무역만 가능했다. 이 시기 수출의 60% 이상은 농산품이 차지했으며 홍콩을 통해 다른 지역으로 수출되기보다는 대부분 홍콩 내에서 소비됐다. 당시 홍콩과 마카오에 대한 수출은 광둥성의 중요한 외화 획득 방법이었다.

1970년대 말 홍콩은 공업이 크게 발전했다. 이에 따라 토지와 노동력 부족을 겪었는데, 노동집약형 제조업은 원가 부담이 커지면서 경쟁력이 하락했다. 이런 배경에서, 1979년 선전 등이 경제특구로 지정되었고, 1984년 광저우가 14개 연해안 개방도시 중 하나로 선정됐다. '연해안 개방도시'란 선전 등 경제특구의 실험이 성공적이라는 판단하에 개방의 범위를 연해안 주요 도시까지 확대한 것으로 다롄(大连), 친황다오(秦皇岛), 톈진(天津), 옌타이(烟台), 칭다오(青岛), 롄윈강(连云港), 난퉁(南通), 상하이(上海), 닝보(宁波), 원저우(温州), 푸저우(福州), 광저우(广州), 잔장(湛江) 그리고 베이하이(北海)가 포함됐다.

이어 1985년에는 개방 범위를 도시에서 지역으로 확대하여 주강삼각주 지역을 경제개발구로 지정했다. 1985년 지정된 경제개발구는 주강삼각주 외에도 장강삼각주(长江三角洲), 샤먼·장저우·천저우 삼각지역(厦门漳州泉州三角地区), 쟈오둥반도(胶东半岛)와 랴오둥반도(辽东半岛)를 포함한다. 이로써 광둥성은 기존의 선전, 주하이, 산터우에 더해 모든 연해안 지대가 경제개발구로 지정됐다.

광둥성은 홍콩과 마카오에 인접했다는 지리적 이점과 함께 화교와 유대관계가 깊은 인적 구성을 갖추었다는 점에서 홍콩의 노동집약형 제조업이 이전될 수 있는 이상적 환경을 형성했다. 홍콩의 제조업은 1980년대 초 탐색 시기를 거쳐, 1980년대 중반 공장을 대규모로 주강삼각주 인근 광둥성 내의 도시로 이전했다. 1990년대 초반에는 의류, 방직, 전자 등 노동집약형 공장과 소비품 가공 공장이 대부분 주강삼각주 지역으로 이전했다. 이러한 과정을 통해 홍콩의 시장개발, 디자인, 구매, 판매, 관리 등 생산 전후방 밸류체인 기능이 광둥성으로 이식됐다. 홍콩에는 작은 규모의 본사만 남고 광둥성에 큰 규모의 생산 공장이 세워진 것이다. 홍콩의 상인은 본사에서 글로벌 시장을 상대로 주문과 판매 등의 역할을 수행하고, 광둥성에 있는 공장은 뒤에서 생산을 담당하는 분업 체계를 형성했다. 이를 가리켜 '선점포, 후공장(前店后厂)'이라 표현했다.

1997년 홍콩 반환 전까지 제조업 분업의 이 협력모델은 정부 간섭 없이, 전적으로 개인적 차원에서 이루어진 자유시장 경제행위였다. 객관적 비교우위를 바탕으로 홍콩은 자금·기술·설비를 투자하고, 광둥성은 노동력과 토지를 제공한 것이다. 이러한 경험을 통해 광둥성은 수출 지향형 경제체질을 만들 수 있었고, 이윽고 대외수출이 중국 전체에서 가장 높은 지역이 됐다. 하지만 경제발전과 비례하여 근본적 약점인 기술 부족 및 원재료 빈곤 등의 한계도 나타났다. 이는 1990년대 말 홍콩과 마카오가 차례로 중국에 귀속되면서, 이전의 제조업 중심에서 서비스산업을 위주로 하는 상호 분업 체계가 형성되는 배경이 됐다.

한편 광둥성 정부는 타이완과의 경제교류와 협력도 적극 지원했는데, 전자정보산업과 첨단농업 분야에서 많은 협력이 진행됐다. 그 결과, 2002년 광둥성에 투자한 타이완 기업이 1만 4,000여 개에 이를 정도였다. 당시 타이완 기업이 투자를 가장 많이 한 지역이 광둥성이다. 그리고 광둥성 도시 중 타이완과의 교류를 주도한 최일선의 도시는 둥관이다. 개혁개방 이래 많은 타이완 기업이 둥관에 정착했고, 1993년 10월에는 둥관에 진출한 타이완 상인들이 '둥관타이완상인투자협회(东莞台商投资协会)'를 설립했는데, 이것이 중국에서 최초로 설립된 타이완 상인들의 협회다. 둥관타이완상인투자협회는 오랜 기간 많은 지역에 분회를 설립하고 중국 지방정부와 원만한 관계를 유지했다. 정부는 이 협회와 분회를 타이완과의 정보 교환 및 홍보 정책에 활용했다.

필자가 둥관의 타이완 기업과 교류를 시작한 것은 '둥관외상투자협회(东莞外商投资协会)'를 통해서다. 많은 타이완 기업이 둥관외상투자협회 회원사로 소속되어 있었고, 둥관에 소재한 한인상공회도 회원사로 등록되어 있었다. 협회는 매년 두 차례의 공식 교류 행사를 개최하는

데 상반기는 둥관에서, 하반기는 광저우에서 진행한다. 물론 이 협회를 순수한 외자기업들의 교류 단체라고 부르기에는 다소 어려운 측면이 있다. 각 시별 외상투자협회의 상위 기관이라 할 수 있는 '광둥성외상투자협회' 회장을 광둥성 상무청의 부청장이 맡고 있기 때문이다. 한국에서는 이민재 전 광저우한인상공회장이 광둥성외상투자협회 상무부회장으로 선임되어 한국계 기업들을 대변하고 있다.

| WTO 가입, 더 큰 도약을 위한 중국의 발걸음 |

2001년 12월 중국의 WTO 가입은 중국이 대외개방의 새로운 단계에 진입했음을 의미한다. 이로써 중국은 국제적인 무역 및 투자 규범을 받아들이며 세계 무역 시스템의 중요한 일원이 됐다. 중국은 WTO 가입을 '루스(入世)'라고 표현한다. '세계무역기구'의 첫 글자와 '가입'의 끝 글자를 따서 만든 단어로, 세계로 발을 들여놓았다는 의미를 담은 말이다. 그 정도로 당시 중국은 세계무역기구 가입을 중요시했다. 중국은 1986년 GATT 가입 신청 후 15년 만에 간신히 WTO 가입이라는 가시적 성과를 얻었는데, 그것은 다른 많은 국가의 반대를 극복해야 하는, 매우 길고 험난한 과정이었다.

그러나 중국은 WTO에 가입한 이후에도 시장경제지위(MES, Market Economy Status)를 확보하기 위해 안간힘을 써야만 했다. '시장경제지위'란 한 국가의 경제활동, 즉 원자재·상품의 가격이나 근로자 임금, 환율 등이 정부의 간섭 없이 시장 원리에 의해 결정된다고 교역 상대국이 인정하는 지위를 말하는 것이다. 이는 과거 사회주의 체제에 있던 국가들이 다른 나라로 덤핑 수출하는 것을 규제하기 위해 도입된 개념이다. 기존 회원국들은 중국이라는 거대 시장이 싼값에 대량으로 상품을 풀어놓을 경우 입게 될 타격을 우려해 중국에 대한 시장경제지위 부여를 미루었다. 중국이 계속해서 시장경제지위를 인정받지 못한다면 통상 분쟁이 생길 경우 패소할 확률이 높고 대외신용도에도 불리하게 작용한다. 이 때문에 중국은 주요 교역 상대국과 양자교섭을 펼쳐가며 시장경제지위를 인정해줄 것을 직간접적으로 강하게 요구해왔다.

중국의 적극적 노력으로 아세안 국가들과 뉴질랜드, 호주, 노르웨이, 스위스, 브라질 등 80여 개국이 중국의 시장경제지위를 인정했으며, 한국은 2005년 11월 부산에서 개최된 APEC 정상회담을 계기로 중국에 시장경제지위를 부여했다. 하지만 미국과 일본, EU는 여전히 중국의 시장경제지위를 인정하지 않고 있다. 시장경제지위를 획득하는 데 들인 노력까지 고려한다면 중국은 세계시장의 완벽한 구성원이 되기 위해 1986년 GATT 가입 신청부터 현재까지 무려 35년간 노력 중인 셈이며 여전히 미완인 상태다.

| 광둥성의 서비스산업 발전을 견인한 'CEPA 체결' |

2001년 말 중국의 WTO 정식 가입이 이뤄지면서 많은 국가가 중국에 대해 자국 시장의 문호를 개방했다. 그리하여 중국은 미국과 유럽 등 광활한 글로벌 시장에서 높은 가격경쟁력을 바탕으로 국제 통상질서의 중요한 행위자로 부상했다. 아울러 중국 스스로도 대외개방을 확대하여 광둥성의 무역 규모 또한 늘어났으며 무역 구조도 개선되기 시

작했다. WTO 가입에 따라, 동일한 제품이라면 원산지에 관계없이 동등한 대우를 부여하는 '최혜국 대우'와 국산품에 대한 보호주의적 목적을 가진 정책이나 법, 각종 제도를 금지하는 '내국민 대우'가 적용되었고, 공정성과 투명성 등 투자환경 개선도 이루어졌다.

그런데 중국 대륙이 세계 각국과의 무역 및 투자 활동에 직접 나섬에 따라 기존에 중국 대륙의 대외무역 및 투자에서 교량 역할을 하던 홍콩과 마카오의 역할이 축소될 수밖에 없었다. 더욱이 홍콩은 1990년대 말부터 시작된 인플레이션과 지가 상승으로 거품경제가 형성되면서 국제경쟁력이 약화되고 있었다. 엎친 데 덮친 격으로 주강삼각주 지역의 제조기업 등 중국 기업들이 홍콩에 의존하던 융자 규모를 점차 줄였다. 그러자 수년간 형성된 부동산 거품이 꺼지고 홍콩의 금융산업이 위축되는 문제가 발생했다.

홍콩은 주강삼각주 지역의 서비스산업과 협력을 강화하는 방법으로 서비스산업의 시장 범위를 확대했다. 즉, 홍콩은 국제금융센터, 상업서비스, 정보 및 물류센터와 레저센터로서 자신의 지위를 견고히 하면서, 상대적으로 부가가치가 낮은 단계의 서비스산업을 주강삼각주 지역으로 이전했다. 주강삼각주 지역은 제3차 산업의 비중을 강화하는 방향으로 산업구조를 개선하기 위해 홍콩의 서비스산업 투자를 대규모로 유치했다.

2003년 중국이 홍콩 및 마카오 특별행정구와 각각 체결한 '포괄적경제동반자협정(CEPA, Comprehensive Economic Partnership Agreement)'은 광둥성의 서비스산업 발전에 기폭제가 됐다. 중국은 홍콩 및 마카오와의 CEPA에 다양하고도 깊은 의미를 부여했다. 일국양제(one country, two systems) 원칙의 성공적 실천, 중국과 홍콩·마카오의 새로운 제도적 협력 모델, 국가 주체와 단독 관세구역 간에 체결된 자유무역협정, 중국 최초의 전면적 자유무역협정이라고 평가한 것이다.

중국과 홍콩·마카오 간 CEPA는 상품 무역과 서비스 무역 그리고 투자 편리화 등 3대 부문을 포괄하는 협정인데, 그중에서도 서비스 무역 개방이 가장 크고 중요한 의미를 갖는다. 광고, 법률, 회계, 의료, 부동산, 건축, 운수, 물류, 여행, 은행, 증권, 보험 등을 아우를 정도로 그 범위가 넓다. CEPA가 창출한 서비스 무역 자유화는 중국과 홍콩에 큰 경제적 효과를 가져왔다. CEPA 체결 이후 광둥성에 서비스 관련 외자 도입이 빠르게 증가했으며, 여기에 힘입어 홍콩의 서비스 무역 또한 더욱 급속한 성장세를 나타냈다. 즉 2004년 이래 수년간 홍콩의 서비스 무역은 두 자릿수 성장을 지속했다. 한편 CEPA로 인해 '자유여행' 또한 엄청난 증가세를 보였다. 2009년 홍콩과 마카오의 중국인 여행객은 1,796만 명으로 늘어났는데, 이는 2003년의 846만 명보다 2배 이상 증가한 수치다. CEPA 체결로 자본과 인력이라는 생산요소의 자유로운 이동이 가능해지면서 홍콩과 광둥성 간 밸류체인은 보다 긴밀히 연결됐다.

CEPA는 은행, 보험, 증권 등 금융 분야의 협력관계도 발전시켰다. 물론 CEPA 이전에도 광둥성은 홍콩·마카오와 자연스럽게 금융 협력을 진행했다. '광둥·홍콩 어음 결산 시스템', '선전·홍콩 홍콩달러 즉시 결산 시스템', '광둥·홍콩·마카오 은행카드 네트워크'가 이미 개통되어 있었다. 이러한 기존의 시스템 위에서 CEPA가 체결됨에 따라 광둥성과 홍콩·마카오의 금융 분야 협력관계가 보다 강화된 것이다. 예를 들자면 은행 시스템을 중심으로 하는 '역외 위안화 유통 통로'를 완비했다. 이는 홍콩과 마카오에서 위안화를 안전하게 조달하고 위안화 자금을 원활하게 청산할 수 있도록 하는 조치였다. 이즈음 광저우도 홍콩의 금융 네트워크에 본격적으로 연결됐다. 금융시장의 상호개방 확대로 홍콩과 마카오 주민이 자금 활용과 이윤 송금 과정에서 겪던 어려움도 대폭 해결됐다. 나아가, 돈세탁 방지를 위한 협력 및 금융 분야의 인재교류도 이루어졌다.

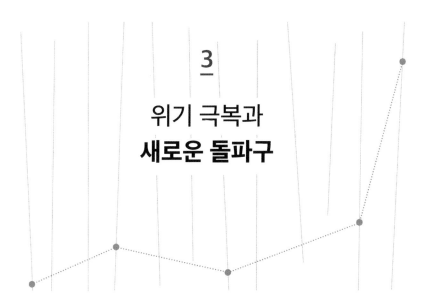

3

위기 극복과
새로운 돌파구

| 개혁개방 과정의 어려움과 극복을 위한 노력 |

광둥성의 경제성장 과정이 순조롭기만 했던 것은 아니다. 1989년 상하이 당서기였던 장쩌민이 총서기로 임명되던 때는 많은 공산주의 국가가 해체되던 격변의 시기였다. 시짱(티베트)자치구(西藏自治区)와 신장위구르자치구(新疆维吾尔自治区)에서 반체제운동이 벌어졌고, 톈안먼 사건(天安门事件)으로 전 세계적 비난에 휩싸이는 등 중국 전역이 크나큰 혼란을 겪었다. 전통적인 마오쩌둥의 진리로 돌아가라는 중국 보수파의 압력이 어느 때보다 거센 상황이었다. 이러한 분위기 속에서 1992년 덩샤오핑은 여든일곱의 노구를 이끌고 선전과 주하이 경제특구를 포함한 남중국 전역을 둘러보는 여정을 단행했다. 이를 통해 개혁개방을 지속해야 한다며 호소했고, 그의 연설('남순강화')은 다시 한

번 중국 및 광둥성의 경제 정책 실현을 위한 로드맵이 됐다.

1997년 발생한 아시아 외환위기도 대외무역으로 성장하고자 하는 광둥성의 입장에서는 일찍이 경험한 적 없는 중대한 고비였다. 광둥성은 대외무역이 광둥성 경제발전에 최우선 과제라는 인식하에 다양한 수출확대 정책을 펼쳤다. 외화, 세제, 금융 등 각 분야에서 다양한 위기극복 방안을 마련해 실시했고, 2000년 세계경제가 점차 회복되면서 위기에서 벗어나 양호한 발전 단계로 접어들 수 있었다. 그리하여 그해 광둥성은 수출입 총액이 이전 연도인 1999년보다 21.2% 증가했다. '아시아의 네 마리 용'을 따라잡겠다는 목표도 이 시기에 가시화됐다. 2000년 광둥성의 수출액은 총 919억 달러로 중국 전체 수출의 36%를 담당했다. 광둥성 수출액 중 389억 달러는 국유기업이, 496억 달러는 외자기업이 창출했는데, 이는 각각 수출총액의 42.4%와 53.9%를 차지하는 금액이었다. 민영기업 또한 수출이 증가해 금액으로는 6.1억 달러였으나 성장률은 무려 265.5%에 달했다.

중국 개혁개방 30주년에 즈음한 2007년에는 미국에서 발발한 서브프라임 모기지 사태가 글로벌 금융위기로 확대됐다. 2007년 광둥성 수출입 총액은 중국 내 1위였으며 중국 전체 수출입의 30%를 차지했다. 2008년에도 광둥성 대외무역은 빠르게 성장했지만 서브프라임 모기지 사태가 점차 심각한 영향을 끼치면서 2009년에는 대외무역이 현저하게 감소하여 다시 경제위기에 봉착하게 됐다. 《광둥 대외개방 40년》 책자에 수록된 2008년과 2009년 대외무역 데이터를 비교해보면 당시 상황을 확인할 수 있다.

(단위: 억 달러, 전년 대비 %)

	연도	총액	증감률
수출입	2008년	6,849.69	7.80
	2009년	6,110.94	−10.79
수출	2008년	4,056.64	9.50
	2009년	3,589.55	−11.51
수입	2008년	2,793.04	5.50
	2009년	2,521.39	−9.73

자료:《광둥 대외개방 40년》(2018). 중국사회과학출판사.

금융위기가 광둥성에서 사업을 펼치는 기업들에 준 충격은 매우 컸다. 금융위기로 인해 해외의 수입 기업들이 도산했고, 따라서 자금을 회수하지 못한 중국의 수출 기업들도 연쇄적으로 도산 위기에 직면했다. 2008년 1월부터 9월까지 광둥성에서 문을 닫은 기업이 7,148개에 달했다. 미국 내 파산 사건을 관할하는 미국파산법원(United States Bankruptcy Court)이 접수한 미국 기업의 파산신청 내용을 살펴보면 채권 기업이 중국 기업인 경우가 많았다. 예를 들어 2008년 3월에 제기된 발전기 생산 회사 파워메이트 홀딩스(Powermate Holding) 파산 사건만 들여다봐도 광둥성의 한 기업이 이 회사에 대해 보유한 채권액이 279만 달러에 달했다.

금융위기는 중국의 대외교역을 감소시켰을 뿐 아니라 외국 자본의 투자 또한 축소시켰다. 광둥성의 2007년 외국 자본 투자 총액은 3,507억 달러로 중국 전체 외국 자본 투자 총액의 16.6%에 달해 그 규모가

(단위: 건, 억 달러, 전년 대비 %)

	연도	투자 규모	증감률
계약 건수	2008년	6,999	
	2009년	4,346	−37.91
계약 외자액	2008년	307.14	
	2009년	182.41	−40.61
실제 외자액	2008년	212.67	
	2009년	202.87	−4.61

자료: 《광둥 대외개방 40년》 (2018). 중국사회과학출판사.

장쑤성에 이어 2위였다. 하지만 2009년의 경우 계약을 체결한 프로젝트는 4,346건으로 전년 대비 37.9% 감소했고, 계약액도 182억 달러로 40.6% 급감했다. 외국 자본 투자 감소는 주로 제조업에 집중됐다.

　이러한 상황을 맞게 된 광둥성 정부는 2009년 4월 〈국제 금융위기에 적극 대응하여 대외경제와 무역의 안정적 발전을 유지하는 것에 관한 의견〉[5]을 발표했다. 이 정책 제안에서 광둥성 정부는 자신들이 위기에 직면할 때마다 추진했던 '적극적 대외개방'과 함께 추가로 '본격적 내수확대' 정책을 명시적으로 언급했다. 이처럼 '본격적 내수확대'를 적극 표명한 것은 중국의 구매력이 그간 상당히 향상되었음을 보여주는 한편, 이제 대외시장 개척만으로는 경제발전에 한계가 있음을 분명히 인식했음을 드러낸 것이다. 즉, 광둥성 및 중국의 경제 정책 방향에 변화의 조짐이 나타난 것이라 할 수 있다.

| 경제위기를 뚫을 돌파구를 찾다: 내수확대와 소비 촉진 |

금융위기는 낙후된 산업과 전통적 발전 모델에는 위기였지만 선진 산업과 과학적 발전 모델이라는 측면에서는 기회로 작용했다. 2007년 12월 광둥성은 글로벌 시대 광둥성 발전 모델의 문제점을 다음과 같이 지적했다. 우선, 발전 모델이 여전히 대량 투입에 기초한 방식이고 경제구조가 최적화되지 않았으며 독자적 혁신 능력이 부족하다고 진단했다. 또한 전통적 발전 모델, 즉 고투입·고소비·고오염·저효율 방식인 탓에 경쟁력과 핵심기술이 부족하다는 문제를 낳고 있다는 점도 언급했다.

이러한 진단을 바탕으로 2008년 7월 광둥성 왕양(汪洋) 서기는 새로운 발전 모델을 전면적으로 실시하는 것을 내용으로 하는 〈주강삼각주 지역 개혁 발전계획 강요(2008~2020년)〉[6]를 보고하고 국무원의 정식 비준을 받았다. 이는 '본격적 내수확대'를 강조하는 한편 주강삼각주 지역의 발전계획을 국가 전략으로 격상시켰다는 점에서 의미가 컸다. 주강 북쪽의 광저우, 포산, 자오칭(肇庆)을 제1경제권(广佛肇经济圈)으로 형성하고, 주강삼각주 동쪽의 둥관, 후이저우, 선전을 제2경제권(深莞惠经济圈)으로 묶었으며, 주강삼각주 서쪽의 주하이, 중산, 장먼(江门)을 제3경제권(珠中江经济圈)으로 만들었다. 이들 세 곳을 경제권으로 지정하고 지역에 맞는 발전 전략을 유기적으로 추진함으로써 금융위기를 극복하고 광둥성을 종합적으로 발전시키고자 한 것이다.

이러한 주강삼각주 발전계획은 광둥성 경제를 이해하는 데 매우 중요한 정책이다. 내수확대 정책과 함께 웨강아오따완취 발전계획이 이

때 이미 대체로 구상되어 강주아오대교(港珠澳大桥)와 선중대교(深中通道) 등의 건설 계획이 포함되어 있었다는 점에서 특히 주목할 만하다. 이 책에서 지속적으로 언급되는 '광둥성 종합발전계획'이므로 염두에 둘 필요가 있다.

이어서 2008년에는 '삼촉진일유지(三促进一保持)' 전략을 천명했는데, 독자적인 혁신 능력과 전통 산업의 구조조정, 그리고 현대 산업 체계 건설 3가지를 촉진하고 경제성장을 안정적으로 유지한다는 것이 그 내용이다. 이 전략을 통해 광둥성은 주기적인 경기변동 과정에서 낙후된 산업을 도태시키고 혁신을 통해서만 경제가 성장한다는 것, 즉 시장경제 규칙을 받아들이는 모습을 명확히 보여줬다.

글로벌 금융위기는 광둥성 경제개혁의 방향을 대외의존도가 높은 경제구조에서 내수와 수출 모두를 중시하는 방향으로 점진적으로 바꾸어나갔다. 금융위기를 계기로 시장과 산업의 구조는 변화될 수밖에 없었으며, 이에 따라 내수확대를 위해 소비를 촉진하는 일련의 정책이 실시됐다. 이는 2020년부터 중국 중앙정부에서 본격적으로 추진 중인 '쌍순환(双循环)'과 유사한 정책이다. 쌍순환은 대외적으로 수출 촉진과 개혁개방을 계속 유지하면서 대내적으로는 내수를 확대하고 활성화하여 국내시장과 글로벌 시장이 동시에 유기적으로 돌아가게 하자는 중국의 발전 전략이다. 이처럼 중국은 많은 정책을 장기간에 걸쳐 일관되게 진행하면서 시기에 따라 그 정책을 표현하는 이름을 달리하는 경우가 많다.

| 중국은 왜 '자유무역시험구'를 세웠나? |

제2차 세계대전 후 설립된 관세무역협정(GATT)과 1995년 성립된 WTO 체제가 만든 세계무역 시스템은 그 기능이 점차 약화됐다. 이러한 다자 시스템은 구성원들의 이해관계가 복잡하여 필요한 합의를 제때 달성하기가 어려웠기 때문에 약화된 다자 시스템을 대신해 초대형 지역무역협정(Regional Trade Agreement)을 구성하려는 새로운 시도가 진행됐다. '환태평양경제동반자협정(TPP, Trans Pacific Economic Partnership)'과 '범대서양무역투자동반자협정(TTIP, Transatlantic Trade and Investment Partnership)'이 대표적 사례다.

중국 입장에서 보면 TPP는 아·태 지역의 경제와 무역규칙을 미국의 국익에 부합하도록 하는 협정이며, TTIP는 미국과 유럽이 연대하여 대서양 지역에서 새로운 국제 무역규칙을 만들어 글로벌 지배권을 주도하려는 것으로 해석될 수밖에 없었다. TPP와 TTIP는 무역 자유화, 원산지 규정, 투자 편리화 및 지식재산권 보호 등에서 담고 있는 내용이 유사하다. 그렇기 때문에 만약 미국 주도로 추진된 이들 지역협정이 성공적으로 마무리될 경우, 모든 선진국과 일부 개발도상국을 포함하는 초대형 지역무역협정이 이전의 WTO 중심 국제경제 무역질서를 대체할 가능성이 높다. 서비스 및 투자 자유화가 새로운 국제 무역규칙에서 핵심을 차지하고, 미국과 유럽이 글로벌 경제 무역규칙에서 공고한 발언권과 독점권을 갖게 되는 것이었다.

중국은 2001년 WTO 가입 이후 수출과 투자가 비약적으로 증가하여, 사실 그 시기 글로벌화의 최대 수혜자였다. 그런데 TPP와 TTIP는 중국을 배제한 채, 이른바 ABC(Anyone But China) 방식으로 진행됐다. 그 협정이 체결되면 중국은 어쩔 수 없이 과거와 같이 '새로운 세계 무역기구에 다시 가입(二次入世)'해야 하는 피동적 위치에 처하게 된다. 앞에서 살펴본 것처럼 중국은 WTO 가입에 이르기까지 무려 15년이 소요되었고, 시장경제지위 인정도 아직 완료되지 않은 상태다. 이런 상황에서 TPP와 TTIP 논의가 불거지는 것을 보며 중국은 위기의식을 느낄 수밖에 없었을 것이다. 중국이 새로운 무역질서 개편에 대해 적극적 조치를 취하지 않고 낡은 WTO 체제를 사수한다면 결국 국제무역 시스템에서 또다시 소외될 가능성이 높았다.

개혁개방 이래 중국은 낮은 임금과 높은 저축 그리고 대량의 자본과 지속적 투자에 힘입어 발전했다. 그러나 인구 프리미엄, 값싼 토지와 에너지 비용, 환경에 대한 희생을 통해 만들어진 저렴한 생산요소의 시대가 향후에도 이어지지는 않을 것이다. 결국 중국 또한 이제는 기술혁신과 인적자본 축적 그리고 지식재산권 보호 및 모든 생산요소의 효율성 제고 등을 통해 글로벌 경쟁에서 생존해야만 한다. 실제로 그런 시대가 이미 도래한 것이다.

대내외적 환경 변화에 직면해 중국은 경제, 무역, 투자규칙을 글로벌 표준에 맞게 개혁하는 새로운 시도를 단행한다. 2013년 7월 중국 국무원은 〈중국 (상하이) 자유무역시험구 종합방안〉[7]을 처음으로 통과시켰다. '자유무역시험구'라는 것을 만들어 이를 세계 각국과 협력할 수 있는 중국특색의 플랫폼으로 육성한다는 내용이다. 이는 기존에 설립되던 다양한 경제특별구역과는 다르게 제도적·규범적 측면이 보다 강화됐다는 점에서 주목할 만했다. 이때 중국이 '시험구(試驗区)'라는 표현을 사용한 것은 글로벌 표준에 맞는 개혁적 정책과 조치를 우선 실시해 보고 그중 성공적인 정책을 선별하여 다른 지역으로 확대하겠다는 테스트 베드(test bed)의 성격을 강조한 것이다.

이러한 중국 중앙정부의 시책에 발맞추어 광둥성도 중요한 정책적 임무를 자유무역시험구에 우선 부여하는 경우가 많았다. 필자는 광둥성의 정책을 검토하면서 〈중국 (광둥) 자유무역시험구 제5차 개혁혁신 경험 복사 확대에 관한 광둥성 인민정부 통지〉[8]라는 자료를 살펴볼 기회가 있었는데, 자유무역시험구 정책 중 성공적 사례를 다른 지역에도 확대 적용하도록 했음을 확인할 수 있었다.

2014년 12월 광둥, 톈진(天津), 푸젠(福建)에 자유무역시험구가 연이어 세워졌다. 상하이, 광둥, 톈진, 푸젠의 자유무역시험구 경험이 외부에도 긍정적 파급 효과를 미친다는 분명한 판단 아래 2017년 3월에는 랴오닝(辽宁), 저장(浙江), 허난(河南), 후베이(湖北), 충칭(重庆), 쓰촨(四川), 샨시(陕西)에 7개의 자유무역시험구를 추가로 건설하게 된다. 이어서 2018년 4월에는 하이난섬 전체를 자유무역시험구로 지정하고 중국 특색의 자유무역항을 건설하도록 했다. 2019년에는 산둥(山东), 장쑤(江苏), 광시(广西), 허베이(河北), 윈난(云南), 헤이룽장(黑龙江)에 새로이 자유무역시험구를 지정하면서, 중국 내 자유무역시험구는 총 18개에 이르게 된다. 이를 가리켜 중국에서는 '1+3+7+1+6 자유무역시험구'라고 표현한다.

중국 자체적으로는 '자유무역시험구 정책'을 성공적인 것으로 평가한다. 그동안 추진된 TPP 논의가 미국의 탈퇴로 약화된 반면 중국이 주도한 '역내포괄적경제동반자협정(RCEP, Regional Comprehensive Economic Partnership)이 이를 대신하는 모습을 보이고 있어서다. RCEP는 아세안 10개국과 한·중·일, 호주, 뉴질랜드 등 15개국이 참여한 협정이다.

그러나 최근 바이든 행정부가 들어서며 미국이 CPTPP(Comprehensive and Progressive Agreement for the Trans-Pacific Partnership)에 다시 힘을 싣고 있고, 한국도 CPTPP 가입을 검토하고 있다. CPTPP는 트럼프 행정부 당시 미국이 TPP에서 탈퇴한 후 변경된 명칭으로 '포괄적·점진적환태평양경제동반자협정'을 말한다. 여기에는 현재 일본, 멕시코, 싱가포르, 호주, 뉴질랜드, 베트남, 칠레, 페루, 말레이시아, 브루나이 등 11개국이 참여하고 있다. 중국도 CPTPP에 참여하고자 하겠지만, 다른 나라들이 지적재산권 보호와 기술이전 문제, 국유기업 개혁 등을 이유로 견제할 가능성이 크다.

❈ 광둥성 자유무역시험구의 3대 편구 ❈

광둥성 자유무역시험구는 2014년 국무원 비준을 거쳐 2015년 4월 정식으로 설립됐다. 광저우 난사(广州南沙) 편구, 선전 첸하이셔코(深圳前海蛇口) 편구, 주하이 헝친(珠海横琴) 편구 등 3개의 편구(片区)로 구성됐다. 광저우 난사 편구는 60㎢, 선전 첸하이셔코편구는 28.2㎢, 주하이 헝친 편구는

광둥성 자유무역시험구의 3대 편구.

28㎢로 총 면적이 116.2㎢에 달한다. 광둥성 자유무역시험구는 홍콩·마카오와 긴밀한 협력관계를 맺고 있는 곳이며, 21세기 해상 실크로드의 중요한 허브라는 점에서 다른 자유무역시험구와 차별된다.

광저우 난사 편구

난사구(南沙区)는 광저우에 속한 직할구로 광저우 최남단에 위치한다. 난사구는 전체 면적이 784㎢로 서울보다 넓은데, 그중 일부인 60㎢가 자유무역시험구에 속하는 난사 편구다.

난사 편구는 물류, 금융, 국제 비즈니스, 첨단 제조업 등을 중심으로 세계적 수준의 종합 서비스 기지를 건설하는 것을 목표로 한다. 이 가운데 금융 서비스의 경우 항운 금융, 과학기술 금융, 비행기·선박 임차 등 특수 분야 금융에 중점을 두고 있다. 홍콩 및 마카오의 금융기관과 협력을 강화하면서 해운 관련 국제보험 등 혁신적인 보험 플랫폼을 만들어나가고 있다. 난사구에서 개최하는 주요 행사 중 하나로 국제금융포럼(IFF, International

Finance Forum) 연차총회가 있다. IFF는 2003년 비영리 글로벌 조직으로 베이징에서 처음 개최되었으며, 2017년 광저우가 영구 개최지로 결정된 이후에는 계속 그곳에서 열리고 있다. 2019년 11월에는 광저우 난사구에서 IFF 영구 회의장 건립 기공식이 개최되기도 했다. 2018년 제15회 포럼에는 특이하게도 중국과 북한 간의 경제협력 대화 자리가 마련되어 북한의 이철석 대외경제성 국장 일행이 참석했다. 여기서 북한 대표는 북한이 경제 건설과 핵무력 건설이라는 '병진노선'에서 경제발전으로 노선이 변경되었음을 밝히면서 "북한이 자주적인 국가보호 능력을 갖추었기 때문에 경제 건설로 노선이 변경된 것"뿐이라는 입장을 보였다. 당시 중국 측 대표가 북한에 대한 지원 의지를 전달하며 비핵화의 중요성을 강조한 데 대한 대응이었다. 필자는 제15회와 제16회 포럼에 참석해 내용을 모니터링했는데, 북한은 2019년 제16회 포럼에는 참석하지 않았다.

선전 첸하이셔코 편구

첸하이(前海)는 주강삼각주 동쪽 선전 난산구(南山区) 서부에 위치한 지역이다. 셔코(蛇口)는 해발 336m의 따난산(大南山)을 사이에 두고 북쪽의 첸하이와 연결된 지역을 가리킨다. 두 지역 모두 난산구에 속하며 동쪽으로 선전만(深圳湾), 서쪽으로 주강삼각주와 접한다.

첸하이셔코 편구는 일반 금융, 현대 물류, 정보 서비스, 과학기술 서비스 등 신흥 서비스산업을 전략적으로 중점 육성하고 있다. 중국 금융업의 대외개방을 위한 창구 역할과 세계적인 서비스 무역 기지 및 홍콩을 대체할 수 있는 현대적인 글로벌 항구 건설을 목표로 한다. 새로운 국제무역센터 건설과 국제항운서비스센터 건설 그리고 항운 금융 등 첨단 항운 서비스산업을 발전시키고 있다.

필자가 보기에, 난사 편구와 첸하이셔코 편구는 서로 유사한 기능을 수행하기 때문에 경쟁을 통해 효율성을 높일 수 있다는 것이 장점이지만, 그로 인해 중복 투자가 발생할 수 있다는 문제점도 없지 않다. 굳이 두 편구 간의 차이점을 찾자면 첸하이셔코 편구는 일반금융에 집중하고 난사 편구는 특수금융에 중점을 둔다는 것인데 실질적으로 얼마나 차별성을 가질 수 있을지는 의문이다. 첸하이셔코 편구는 난사 편구나 헝친 편구에 비해 도시 기반 시설이 잘 완비되어 있다. 다만 부지가 좁아 임대료가 매우 높은 편이고, 주변에 여유 공간이 없어 확장성이 떨어진다는 단점이 있다.

주하이 헝친 편구

주하이시 남단 헝친섬 지역으로 매립을 통해 형성된 곳이다. 지리적으로 주강삼각주 서편에 위치해 마카오와 인접한다. 주하이 헝친 편구는 여행, 레저, 건강, 금융, 문화, 과학 교육 그리고 첨단기술 등과 연관된 산업을 육성하고 국제적인 비즈니스·여행·레저 센터를 건설하는 것을 목표로 한다. 포르투갈어권 국가와 협력하고 여행 및 레저에 중점을 둔다는 점에서 난사 편구나 첸하이셔코 편구와 분명한 차별성을 보여주는 편구다. 현재는 첸하이셔코 편구와 비슷한 규모이지만 추가 매립을 통해 부지를 확장한다는 계획도 갖고 있다. 헝친 편구의 가장 큰 한계점은 접근성이 떨어진다는 점이다.

| 일대일로 계획: 개혁개방 영역의 확대 |

시진핑 중국 국가주석이 2013년 '실크로드 경제 벨트'와 '21세기 해상 실크로드 경제 벨트'에 대한 구상을 발표한 후, 2015년 3월 중국 정부는 〈실크로드 경제 벨트와 21세기 해상 실크로드 공동건설 추진의 비전과 액션〉[9]이라는 문건을 정식으로 발표했다. 이는 중국의 '일대일로(一帶一路, Belt and Road Initiative)' 계획을 구체화한 것으로, '일대(一帶)'는 중국에서 중앙아시아와 러시아를 관통하여 유럽까지 직접 연결하는 것을 말하며, '일로(一路)'는 말라카 해협을 통해 인도와 중동 및 동아프리카를 연결하는 노선이다. 일대일로 계획은 중국이 제시한 국가급 최고위 전략(国家级顶层战略)으로 동남아시아와 중앙아시아 그리고 서아시아와 아프리카, 더 나아가 유럽에까지 이르는 지역을 육로와 해로로 연결하고, 연결선상에 위치한 국가들과의 경제협력을 강화하겠다는 구상을 담은 사업이다. 시진핑 중국 국가주석이 2013년 8월 카자흐스탄에서 최초로 이를 언급하면서 전 세계의 주목을 받은 바 있다.

광둥성은 아세안, 남아시아, 남태평양 등 해상 실크로드 선상에 위치한 국가들과 경제적 교역이 가장 많은 성이다. 중국이 일대일로 전략을 국가적으로 추진하면서 광둥성은 이들 국가와 협력 기반 강화, 인프라 협력 강화, 상호 투자 및 교역 촉진, 민간교류 활성화 등 각 방면에서 협력을 보다 증가시키고 있으며, 이를 통해 완전히 새로운 개혁개방 정책을 실현시킬 공간적 기회도 얻게 됐다. 특히 아세안 국가들은 경제발전 정도가 서로 다르고 산업 발전의 차이도 커서 광둥성과 상호 보완하며 발전할 수 있는 가능성이 매우 높다.

중국의 일대일로 계획. 광둥성은 2014년부터 '광둥성 21세기 해상 실크로드 박람회'를 개최해 해상 실크로드 플랫폼을 강화하고 있다.

　광둥성이 해상 실크로드, 특히 동남아시아 지역에서 유리한 입장에 설 수 있는 것은 무엇보다 화교 때문이다. 전 세계적으로 광둥성 출신 화교가 3,000만 명이 넘고 그중 60%가 동남아시아에 터전을 잡고 있다. 더군다나 이들이 고향에 대해 갖는 애정은 남다르다. 개혁개방 이래 화교가 광둥성에 직접 투자한 규모는 1,200억 달러가 넘는다. 화교 사회는 중국과 화교가 자리 잡은 국가 사이에서 경제활동의 교량 역할을 톡톡히 하고 있다. 이들은 동남아시아 지역에서 중국이 자연스럽게 소프트파워를 발휘하도록 만드는 원천이 되고 있다.

　광둥성에서 화교를 가장 많이 배출한 곳은 산터우(汕头)로 알려져 있지만, 현재 화교와 관련된 흔적이 남아 있는 곳으로는 광저우에서 남서쪽으로 130㎞ 떨어진 장먼시(江门市) 카이핑(开平)의 댜오러우(碉楼)

장먼시 카이핑의 댜오러우 건축군. 카이핑에는 유채밭 사이로 댜오러우 건축물이 넓게 산재하고 있다. 2007년 유네스코 세계문화유산에 등재됐다.

가 유명세를 떨친다. 해외에서 부를 축적한 화교들이 고향에 돌아와 지은 댜오러우는 세계문화유산으로도 지정된 건축물이다. 독특한 성탑 모양의 집들은 중화민국 시기 치안 부재에 따른 도둑들의 약탈에 대응할 수 있는 방어 기능을 지니고 있다. 대문은 견고한 철문이고 창문은 방어에 유리하도록 작게 만들어 단단한 쇠창살로 보호한다. 별도의 사격용 구멍도 만들어져 있다. 동남아시아와 미주 그리고 유럽 등 해외에서 어려운 생존 환경을 이겨내고 돈을 벌어 성공한 다음 고향으로 돌아와 서구의 주택을 모방해 건설한 것이라 중국과 서양의 건축양식이 결합된 이국적 디자인을 보여준다. 이처럼 중국문화와 서구문화를 융합한 특징을 중서합벽(中西合璧) 또는 하이브리드 모더니티(Hybrid

Modernity)라고 부르곤 한다. 댜오러우는 화교들이 형성한 그들만의 독특한 융합 문화를 대표하고 있다.[10]

광둥성은 해상 실크로드의 역사적 연원, 지리와 인문 및 혈연상의 관계, 해상 실크로드 연선국가들과 맺고 있는 우호적 경제협력 관계를 바탕으로 대외개방을 확대하고 있다. 그에 따라 2015년 6월 〈일대일로 건설에 참여하는 광둥성의 실시 방안〉[11]을 발표하고 대외무역, 투자, 해양 및 자원 개발, 금융, 여행 및 인문 교류 등 다양한 방면에서 해상 실크로드에 인접한 연선국가들과의 협력을 더욱더 강화하고 있다.

2장

차이나 실리콘밸리로
거듭난 광둥성

광둥성에는 21개 시가 있는데 이는 크게 3개 구역, 즉 주강삼각주를 중심으로 하는 9개 시, 연해안 경제 벨트를 구성하는 7개 시, 그리고 북부 생태 발전구역의 5개 시로 묶을 수 있다. 주강삼각주 중심의 9개 시는 광저우, 선전, 둥관, 포산, 후이저우, 중산, 주하이, 자오칭, 장먼이다. 연해안의 경제 벨트 7개 시는 주강삼각주를 축으로 다시 동서로 나뉘는데, 동쪽으로는 산터우(汕头), 산웨이(汕尾), 차오저우(潮州), 제양(揭阳) 4개 시가 있고, 서쪽으로는 잔장(湛江), 마오밍(茂名), 양장(阳江) 3개 시가 있다. 북부 생태발전구역에 속하는 5개 시는 사오관(韶关), 메이저우(梅州), 허위안(河源), 칭위안(清远), 윈푸(云浮)다.

이 책에서 필자는 광저우에서 선전을 거쳐 홍콩으로 이어지는 일련의 도시군을 '차이나 실리콘밸리'라고 명명한다. 지리적으로는 광저우와 선전 사이에 있는 둥관과 후이저우를 포함한다. 광포경제권을 형성하는 포산은 광저우와 한 묶음으로 볼 수 있다.

중국의 4차 산업혁명이 현재 어떻게 진행되고 있는지 그 진전 상황을 살펴보려면 선전과 광저우를 중심으로 다른 도시와 연결되는 산업 네트워크를 보아야 한다.

● 광둥성의 각 시별 경제 현황

(단위 : 억 위안, %, 만 명, 달러)

	도시명	2019년 GDP (성장률)	2020년 GDP (성장률)	인구	2019년 1인당 GDP
1	선전	26,927.09 (6.7)	27,670.24 (3.1)	1,343.88	29,498
2	광저우	23,628.60 (6.8)	25,019.11 (2.7)	1,530.59	22,676
3	포산	10,751.02 (6.9)	10,816.47 (1.6)	815.86	19,849
4	둥관	9,482.50 (7.4)	9,650.19 (1.1)	846.45	16,492
5	후이저우	4,177.41 (4.2)	4,221.79 (1.5)	488.00	12,624
6	주하이	3,435.89 (6.8)	3,481.94 (3.0)	202.37	25,368
7	마오밍	3,252.34 (4.3)	3,279.31 (1.5)	641.15	7,519
8	장먼	3,146.64 (4.3)	3,200.95 (2.2)	459.82	9,988
9	중산	3,101.10 (1.2)	3,151.59 (1.5)	331.00	13,675
10	잔장	3,064.72 (4.0)	3,100.22 (1.9)	736.00	6,102
11	산터우	2,694.08 (6.1)	2,730.58 (2.0)	566.48	6,974
12	자오칭	2,248.80 (6.3)	2,311.65 (3.0)	415.17	7,906
13	제양	2,101.77 (3.0)	2,102.14 (0.2)	608.60	5,038
14	칭위안	1,698.20 (6.3)	1,777.15 (3.8)	387.40	6,398
15	양장	1,292.18 (8.2)	1,360.44 (4.4)	303.04	7,308
16	사오관	1,318.40 (6.0)	1,353.49 (3.0)	257.09	6,420
17	메이저우	1,187.06 (3.4)	1,207.89 (1.5)	438.30	3,957
18	산웨이	1,080.30 (6.7)	1,123.81 (4.6)	265.66	5,067
19	허위안	1,080.03 (3.5)	1,102.74 (1.3)	301.50	5,095
20	차오저우	1,080.94 (5.0)	1,096.98 (1.3)	310.56	5,939
21	윈푸	921.96 (6.1)	1,002.18 (4.1)	254.52	5,325
	광둥성 전체	107,671.07 (6.2)	110,760.94 (2.3)	11,521.00	13,651

자료: 광둥성 통계국 자료를 정리하여 재구성.

자동차 번호판으로 지역 구분하기

중국에서는 차량 번호판으로 어느 지역 차량인지를 구분할 수 있다. 중국의 자동차 번호판은 일반적으로 한자(성이나 직할시)+알파벳(지급시)+숫자와 알파벳 혼용 5자리 형식이다. 한자의 경우 베이징은 징(京), 상하이는 후(滬), 산시성은 진(晉), 산둥성은 루(魯), 푸젠성은 민(閩), 톈진은 진(津) 등으로 나타낸다. 광둥성은 우리에게는 매우 낯선 웨(粵)라는 한자를 사용하고, 이어서 알파벳으로 21개 시를 구분하고 있다. 예를 들어 A는 광저우 차량, B는 선전 차량이다. 홍콩과 마카오의 경우 Z를 사용하며 추가로 번호판 끝에 港(홍콩), 澳(마카오)로 구분한다. 홍콩·마카오에도 지역별 번호판이 별도로 있기 때문에 번호판을 2개 단 차량만이 홍콩·마카오와 광둥성을 넘나들 수 있다.

● **자동차 번호판의 지역별 구분**

A	B	C	D	E	F	G	H
광저우	선전	중산	산터우	포산	양장	장먼	자오칭
J	K	L	M	N	P	Q	R
잔장	마오밍	후이저우	메이저우	허위안	산웨이	사오관	칭위안
S	T	U	V	W		Z	
둥관	주하이	차오저우	제양	윈푸		홍콩·마카오	

광둥성의 차량 번호판. 왼쪽 차량은 A가 표시된 광저우 차량이다. 오른쪽 차량은 홍콩 차량으로 광둥성에서도 운행할 수 있도록 번호판이 추가되어 있다.

1

광저우,
중국 대외교역의 살아 있는 역사

| 광둥성의 성도이자 중국 남부 지역의 행정 중심지 |

광저우는 광둥성의 성도(省会)이자 중국 남부 지역 전체의 행정 중심
지다. 성에 준하는 권한을 가지고 있는 부성급 도시(副省级市)이며 중국
을 대표하는 일선도시(一线城市) 중 하나다. 중국은 행정적으로 부성급
도시를 정해놓고 있으며, 경제적 중요성을 기준으로 일선도시(一线城
市)와 신일선도시(新一线城市) 및 이선~오선도시로 구분 짓고 있다. 부
성급 도시는 소속 성에 대해 경제와 법률 측면에서 상당한 독립성을 갖
는다. 1994년 16개 도시가 부성급 도시로 지정되었으며, 그중 충칭(重
庆)이 1997년 직할시로 승격되어 현재는 광저우, 선전, 우한(武汉), 하
얼빈(哈尔滨), 선양(沈阳), 청두(成都), 난징(南京), 시안(西安), 창춘(长春),
지난(济南), 항저우(杭州), 다롄(大连), 칭다오(青岛), 닝보(宁波), 샤먼(厦

門) 등 15개가 부성급 도시다.

일선도시는 중국에서 가장 발전된 대표적 도시를 가리키는 것으로 베이징, 상하이, 광저우, 선전 4개 도시가 여기에 해당한다. 각 도시의 첫 글자를 따서 '베이상광선(北上广深)'이라 부르기도 한다. 하지만 필자가 만난 선전 지역 공무원들과 기업인들은 일선도시를 '베이상선광(北上深广)'이라 고쳐 부르는 경우가 많았는데, 이는 2017년부터 선전의 GDP가 광저우를 넘어섰기 때문이다.

광저우는 면적이 7,434㎢이고, 상주인구는 2019년 기준 1,521만 명에 이른다. 서울 면적이 605㎢이므로 광저우가 서울보다 약 12배 큰 도시인 셈이다. 충청북도(7,407㎢)와 크기가 비슷하다. 주강삼각주 지역의 북부에 위치하며, 우리에게는 2010년 제16회 아시안게임이 개최된 도시로 잘 알려져 있다.

2019년 광저우의 GDP는 2018년 대비 6.8% 성장해 2조 3,628억 위안(3,425억 달러), 1인당 GDP는 15만 4,375위안(2만 2,676달러)이었다. 2020년 GDP는 2019년보다 2.7% 성장하여 2조 5,019억 위안을 기록했다.

광저우에는 한국 기업들이 많이 진출해 있는데 대표적인 기업은 LG 디스플레이다. LG디스플레이는 모듈 공장 1조 원과 LCD 공장 4.5조 원 그리고 OLED 공장 5조 원 등 총 10.5조 원을 투자한, 광둥성 최대의 한국 기업이다.

한국에서 광저우로 가려면 인천국제공항에서 광저우바이윈국제공항(广州白云国际机场)으로 가는 직항 항공편을 이용하면 된다. 광저우바이

광저우의 트레이드마크 광저우타워. '캔톤타워'라고도 불리며 높이는 600m로 상하이타워에 이어 중국에서 두 번째로 높다. 여성의 잘록한 허리모양과 닮았다고 하여 샤오만야오(小蛮腰)로도 불린다. 실제로는 간체자 광(广)의 모양을 본딴 것으로 광저우의 트레이드마크 역할을 하는 건축물이다. 1층 출구에서 LG디스플레이의 OLED 전시관을 만날 수 있다.

원국제공항은 베이징서우두국제공항(北京首都国际机场), 상하이푸동국제공항(上海浦东国际机场)과 함께 중국 3대 공항 중 하나다. 대한항공과 아시아나항공 그리고 중국난팡항공유한공사(中国南方航空有限公司)가 매일 운항한다. 날씨가 맑은 날이면 광저우바이원국제공항에 접근할 때 광둥성의 상징인 광저우타워를 비행기에서도 내려다볼 수 있다.

❄ 중국의 행정구획 ❄

중국의 행정구획은 4계층 형태를 띠고 있다. 그중 최상층의 1급 행정 단위는 크게 22개(타이완 포함 시 23개)의 성, 5개의 자치구, 4개의 직할시(베이징, 상하이, 톈진, 충칭), 2개의 특별행정구(홍콩, 마카오)로 구성된다.

2급 행정 단위는 '지급시(地級市)'다. 지급시는 도시 지역과 주변의 농촌 지역을 포함하는 비교적 큰 행정 단위를 말하는데, 광둥성에는 총 21개의 지급시가 있다. 지급시는 면적이나 인구 등 규모 면에서 보자면 우리나라의 광역시나 도(道)와 맞먹는다고 할 수 있다. 이 장에서 소개할 광둥성의 도시들은 모두 지급시다.

3급 및 4급 행정 단위에 따르면, 도시 지역과 농촌 지역은 서로 다르게 구분된다. 우선 도시 지역은 '구(区)'와 그 아래 '제다오(街道)'로 이어지는데, '제다오'는 우리나라의 동 단위와 유사하며, 담당 행정기관으로 '제다오반(街道办, 동사무소)'이 설치되어 있다. 그리고 농촌 지역은 현(县)과 그 아래 향(乡), 진(镇)으로 구분된다.

| 2,000년 역사를 자랑하는 항구도시 |

광저우는 수이(穗), 화청(花城), 양청(羊城), 우양청(五羊城) 등의 별칭으로도 불린다. 이 가운데 필자처럼 공적 업무를 수행하는 사람이 가장 많이 접하게 되는 표현은 '수이'인데, 공문서의 경우 짧은 표현을 선호하기 때문이다.

광저우는 중국 남부 지역의 정치·경제·군사·문화의 중심지로, 중국에서 몇 안 되는 2,000년 이상 유구한 역사를 가진 항구도시다. 진시황(秦始皇) 시기 광저우 지역에 남해군(南海郡)을 설치한 후, 한(汉)나라 때부터 외국 무역을 시작하여 당(唐)·송(宋) 때 급속한 발전을 이루었다. 명말(明末)·청초(淸初)에 유럽 각국으로 교역을 확대하면서 중국 최대의 무역항으로 번성하기 시작했다.

중국은 당태종이 변방 방어와 중앙 집권을 위해 이민족에 대한 우호 정책을 취하면서 문호를 열어 본격적인 무역개방 시대로 진입했고, 바로 이 시기에 광저우는 중국 대외무역 제일의 항구로 떠올랐다. 당현종 때인 서기 714년 당나라는 중국 역사상 첫 번째 대외무역 관리 전문 기구인 '시박사(市舶司)'를 설치했다. 시박사가 대외무역을 관리하는 제도는 명나라로 접어들어서도 이어졌으나, 이후 청나라는 해관(海关)을 설치해 시박사 업무를 대체했다.

명나라는 자문화 중심의 화이사상(华夷思想)을 표방했는데 이는 대외무역에도 커다란 영향을 끼쳤다. 명태조는 1371년 일찍이 볼 수 없었던 해금정책(海禁政策)을 단행했다. 해금정책 기간 중 무역은 중국특색의 형식을 가지게 되는데, 이것이 바로 조공무역(朝贡贸易)이다. 이 외의 다른 무역은 엄격히 금지되었고, 정부 독점의 무역 상황에서 광저우는 항구도시로서 지속적으로 성장하게 된다. 1년 또는 3년 심지어 8년에 겨우 한 차례 기회가 부여되는 조공무역 때가 되면 외국 선박들이 마카오에 정박을 하고, 시박사의 검사를 거쳐 광저우로 물건을 들여왔다. 이때 외국 상인들은 후이위안역(怀远驿)에 머물렀다. 조공 사절이 조공할 물건을 황제에게 진상하고 하사품을 받아 돌아오는 동안 상인들은 후이위안역에서만 제한된 교역이 가능했다.

이렇듯 특수한 형태로 무역이 이루어지는 상황에서 광저우는 대외무역 창구로서 유일무이한 지위를 확립할 수 있었고 이후 찬란한 상업 역사를 쓰게 된다. 광저우는 중국에서 수천 년간 누적된 문명과 문물을 세계로 수출하는 역할과 함께, 제한된 지역에서 서양의 문물을 접하고 이를 중국에 이식하는 역할도 했다.

| 왜 광저우였을까? |

베이징에서 멀리 떨어진 광저우가 역사적으로 대외교역의 주요 창구로 지정된 것은 무슨 까닭일까? 중국사회과학출판사에서 펴낸 《광둥 대외개방 40년》은 그 이유로 다음 3가지를 들고 있다.

첫째, 오래전부터 광저우는 중국 남부 지역의 정치 중심지였다. 진시황이 기원전 214년 남월(南越)을 평정한 이래 현재의 광둥성 대부분을 남해군(南海郡)으로 묶고 현재의 광저우 판위현(番禺县)에 행정 중심지를 설치했다. 원나라 일부 시기를 제외하면 광저우는 줄곧 영남 지역의 1급 행정 단위로서 그 역할을 담당했던 것이다.

둘째, 정치경제의 중심지였던 광저우는 인프라 시설과 교통 네트워크도 잘 발달해 있었다. 광저우의 영향력이 주변 지역에 광범위하게 미쳤고 대외무역에 필요한 하드웨어 또한 잘 갖춰져 있었다. 대표적으로 영거(灵渠)라고 불리는 운하가 있는데, 이것은 진나라가 기원전 214

년 남월과 전쟁을 치르기 위해 주강 상류의 광시좡족자치구 지역에 건설한 것이다. 당시 진시황은 50만의 병력과 군수물자를 이 운하를 통해 운송하여 남월을 평정했다. 결과적으로는 이 운하가 장강(长江)과 주강(珠江)을 연결해줌으로써 장강에서 광저우까지 배를 타고 이동할 수 있게 하여 수로를 통해 광저우를 북방의 정치·상업의 중심과 이어지게 했다.

셋째, 명나라가 몰락하고 그 무렵 서양 열강의 세력이 커지면서 중국의 외교는 수세로 돌아섰고, 이에 따라 해안 방어와 안전이 중요한 고려 사항이 됐다. 1757년 건륭황제가 서양 선박을 광저우에만 머물게 하면서 중국의 대외무역은 일구통상(一口通商)의 시대로 변했다. 광저우는 베이징에서 멀리 떨어져 있으며, 입구의 후먼(虎门)과 황푸(黄埔)는 관병이 주둔하여 외국 선박이 들어오는 것을 방어하는 요새 역할을 했다. 후먼에서 황푸까지는 물길이 복잡해 중국 측의 인도 없이는 외국 선박이 자유로이 출입하기가 어려웠다.

아마도 이 셋째 사항이 가장 중요한 요인이 되었을 것이다. 중국은 북방 이민족으로부터 침략당한 경험이 많고 그래서 만리장성을 쌓아 스스로를 보호했다. 광저우처럼 베이징과 멀리 떨어진 곳을 선택해 '만리의 거리'라는 장벽을 통해 가능한 한 이민족과 접촉하지 않으려는 자기 보호 본능이 작용했을 것이다. 덩샤오핑의 개혁개방 정책이 중국 중심부에서 멀리 떨어진 선전과 주하이 등 광둥성 경제특구를 중심으로 실현되기 시작한 것도 서구의 정치적·경제적·문화적 영향력이 베이징에 직접 미치는 것을 우려했기 때문이다.

| 광저우의 쇠퇴와 중흥 |

1842년 아편전쟁(鴉片战争)이 끝난 후 상하이가 개항되고 홍콩이 할양되면서 광저우는 상업 도시로서 독점적 지위가 무너졌고 점차 쇠퇴의 길을 걸었다. 이때 광둥 지역의 수많은 중국인이 타국으로 이주하여 화교사회를 형성했다. 중화인민공화국 수립 이후 계획경제 시대에 광저우는 제대로 된 공업화 전략을 추진하지 못했고, 오히려 인프라 시설과 거주시설 등이 낙후되는 문제만 발생했다. 광저우가 재부상한 것은 1979년 덩샤오핑이 경제와 정치를 개혁하고 개방 정책을 추진하면서다.

그 전해인 1978년 말 광저우는 전국 최초로 수산물 중 활어만을 거래하는 시장인 활어교역시장(鲜鱼交易市场)에서 가격 결정을 수요와 공급에 맡기는 정책을 실시했다. 초기에는 활어 가격이 급등해 정책이 실패했다는 비판이 고조되었으나 농산물, 의류, 원자재, 생산요소 등으로 단계적으로 확대된 시장 시스템이 정착되면서 광저우 경제는 비약적으로 발전해나갔다.

1991년부터 1995년까지 광저우는 투자환경을 개선하기 위해 도시교통 및 통신 시설을 정비했다. 그래서 이 시기 고정자산 투자증가율이 매우 높았다. 이후 광저우는 중국 남부 지역의 중심 도시로서 주강삼각주 지역 도시군의 발전을 선도했고, 중국 남부 지역 최대 무역도시의 역할을 잘 수행해냈다.

2001년부터 2010년까지는 현대화된 대도시를 상징하는 중요한 시설이 마련됐다. 광저우바이윈국제공항, 광저우 기차역, 광저우 난사

광저우 야경. 왼쪽 높은 건축물은 서탑으로 불리는 국제금융센터(IFC)로 440m 103층, 오른쪽의 동탑은 주따푸(周大福)금융센터(CTF)로 530m 111층이다. 국제금융센터 왼쪽의, 조명이 밝은 건물은 2010 아시안게임 개막식이 열린 하이신사(海心沙)체육관이다.

항구, 중국수출입상품교역회전시관(캔톤페어전시관), 광저우대학교 등이 건립된 것이다.

2011년부터는 전통산업에 대한 구조조정이 단행됐고, 첨단기술산업 육성에도 착수했다. 특히 모든 전자기기에 인터넷을 연결하여 인터넷과 제조업을 융합하는 '인터넷 플러스' 전략을 바탕으로 전자상거래와 인터넷 금융 및 물류 배송 등 신산업 분야가 경제성장의 동력으로 새롭게 등장했다.

❈ 캔톤페어(Canton Fair) ❈

광저우 대외무역의 역사를 이야기할 때 '캔톤페어'라고 불리는 전시회를 빼놓을 수 없다. 주요 전략물자를 구매하는 데 필요한 외화를 획득하기 위해 '화난물자교류대회(华南物资交流大会)'가 1954년과 1955년 광저우에서 열렸고, 이 경험을 바탕으로 저우언라이(周恩来) 총리는 1956년 9월 '중국수출상품전람회(中国出口商品展览会)'를 추진했는데 바로 이것이 캔톤페어의 전신이다. 캔톤페어는 1957년 4월 25일 정식으로 행사를 열었으며, 이후 매년 춘계와 추계 행사가 개최되고 있다.

캔톤페어는 그동안 신축 전시관 완공 지연으로 인한 연기(6차)와 정치적 사유로 인한 연기(22차) 그리고 코로나19로 인한 연기(127차) 등 행사를 연기한 사례가 단 세 차례에 불과할 정도로 역사와 전통이 깊다. 매 차수마다 전 세계에서 20만 명이 넘는 바이어가 방문하고 있다. 다만 2020년 127차 춘계 캔톤페어 이후 2021년 130차 추계 캔톤페어까지는 코로나19 팬데믹 사태로 인해 온라인으로 개최되고 있다. 코로나19 사태가 어느 정도 진정될 때까지는 계속 온라인으로 진행될 것으로 예상된다.

캔톤페어는 사실 450여 년 전에 처음 시작됐다고도 볼 수 있다. 명나라 가정제 시기인 1550년, 마카오의 포르투갈 상인이 광저우에서 반년에 한 번씩 교역회를 개최하는 것을 허가받았고, 이후 만력제 시기인 1580년에는 교역회를 봄과 가을에 개최하기로 확정하게 된다. 현재의 캔톤페어와 동일한 시기에 열린 것인데, 이렇듯 봄과 가을로 나누어 개최하는 것은 선박의 운항 여정 때문이었다. 당시 동남아 일대에서 활약한 포르투갈 상인이 매년 가을과 겨울에는 계절풍을 타고 비단과 도자기 등의 화물을 유럽으로 실어 나르고, 다음 해 봄과 여름에는 남서 계절풍을 타고 향료와 보석 등을 싣고 와 광저우에서 교역을 했던 것이다.

캔톤페어는 매 차수마다 3기로 나누어 1주씩 모두 3주간 진행된다. 1기에는 전자기기, 조명, 기계 등이 전시되고 2기에는 소비재와 가정용 장식품 등이 주류를 이룬다. 3기에는 방직, 신발, 가방, 의료기기 등의 제품이 전시된다. 한국 기업은 KOTRA(대한무역투자진흥공사)가 마련한 '한국관'을 중심으로 참여하고 있다. KOTRA 광저우무역관은 2012년 111차 캔톤페어를 시작으로 한 차수도 거르지 않고 '한국관'을 마련하여 한국 기업을 지원하고 있다. 필자도 매 차수 캔톤페어에 참석해 한국관의 성과를 점검하고 전시회에 참여한 기업들과 면담도 진행했다.

캔톤페어에서는 영어가 공용어로 사용된다. 해외 바이어들 중에는 특히 동남아시아와 중동 지역의 바이어가 많다. 기업들이 매 차수 연속해서 참여하면 정기적으로 방문하는 해외 바이어들과 안면을 익힐 수 있다. 바이어들은 지난 차수에 보아둔 제품을 이번 차수에 다시 확인하고 계약을 체결하는 경우가 많다. 동남아시아와 중동 시장을 염두에 둔 기업이라면 캔톤페어라는 플랫폼을 전략적으로 활용하는 것이 비용과 위험 부담을 줄이는 효과적인 방법이 될 수도 있다.

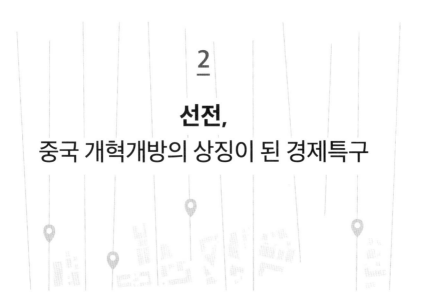

2

선전,
중국 개혁개방의 상징이 된 경제특구

| 홍콩을 넘어선 광둥성 최대의 경제도시 |

광저우와 마찬가지로 선전도 부성급 도시이자 일선도시다. 광둥성 남부 주강삼각주 동쪽에 위치한 도시로, 광둥성과 홍콩의 경계를 형성한다. 선전의 면적은 1,995㎢이며, 2019년 상주인구는 1,344만 명이다. 면적으로 보면 서울의 3배 이상으로 제주도(1,849㎢)보다 크다. 2019년 선전 GDP는 2조 6,927억 위안(약 3,903억 달러)으로 2018년에 비해 6.7% 증가했으며, 2020년에는 3.1% 성장한 2조 7,670억 위안을 기록했다.

2018년을 기점으로 선전은 명실상부 광둥성을 넘어 국제적 도시로 거듭났다. 선전의 GDP 규모가 2017년 광저우의 GDP를 넘어서고, 2018년에는 홍콩 GDP도 추월했기 때문이다. 2019년 선전의 1인당

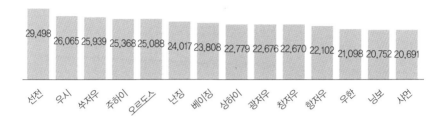

(단위: 달러)

선전	우시	쑤저우	주하이	오르도스	난징	베이징	상하이	광저우	칭저우	항저우	우한	닝보	샤먼
29,498	26,065	25,939	25,368	25,088	24,017	23,808	22,779	22,676	22,670	22,102	21,098	20,752	20,691

자료: 광둥성 통계국 자료를 정리하여 재구성.

GDP는 2만 9,498달러로 중국의 도시들 가운데 1위를 차지했다. 광저우에서 선전으로 가려면 남쪽으로 3시간을 자동차로 달려야 한다. 주강 하구 위로 잘 닦인 해상 고속도로를 달리다 보면 선전바오안국제공항(深圳宝安国际机场)과 아시아 최대 규모를 자랑하는 선전국제전시센터(深圳国际会展中心, Shenzhen World Exhibition & Convention Center)를 만날 수 있다. 선전바오안국제공항은 중국 국내선 수요가 더 크지만, 한국과 연결된 국제 항공편도 많다. 대한항공과 아시아나항공, 선전항공이 취항하고 있으며, 2019년에는 에어부산도 신규 노선이 생겼다.

선전국제전시센터는 40만㎡ 규모로 2019년 9월에 완공되었으며(우리나라 킨텍스의 약 4배 수준) 추가로 10만㎡ 규모의 2기 공사가 진행 중이다. 2기 공사가 마무리되는 2023년에는 독일 하노버 전시장(46만㎡)을 넘어 세계 최대 전시장으로 기록될 예정이다. 필자가 2019년 12월 전시장을 방문했을 때는 개장 초기라 한산한 편이었지만, 전시관 중앙

선전국제전시센터 전경. 일반 전시관 외에도 승마공연 등이 가능한 다목적 전시관과 최대 6,000명이 참석할 수 있는 연회장을 갖추었다.

에 1.75㎞에 걸친 기다란 통로가 있어 그 통로를 지나려면 전용 전기차를 이용해야 했다. 이렇게 엄청난 규모를 자랑하는 공간을 어떤 콘텐츠로 채울까 의문이었는데, 센터 관계자는 3년간 정상 운영을 하고 나면 손익분기점을 넘을 수 있으리라 자신했다. 선전국제전시센터가 완공되면 광저우의 캔톤페어전시관과 직접적 경쟁관계에 놓일 것이다.

선전은 웨강아오따완취 개발과 뒤에서 설명할 중국특색사회주의 선행시범구 건설 그리고 4차 산업혁명과 관련된 기업들의 활동 무대다. 선전국제전시센터를 통해 기업회의(Meeting), 인센티브 관광(Incentive tour), 국제회의(Convention), 전시(Exhibition)를 의미하는 마이스(MICE) 산업을 육성하겠다는 전략을 짜놓고 있다. 하지만 기존에 광동성 지역에서 진행되던 다른 전시회를 빨아들이는 제로섬 게임이 될 우려도 있다. 더욱이 최근에는 코로나19 팬데믹으로 인해 마이스 산업이 전반적 침체에 접어든 상태다.

| 선전 경제특구 발전의 마중물이 된 사람, 위안경 |

역사적으로 선전은 큰 주목을 받는 도시가 아니었다. 개혁개방 이전에는 홍콩과 마카오를 오가며 주로 농산물을 거래하는 국경의 조그만 거점 지역에 불과했다. 하지만 덩샤오핑이 추진한 개혁개방 정책에 따라 중국에서 가장 먼저 경제특구로 지정되면서 선전의 놀라운 변모가 시작되었는데, 그 불씨가 피어오른 곳이 바로 셔코 공업구(蛇口工業區)다.

1979년 홍콩에서 멀지 않은 바오안현(宝安县) 셔코 반도에 건설된 셔코 공업구는 중국 최초의 수출공업구다. 셔코 공업구를 이해하기 위해서는 위안경(袁庚)이란 인물을 먼저 알아야 한다.

위안경은 1917년 선전 바오안현에서 태어났다. 1936년 황푸군관학교에 입학했고, 1939년 중국공산당에 입당했다. 1950년에는 베트남에서 호치민의 정보·포병 고문으로 전쟁에 참여한 경력이 있고, 1953년에는 인도네시아 중국총영사관에서 영사로 근무했다. 문화혁명 기간에는 국제간첩죄로 5년간 복역했는데 저우언라이의 도움으로 석방됐다. 1975년 교통부 외사국장으로 취임하여 근무하다가 1978년 중국국영 항만기업인 홍콩 자오샹쥐(招商局)로 발령받았다. 사실 이 무렵 그는 이미 61세로, 퇴직하여 여생을 보낼 만도 했으나 국가 당국으로부터 새로운 업무를 부여받은 것이다. 홍콩 자오샹쥐는 문화혁명을 겪으며 폐지의 기로에 있던 기업이다.

위안컹의 지나온 발자취를 보면 중국공산당의 사회혁명 사상에 투철했을 것으로 짐작된다. 하지만 광둥성 사람의 본성에 내재된 상인 DNA가 드러난 것인지 아니면 문화혁명을 통해 중국 현실에 대한 뼈아픈 반성이 있었던 것인지, 1978년 이후 위안컹은 덩샤오핑의 정책을 충실히 수행하는 개혁개방의 전도사로 변신해갔다.

자오샹쥐에서 그는 모든 일을 실사구시 원칙에 입각하여 처리했다. 1979년 셔코 공업구 관리위원회 주임으로 부임한 위안컹은 성과에 따른 보상 제도를 도입하는 등 분배 방식에서 전면적인 개혁을 실시했다. 1981년에는 셔코 공업구에서 부동산 제도 개혁을 실시해 아파트를 시장에서 매매할 수 있도록 했고, 1985년에는 무기명 선거 방식으로 셔코 공업구 관리위원회를 조직하는 변혁을 일으키기도 했다. 1987년에는 셔코 공업구 내에 두었던 결산센터를 분리하여 자오샹은행(招商銀行)을 만들었고 1988년에는 핑안보험(平安保險)을 설립했다. 현재 자오샹은행과 핑안보험은 모두 《포천》 선정 글로벌 500대 기업에 속한다. 위안컹은 1992년 75세가 되고서야 퇴직했고, 2016년 사망했다. 그의 유골은 선전만에 뿌려졌다.

위안컹은 젊은 시절 사회주의 사상에 헌신하다가 60세가 넘어 개혁개방의 첨병으로 변신한 인물이다. 젊지 않은 나이에 마치 개혁개방을 미리 예견하고 준비한 사람처럼 당시 기준으로는 상상하기 어려운 파격적 개혁을 이끌었다. 셔코 공업구 내에는 위안컹이 재임 시에 제창한 유명한 구호, '시간은 돈이고, 효율은 생명이다(時間就是金钱, 效率就是生命)'를 새긴 기념비가 세워져 있다. 1978년 중국이 아직은 잠을 깨지 않은 그 시절부터 15년간 개혁을 실천해나갔다는 점은 높이 평가받을 만하다. 그때만 해도 중국은 경제 문제에 대한 의사결정이 경제적 효율성이 아니라 정치적·사회적 압력과 이해관계에 따라 이루어질 가능성이 높은 시기였기 때문이다.

| 개혁개방의 상징이 되다 |

1989년 서베를린을 동베를린 및 동독으로부터 분리하던 베를린장벽이 30년 만에 무너지며 동독 사회주의가 역사에 종언을 고했다. 이와 유사한 일이 최근 선전에서도 일어났다. 2018년 1월 선전 경제특구와 나머지 본토를 분할해 인적·물적 이동을 통제하던 장벽을 완전히 철거한 것이다. 홍콩과 선전을 구분하는 '1선 관문'과, 선전 경제특구와 중국 대륙을 구분하던 '2선 관문' 중 '2선 관문'을 최종적으로 없애는 작업이 이뤄졌다. 2선 관문('선전 경제특구관리선'이라고도 부른다)은 1980년에 설치된 136㎞에 이르는 철조망으로, 이 관문이 그동안 급격한 서구 경제와 문화의 영향으로 중국 사회주의가 위기에 빠지는 것을 막는 역할을 해왔다. 마치 베를린장벽과도 같던 관문이 40여 년 만에 없어진 것이다.

2018년 1월 당시만 해도 선전 출장이 잦았던 필자마저 이 일을 미처 인식하지 못할 정도로 어느새 철거가 돼 있었다. 실제로 선전에 사는 교민들 중에도 이를 인지한 사람은 별로 없었을 것 같다. 왜냐하면 선전 지역의 급속한 경제 발달로 2010년 무렵부터는 선전 경제특구가 철조망을 넘어 선전 전체로 확대되었고 선전 전역에 지하철이 다니면

1980년에 설치되어 경제특구와 중국 대륙 간에 장벽 역할을 해온 선전 경제특구관리선(2선 관문)은 2018년에야 완전히 철거되었다.

서 이 철조망 관문이 유명무실해져, 단계적 철거를 시작한 지가 이미 오래이기 때문이다. 공식적으로는 2018년 1월 6일 〈선전 경제특구관리선 철거 동의에 관한 국무원 비준〉[12]에 따라 진행됐고, 대외적으로 이 장벽의 완전한 철거를 알린 것은 《사우스차이나모닝포스트(*South China Morning Post*)》였다. 홍콩 입장에서는 중국 대륙의 영향력이 성큼 다가온 상징적 사건이었기 때문에 아마도 위기의식을 느꼈을 것이다. 이렇게 홍콩을 긴장시킬 정도로 어느새 개혁개방의 상징이 된 선전 경제특구는 광둥성을 살펴볼 때 꼭 짚어봐야 할 중요한 테마다.

1979년 4월 베이징에서 개최된 최고위당정경제정책결정회의인 중앙공작회의(中央工作会议)에서 시진핑 중국 국가주석의 부친으로 당시 광둥성 제1서기였던 시중쉰(习仲勋)과 푸젠성 제1서기 랴오즈가오(廖志

高)가 처음으로 선전, 주하이, 산터우, 샤먼에 수출특구(出口特区) 설립을 제안했다. 이에 대해 중국공산당 중앙위원회와 국무원은 그해 7월 정식으로 '수출특구' 설립을 비준하는데, 중국에서는 당시의 비준 문서를 '1979년 50호 문건'이라고 부른다.

1979년 50호 문건은 선전과 주하이에서 우선 수출특구를 시범 실시하고 이를 산터우와 샤먼으로 확대할 것을 정하고 있다. 또한 외국인 투자에 대한 법률적 보호와 수출입 화물에 대한 세제 혜택 그리고 합법적 이윤의 해외 송금 등 수출특구에 적용되는 정책을 담았다. 1980년 3월 중국공산당 중앙위원회와 국무원이 수출특구라는 명칭을 '경제특구'로 변경했는데, 이것은 특구가 수출을 위한 단순한 가공공장 지역이 아니라 과학기술 연구 지역, 주택 지역 및 상업·행정·문화 지역을 모두 포괄하는 개념임을 강조한 것이다.

셔코 공업구와 선전 경제특구는 지역도, 형성된 시기도 같지만 구분되는 점이 있다. 셔코 공업구 계획은 개혁개방 초기에 홍콩 자오샹쥐가 주도한 개혁으로 광둥성이 이에 동의하고 국무원에 보고한 계획이다. 그때가 1979년 1월이기 때문에 선전 경제특구보다 한걸음 빨랐던 셈이다. 한편 선전 경제특구 계획은 중앙정부 차원에서 본격 주도한 계획이다. 1979년 3월 국무원에서 당시 바오안현을 선전시로 정식 승격시켰고 이에 따라 선전 경제특구라는 이름이 붙은 것이다. 후에 선전이 확대되면서 셔코는 선전의 일부분으로 선전 경제특구에 포함됐다.

선전 경제특구는 셔코 공업구 모델을 참고로 해서 추진되었는데, 320㎢의 지역을 몇 개 구역으로 구분하여 단계적으로 개발됐다. 우선 당시 홍콩으로의 출입이 가능한 유일한 지역인, 0.8㎢ 범위의 뤄후(罗湖) 지역을 시작으로 은행에서 3,000만 위안을 대출받아 인프라를 설치해나갔다. 외자기업에 필요한 장소를 제공하고 토지사용료를 받으면 그 자금을 활용하여 다시 지역 인프라를 확대하는 방법으로 빠르게 성장했다. 선전의 빠른 경제발전 속도를 일컬어 '선전속도(深圳速度)'라고 이야기하곤 하는데, 1980년대에 160m 높이의 궈마오빌딩(国贸大厦)을 건설할 때 사흘에 1개 층이 올라간 사실을 빗댄 것이다. 이후 선전의 발전 속도는 더욱 빨라져 1990년대에는 383m 높이의 디왕빌딩(地王大厦)을 세웠는데 이것은 9일에 4개 층을 높였다고 해서 '새로운 선전속도(新深圳速度)'라는 별칭이 붙었다.

1979년부터 1984년까지는 선전 경제특구 발전의 초기 단계였다고 할 수 있다. 홍콩에 인접한 지리적 이점과 특혜 정책으로, 가격·임금·고용 부문에서 계획경제의 속박을 벗어던지는 개혁을 실시했다. 1985년부터 1992년까지는 국영기업 개혁과 금융 시스템 개혁 그리고 토지의 공개 매각과 주택 상품화 및 사회보험 체계를 갖추었다. 1993년부터 2008년까지는 시장경제 체제를 완비했다. 현대적 기업 제도를 만들고, 국유자산 관리 체계를 개혁했다. 외자기업이 진입해오고 점차 민영기업이 성장하면서 국유기업 독점체제가 무너졌다. 2009년부터 현재까지는 민간경제가 발전하고 행정관리 체계도 시장 중심으로 개선됐다. CEPA 체결과 홍콩·마카오를 포함한 주강삼각주 경제협력이 강화되면서 새로운 사회주의 시장경제 모델로 선전이 더욱더 부각되고 있는 추세다.

선전 화룬빌딩. 높이 392m에
총 66개 층으로 되어 있다. '총
알빌딩'이라 불리기도 하지만
건물 디자인의 모티브는 죽순
이다. 화룬빌딩 옆에는 선전시
민체육센터와 홍콩과 연결되는
선전만대교가 있다.

　　이처럼 선전은 경제특구라는 정책적 우위와 홍콩에 인접했다는 지리
적 장점을 바탕으로 성장했다. 하지만 점차 전국 각 지역에 경제개발구
가 설립되면서 경제특구가 더는 특별하지 않은 것이 되었고, 시간이 지
나면서 한계수익체감의 법칙이 작용해 경제성장 속도도 줄어들고 있다.
그럼에도 선전은 여전히 높은 수준의 시장 시스템과 다원주의적 문화
를 바탕으로 지속적 성장을 유지하고 있다. 개혁개방 초기 2만 7,000여
명의 농어업 종사자가 살던 마을이 상주인구가 1,300만 명으로 늘어
날 정도로 절대다수가 외지인으로 구성된, 이른바 '이민도시'이기 때문
에 형식과 관습에 얽매이지 않는 실무적 도시문화가 형성되어 있다.

| 선전 경제의 활력 이동, 화창베이에서 웨하이제다오로 |

선전에서 개혁개방과 기술혁신을 대표하는 지역은 화창베이(华强北)
다. 화창베이는 전자, 통신, 전기제품을 주로 생산하는 공업구역이었
다. 예전에 이곳에서는 많은 혁신형 기업이 필요한 부품을 실시간으로
조달할 수 있어 아이디어를 신제품으로 만들어내는 데 하루면 충분했
다. 현재는 화창그룹이 인큐베이터와 전자상가를 운영하고 있는데 예
전 모습은 많이 사라졌다. 경제가 발전함에 따라 화창베이의 기능이
변화했는데, 중국 최대의 전자시장으로 탈바꿈한 것이다.

선전 경제의 중심으로 새롭게 자리 잡고 있는 웨하이제다오(粤海街

선전 화창베이 글로벌 트레이
드 센터(전면)와 화창 플라자
호텔. 화창베이 상업거리는
약 1.5㎞로, 판매 및 생산기업
이 들어서 있는 40여 동의 건
물로 구성되어 있다. 온라인
판매가 늘어 상업지역을 찾는
사람들은 예전에 비해 많이
줄었다.

道)는 그 면적이 14.23㎢에 불과하지만 화웨이, 텐센트, 바이두 화남지역본부, 중싱(ZTE, 中兴), DJI, 유비테크(UBTECH) 등 유명 기업이 다수터를 잡고 있다. 이 지역 상장회사만 보더라도 그 가치가 4.85조 위안으로, 광저우 상장사 전체의 2배, 충칭 상장사 전체의 8배에 이른다.

이러한 변화를 중국의 경제 잡지 《남풍창(南风窗)》은 "선전 경제의 중심이 화창베이를 떠나 웨하이제다오로 옮겨졌다"라고 표현했다. 과거에는 개인도 화창베이에서 아이디어를 제품화하고 부를 창출했지만 이젠 거대기업이 시스템을 통해 아이디어와 신제품을 만들어내고 있음을 지적한 것이다. 《남풍창》은 수많은 개인들의 다양한 아이디어로 활력 넘치던 화창베이의 옛 모습을 아쉬워하는 듯하다.

❈ 뒤처진 경제특구, 주하이와 산터우 ❈

중국의 모든 경제특구가 성공적이었던 것은 아니다. 선전은 종합적 발전을 이루었지만, 주하이나 산터우는 그렇지 못했다. 그나마 주하이는 산터우보다는 나은 편이다. 필자가 본 주하이는 여유롭고 깨끗한 도시였다. 1인당 국민소득이 2만 5,000달러가 넘어 광둥성에서 2위, 전국에서 4위를 차지할 정도로 주민의 생활수준도 높은 편이다. 필자와 이야기를 나눈 광둥 사람들 중에는 주하이에서 살고 싶어하는 사람이 많았다. 하지만 대부분은 퇴후 생활을 언급한 것이었다. 사실 주하이는 인구가 200만 명에 불과하여 1,300만 명의 선전이나 1,500만 명의 광저우와는 비교 자체가 불가능하다. 기본적으로 경제 활력이 부족하다는 한계가 있다.

경제특구가 발전하려면 도시 전체로 영향이 확대되는 긍정적 외부경제효과를 가진 산업을 발전시키는 것이 중요한데, 주하이와 산터우는 외부경제효과가 적은 산업구조를 선택하여 더 큰 발전을 이루지 못했다. 주하이

● 광둥성 경제특구들의 GDP 변동 현황 (단위: 억 위안, %)

	특구 합계	선전		주하이		산터우	
	GDP	GDP	점유율	GDP	점유율	GDP	점유율
1980년	16.10	2.70	16.8	2.61	16.2	10.79	67.0
1990년	285.54	171.67	60.1	41.43	14.5	72.45	25.4
2000년	3,005.28	2,219.20	73.8	335.92	11.2	450.16	15.0
2010년	12,436.54	10,069.06	81.0	1,241.74	10.0	1,125.75	9.0
2019년	33,057.06	26,927.09	81.5	3,435.89	10.4	2,694.08	8.1

자료: 광둥성 통계국 (2020). 〈광둥성 경제특구 성립 40주년 발전 성취〉.

● 광둥성 경제특구들의 수출 변동 현황 (단위: 억 달러, %)

	특구 합계	선전		주하이		산터우	
	수출액	수출액	점유율	수출액	점유율	수출액	점유율
1980년	2.75	0.11	4.0	0.13	4.8	2.51	91.2
1990년	94.72	81.52	86.1	4.89	5.2	8.31	8.8
2000년	408.06	345.64	84.7	36.46	8.9	25.95	6.4
2010년	2,299.76	2,041.80	88.8	208.62	9.1	49.35	2.1
2019년	2,729.38	2,422.16	88.7	239.89	8.8	67.33	2.5

자료: 광둥성 통계국 (2020). 〈광둥성 경제특구 성립 40주년 발전 성취〉.

는 마카오와 인접해 있다는 지리적 특징을 활용하여 관광과 여행을 우선 육성하는 방안을 취했다. 그러나 관광과 여행을 통해 예상만큼의 수익은 얻지 못해 공업을 발전시키는 방향으로 전환하게 된다. 산터우의 경우 공업 외에 농업과 수산양식 분야에 집중했다.

지역별 총생산규모의 변화를 보면 3개 경제특구의 모습을 한눈에 명확히 살펴볼 수 있다. 3개 경제특구 전체의 생산규모 합계에서 점유율이 1980년 16.8%였던 선전은 2019년 81.5%까지 증가한 반면 산터우는 같은 기간에 점유율이 67.0%에서 8.1%까지 하락했다.

이러한 변화를 야기한 가장 큰 요인은 수출이다. 3개 경제특구 수출 합계에서 선전의 수출 점유율은 같은 기간 4.0%에서 88.7%로 크게 증가했으나 산터우는 91.2%에서 2.5%로 급락했던 것이다.

| 중국특색사회주의 선행시범구로 거듭나다 |

2019년 7월 중국공산당 중앙위원회와 국무원은 〈선전의 중국특색사회주의 선행시범구 건설 지지에 관한 중국공산당 중앙위원회와 국무원의 의견〉[13]을 발표했다. 중국은 이를 통해 선전을 경제·정치·문화·사회·환경 측면에서 세계 최고 도시로 발전시키겠다는 내용을 천명했다. 중국 관영 통신사인 신화사(新華社)는 "중국 개혁개방의 중요 창구인 선전이 국제적인 혁신 도시로 거듭나는 성과를 거두었다"라고 평가했다. 또한 "선전에 '중국특색사회주의 선행시범구'를 구축하는 것은 개혁개방을 더 높은 수준으로 추진하고 동시에 웨강아오따완취 발전계획을 이행하는 데 도움이 된다"라고 언급했다.

구체적으로 보면, '높은 수준의 질적 발전', '법치도시 시범 지역', '도시문화 모범 지역', '주민행복 벤치마크 지역', '지속가능한 발전 선행 지역' 등 5가지 전략적 임무가 선전에 부여되었다. 2025년까지 도시의 경제력을 글로벌 선두권으로 끌어올리고, 2035년까지 도시의 종합 경쟁력 분야에서 글로벌 선두가 되도록 하며, 2040년에서 2060년까지는 전 세계에서 경쟁력·혁신 능력·영향력이 가장 큰 도시가 되도록 한다는 타임 스케줄도 만들었다.

이 밖에 5G, 인공지능, 사이버 기술, 바이오 의약 등 분야별 핵심 시설도 갖출 예정이다. 기술혁신 플랫폼을 건설하고 지식재산권거래센터를 구축하며 국제적이고 첨단 기술을 가진 인재의 유치를 강조했다. 중국의 중소기업 및 벤처기업들이 사업자금을 조달할 수 있는 주식시장으로 중국판 '나스닥'이라 할 수 있는 '창이에반(创业板, Chasdaq)'의 활성화와 디지털화폐 연구 그리고 금융시장 개방 확대와 위안화의 국제화 등 금융 분야 경쟁력 증진 계획도 포함하고 있다.

선전은 중국 개혁개방 정책의 가장 주목할 만한 성공사례다. 개혁개방의 최대 성과인 선전을 중국특색사회주의 선행시범구로 지정한 것은 "서구적 가치 및 제도와 확연히 다른 중국특색의 가치와 제도를 존중"해달라는 뜻이다. 개혁개방은 중국이 40여 년간 일관되게 추진해온 정책으로서 자본주의의 단순한 도입이 아닌 "중국특색사회주의의 실천"이라는 것이다. 즉 선전에서 개혁개방을 통해 중국특색사회주의가 실시되었고, 그 결과 현재와 같이 선전이 발전할 수 있었다는 의미다.

따라서 중국특색사회주의 선행시범구에서는 보다 강화된 개혁개방 정책이 실시되는 한편, 중국특색사회주의에 대한 강조도 동시에 진행될 것으로 전망된다.

선전을 중국특색사회주의 선행시범구로 지정한 것을 두고 선전 경제에 걸맞은 정치적 위상을 확보하기 위한 국가 차원의 전략으로 보는 견해도 있다. 홍콩의 위상이 약화되면서 홍콩을 대체하기 위한 포석으로 '선전'을 발전시키는 것이라 보는 정치적 시각이다. 이러한 견해가 설득력을 갖는 것은 홍콩에서 민주화 시위가 일어나면서 정치적으로 극한의 대립 상황으로 치닫던 민감한 시기에 선전을 중국특색사회주의 선행시범구로 전격 발표했기 때문이다.

그러나 사실 선전의 급속한 발전은 지리적으로 매우 인접한 홍콩의 풍부한 자본과 선진적인 금융·물류·마케팅·법률 시스템의 도움에 크게 의존했다. 이 때문에 중국 정부가 기업 자금 조달, 해외 진출, 위안화의 국제화 등에서 홍콩의 역할을 간과하고 이를 선전이 대신하도록 시도할 경우에는 회복하기 어려운 부작용이 초래될 것이라는 반론도 만만치 않다.

한편, 최근에는 중국특색사회주의 선행시범구 지정에 따라 선전을 직할시로 분리해야 한다는 움직임이 대두되고 있다. 현재 중국에는 베이징, 상하이, 충칭, 톈진 등 4개의 직할시가 있다. 중국의 직할시는 성에 준하는 행정구역으로서 직할시 서기가 중국공산당 정치국 위원을 겸할 정도로 특수한 지위를 인정받고 있다. 따라서 직할시로 분리하려는 움직임은 선전을 경제적 위상에 걸맞은 행정 중심지로 끌어올리려는 노력임을 알 수 있다. 다만 필자가 확인한 바에 따르면 광둥성은 선전을 직할시로 분리하자는 논의는 없다고 공식적으로 밝히고 있다. 만일 선전을 직할시로 분리한다면 둥관과 후이저우를 포함하여 광역 단위로 분리할 수밖에 없기 때문에 광둥성이 지금껏 중국 경제에서 차지하던 위상이 상당 부분 하락할 것이다. 따라서 선전의 직할시 분리는 광둥성 입장에서는 그리 달가운 일이 아니다.

3

후이저우,
이 지역 공무원 명함에는 한글이 있다

| 성장 가능성이 높은 도시 |

광저우에서 동쪽을 향해 자동차로 3시간을 달리면 후이저우에 도착한다. 후이저우는 광둥성의 지급시로 주강삼각주 중심 도시 중 하나다. 면적은 1만 1,599㎢로 서울의 19배다. 상주인구는 2019년 기준 488만 명이다. 후이저우의 2019년 GDP는 4,177억 위안(약 640억 달러)으로 선전, 광저우, 포산, 둥관에 이어 5위다. 2020년은 1.5% 성장한 4,222억 위안을 기록했다. 후이저우에는 한중산업단지가 소재하기 때문에 후이저우 공무원들은 한국 기업에 매우 호의적이며, 심지어 한글이 새겨진 명함을 사용한다. 한중산업단지는 퉁후 생태스마트구(潼湖生态智慧区)라는 간판을 동시에 달고 있으며, 퉁후 생태스마트구는 중카이 첨단기술산업단지(仲恺高新技术产业开发区)에 속한다. 따라서 한

중산업단지는 퉁후 생태스마트구인 동시에 중카이 첨단기술산업단지이기도 하다.

　한편, 후이저우 남쪽 따야만(大亞灣) 해안으로 가면 또 다른 한중산업단지를 만날 수 있다. 처음 방문한 사람이라면 어디가 진짜 한중산업단지인지 혼란을 느낄 것이다. 사실 중국의 경제특별구역은 한 지역이 여러 개의 경제특별구역 성질을 중첩적으로 갖는 경우도 있고(層出不窮), 하나의 산업단지를 화학·전자·의료 등 성격에 따라 여러 곳에 분산시킨 경우도 있다. 그러므로 이러한 특징을 잘 포착해야만 중국 경제특별구역의 모습을 제대로 이해할 수 있다. 예를 들어, 앞에서 설명한 '선전'이라는 도시도 선전 경제특구이면서 광둥성 자유무역시험구 역할을 하고 있고, 동시에 중국특색사회주의 선행시범구이기도 하다.

　후이저우는 필자가 '차이나 실리콘밸리'라고 명명한 지역에서도 특히 인구밀도가 낮고 개발할 만한 토지가 많아 성장 가능성이 높은 곳이다. 웨강아오따완취 발전계획에도 포함되어 광저우에서 선전과 홍콩으로 이어지는 차이나 실리콘밸리의 배후지 역할을 수행 중이다. 후이저우 남부 따야만에는 광둥성이 전략적으로 육성 중인 대규모 화학공업단지가 있다. 그에 따라 이미 포화상태에 이른 선전 지역에서 많은 기업이 후이저우와 둥관으로 속속 이전하고 있다. 장기적 안목에서 중국 내수시장에 진출하고자 한다면 후이저우 한중산업단지에 관심을 가져볼 만하다. 광둥성에서 적극 추진 중인 후이저우핑탄(平潭)공항 확장이 완료되면 한국의 김포국제공항과도 직접 연결될 가능성이 높다.

| 한중산업단지의 조성 |

한중FTA 타결을 계기로 2014년 7월 한중 정상회담이 열렸고 여기서 한국과 중국은 산업단지를 조성하는 데 합의했다. 이어 2015년 10월 중국 상무부와 한국 산업부 간 〈한중산업단지 공동 조성에 관한 MOU〉가 체결됐다. 이에 따라 중국 산둥성 옌타이(烟台), 장쑤성 옌청(盐城), 광둥성 후이저우 등 3개 지역과 한국의 새만금 지역에 총 4개의 한중산업단지가 설립되어 운영 중이다. 한중산업단지는 2015년 한중FTA가 발효되면서 한중 간에 투자를 확대함과 동시에 산업협력 방안을 발굴하기 위해 추진된 새로운 협력 모델이다. 지역별 세부적 실시 방안이 해당 성 정부(省政府)에 위임돼 있어 현지 사정에 맞춰 다양하게 추진하도록 되어 있다.

이 가운데 후이저우 한중산업단지는 2017년 국무원의 정식 비준을 받은 광둥성 유일의 국제협력단지다. 후이저우 한중산업단지는 94㎢의 규모로, 중카이 첨단기술산업단지, 따야만 경제기술단지(惠州大亚湾经济技术开发区), 후이저우 공항경제단지(惠州空港经济产业园), 후이청 첨단과학기술단지(惠城区高新科技产业园), 뤄푸 국제협력단지(罗浮新区康养国际合作园) 등 5개 구역으로 나뉘어 있다. 그중에서도 중카이 첨단기술산업단지(퉁후 생태스마트구)가 핵심으로, 한중산업단지 전시관이 여기에 있다. 현재 신도시 개발이 한창이다.

이 5개 구역에는 LG화학, SK이노베이션, 동진쎄미켐, 코오롱, LG전자, 효성금융설비, KH바텍 등 120여 개의 한국 기업이 소재하고 있다. 한중산업단지는 중카이 첨단기술산업단지 또는 따야만 경제기술단

후이저우 한중산업단지의 5개 구역에는 120여 개의 한국 기업이 소재해 있다.

지와 같은 지역별 핵심단지와 중첩이 되어 있어서 로열 더치 셸(Royal Dutch Shell), 엑슨모빌(Exxon Mobil), 중국해양석유그룹(中海油), 바스프(BASF), LCY화학그룹, 미쓰비시 레이온(Mitsubishi Rayon), 클라리언트 특수화학(Clariant), TCL, AGC그룹, 데사이(Desay SV), EVE(亿纬锂能), CREE, 비엘 광학(Biel Crystal) 등 후이저우에 진출한 세계적인 기업과 인접해 있기도 하다.

| 후이저우의 한국 기업 우대 정책 |

후이저우 한중산업단지는 광둥성에서 그 존재감이 아직 크지 않다. 후이저우 정부는 더 많은 한국 기업을 유치하기 위해 2018년 6월 〈중한 (후이저우) 산업단지 신속 발전을 지지하는 후이저우의 정책〉[14]을 발표했다. 또한 주광저우총영사관과도 긴밀한 협조관계를 유지하며 많은 노력을 기울이고 있다.

이 우대 정책에 따르면, 한중산업단지 활성화를 위해 후이저우 정부는 연간 5,000만 달러 이상의 신규 프로젝트에는 1억 위안의 보조금을 지급하고, 그에 미치지 못해도 일정 기준 이상의 투자를 한 경우에는 2,000만 위안의 보조금을 지급한다. 또 투자 기업 중 주식공개로 상장 기업이 되면 1,000만 위안의 인센티브를 지급한다. 그 밖에 500만 위안의 지식재산권 인센티브와 2,000만 위안의 연구기관 인센티브 등도 지급한다. 후이저우 정부의 지원책은 독립적 법인기업에 적용된다. 지원을 받은 기업은 5년간 사무실 주소를 옮기지 않아야 하고 자본금 또한 줄여서는 안 된다. 후이저우 정부가 내건 정책 중에는 국제학교를 설치한다는 내용도 포함되었는데, 한국 기업 주재원 가족들이 가장 관심을 갖는 사항을 포함시켰다는 점에서 주목되는 대목이다.

2018년 6월 7일에는 한중산업단지가 설치된 것을 기념하기 위해 한국 산업통상자원부와 광둥성이 '제7회 한·광둥 발전포럼'을 후이저우에서 개최하기도 했다. 한·광둥 발전포럼은 2010년 처음 개최되어 현재까지 지속되고 있는 가장 오래된 한중 간 장관급 포럼이다. 2018년에 개최된 포럼에서는 한중산업단지 투자 활성화를 위한 지원 강화 방안을 논의했다.

후이저우는 한국 기업을 유치하기 위해 한국에도 투자유치 사무실을 열어놓고 있다. 후이저우 상무국은 2020년 8월 경기도 성남시에 '후이저우시 경제무역 대표처'를 만들어 5G, 스마트폰, 자율주행 자동차, 초고화질 디스플레이, 석유화학, 신재생에너지, 신재료, 바이오 분야

중카이에 있는 한중산업단지 입구.

등의 기업과 교류를 강화하기 위해 노력하고 있다.

후이저우 상무국은 후이저우 한인상공회와 밀접한 관계를 유지하면서 한국 기업 유치를 위해 다양한 활동을 전개하고 있다. 후이저우 한인상공회와 주광저우총영사관은 후이저우 상무국과 함께 중국 진출을 희망하는 한국의 중소기업들이 보다 유리한 조건으로 한중산업단지 핵심 구역으로 이전할 수 있도록 하는 것과 중소기업 협동 공장을 설립하는 방안을 협의 중이다. 한국의 우수 중소기업 상품전시관과 청년 창업기업 및 소상공인 센터를 건립하는 방안도 논의하고 있다. 선전에 본사를 두고 있는 국가 공인 창업기관인 따공팡(大公坊)은 후이저우 한중산업단지에도 창업지원기관을 건립하여 한국 스타트업 기업을 유치하려는 계획을 추진하고 있다.

후이저우 정부는 한국 기업에 실질적 도움을 주고자 적극적 행보를 해왔다. 2020년 초 코로나19로 인해 후이저우 소재 한국 기업 몇몇이 당장 필요한 운영 자금조차 없어 곤란한 지경에 처했다. 그 상황을 타개할 수 있도록 돕고자 필자 또한 광둥성에 진출한 한국계 은행과 후이저우 상무국에 도움을 요청했는데, 이때 후이저우 상무국은 부국장을 중심으로 팀을 구성하여 도움을 요청한 기업과 중국계 은행을 직접 연결해주었다. 또한 도움이 필요한 기업 리스트를 만들어달라며 매우 적극적인 모습을 보여주었다.

| 후이저우와 삼성전자 |

이렇듯 후이저우는 한국 및 한국 기업에 우호적이다. 후이저우와 한국의 인연은 오래전 삼성전자로부터 시작됐다고 이야기할 수 있다. 삼성전자는 1992년 한중 국교 수립과 함께 후이저우에 진출하여 단일 공장 최초로 누적 10억 대의 스마트폰을 생산하는 등 그동안 후이저우 경제에 커다란 기여를 했다. 그러다 2019년 삼성의 중국 스마트폰 사업 재조정 방침에 따라 후이저우 공장을 철수했다.

사실 2019년 초부터 후이저우 교민과 노동자는 물론 홍콩 금융계까지 후이저우 삼성공장 철수를 당연하게 인식하는 등 공장 철수설은 사전에 광범위하게 퍼져 있었다. 당시 필자는 삼성공장 철수설에 대해 다각도로 파악 중이었으며, 중국 내수 물량이 저조하여 생산량과 인력 축소가 불가피하더라도 공장 철수는 단행하지 않을 것으로 예상했다. 필자가 그렇게 판단한 이유는 이렇다. 우선 톈진에 있던 삼성 공장(중국 내 삼성전자 스마트폰 공장은 톈진과 후이저우 두 곳이었다)이 앞서 철수했지만 톈진은 인구 1,500만 명 규모의 도시로 삼성의 비중이 크지 않았던 반면, 후이저우는 500만 명이 안 되는 도시로 삼성의 비중이 매우 커서 삼성 철수 과정에 후이저우 정부가 비협조적일 가능성이 점쳐졌기 때문이다. 또한 중국 정부가 베트남 등 타국에서 생산한 삼성 스마트폰을 중국으로 수입하는 것을 허용하지 않는 한 후이저우 공장 철수는 중국 시장 포기를 의미하는 것일 수 있었기 때문이다. 후이저우 정부에서도 생산 물량과 인력은 줄이더라도 공장을 폐쇄하지 말고 작은 규모로라도 유지해줄 것을 요청하고 있었다.

그렇지만 필자의 예상과는 다르게 삼성전자 후이저우 공장은 철수를 단행했다. 이에 대해 중국 언론은 삼성전자 스마트폰 공장의 완전한 중국 철수가 합리적 선택이자 세계적 범위에서 작동하는 영업 전략에 따른 불가피한 조치라고 분석했다. 《중국재경주간(中国财经周刊)》은 베트남의 경우 인건비가 중국에 비해 3분의 1(후이저우 4,500위안/월, 베트남 1,300위안/월) 수준인 것을 지적했고, 《금융시보(金融时报)》는 삼성뿐 아니라 구글과 애플 및 많은 중국 제조기업이 베트남 등으로 생산기지를 이전하고 있다고 보도했다. 중국 측 논조는 중국은 더 이상 염가 노동력에 근거한 세계의 공장이 아니기 때문에 단순한 조립라인을 유지했던 삼성 스마트폰 생산 공장이 동남아시아로 이전하는 것은 당연하다는 반응이었다.

삼성전자 자체적으로도 공장 철수에 따라 발생할 수 있는 후이저우 지역 사람들의 어려움을 덜어주고자 다양한 노력을 기울였다. 현지 근로자 재취업을 지원하기 위해 비야디(BYD)와 TCL 등 중국 현지 기업을 대상으로 구직 활동을 개최했고 스마트폰을 선물로 지급하기도 했다. 중국 언론은 이러한 삼성전자의 노력을 매우 긍정적으로 보도했고, 결과적으로 삼성전자 후이저우 공장 철수는 당초 우려와 다르게 별다른 갈등 없이 잘 마무리된 것으로 평가된다.

삼성전자 공장의 철수로 후이저우 경제가 어느 정도 타격을 입은 것은 사실이다. 특히 삼성전자 현지 직원들이 새로운 직장을 찾아 이동함에 따라 주변 상가들이 아무래도 어려움을 겪었다. 하지만 삼성전자가 위치했던 지역은 후이저우 중심가에서 고속도로를 이용하여 한 시간이나 이동해야 할 정도로 떨어진 곳이었기에, 후이저우 전체에 대한 영향은 제한적이었다.

후이저우 상무국의 랴오웨이(廖巍) 국장은 삼성전자의 후이저우 공장 철수로 인한 경제적 영향이 어떤지 묻는 필자에게 이렇게 대답했다.

"후이저우는 웨강아오따완취의 거점도시로서 선전과 광저우의 배후 역할을 통해 경제발전을 추진 중이며, 비록 삼성전자가 후이저우를 떠났지만 새로운 한국 기업을 유치하여 한중산업단지를 활성화하려고 노력하고 있습니다."

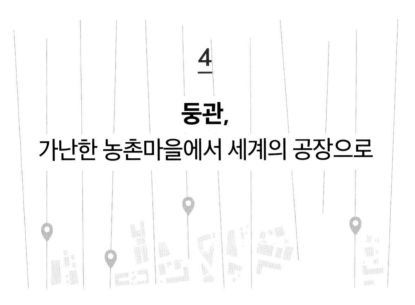

4

둥관,
가난한 농촌마을에서 세계의 공장으로

둥관은 중국 광둥성 중부, 주강삼각주 동편에 위치한 산업도시다. 홍콩과 가까우면서 광저우와 선전·홍콩의 중간에 위치한 지리적 이점으로 홍콩과 타이완 기업의 상품을 위탁가공하는 산업 등이 발달했다. 1985년 경제개발구로 지정됐고, 1988년 지급시로 국무원 비준을 받았다.

| '삼래일보'를 바탕으로 세계의 공장으로 도약 |

개혁개방 이전에는 가난한 농촌마을이었던 둥관이 개혁개방 후에는 세계의 공장으로 발돋움했다. 1978년 둥관은 빈곤한 농촌의 현으로 전통적인 제당 기업 외에는 공업 기반이 전무한 지역이었다. 농민의 연평균 수입은 149위안으로, 한 달 벌이가 홍콩의 일당에도 미치지 못했다. 이 때문에 광둥성의 다른 도시와 마찬가지로 홍콩으로 탈출하려는 사람들의 행렬이 줄을 이었는데, 농민과 간부, 근로자는 물론 학생들도 합류할 정도였다.

1978년 최초의 삼래일보기업인 타이핑핸드백공장이 설립되면서 둥관의 가공무역업이 본격적으로 시작됐다. 이를 기점으로 가방, 운동화, 완구, 전자제품 등 가공업이 대규모로 빠르게 확산되어 글로벌 가공무역의 도시로 성장했다. 《뉴욕타임스》가 "미국에서 판매되는 운동화의 40%가 이름도 잘 알려지지 않은 중국의 둥관에서 생산됐다"라고 보도했을 정도다. 삼래일보기업은 둥관이 개혁개방 초기부터 발전해나가는 데 중요한 역할을 했다.

현재 둥관은 선전, 광저우, 포산에 이어 광둥성 4대 도시 중 하나로 이름을 올리고 있다. 2019년 기준 상주인구는 846만 명에 달하고, GDP는 전년 대비 7.4% 성장한 9,482억 위안(약 1,459억 달러)이었다. 2020년에는 1.1% 성장한 9,650억 위안을 기록했다. 둥관시의 면적은 2,465㎢로 서울의 약 4배 규모다.

| '쌍전이'와 '등롱환조' 전략으로 변화된 도시 |

2007년 발발한 글로벌 금융위기는 대외의존도가 높은 둥관에 커다란 경제적 충격을 주었다. GDP 증가율이 하락 추세로 돌아서 2009년에는 개혁개방 후 역대 최저인 5.3%를 기록했다. 광둥성은 경제위기를 극복하고자 산업의 체질 개선에 노력했고, 이 과정에서 쌍전이(双转移)와 등롱환조(腾笼换鸟)라는 구조조정 전략을 추진했다.

'쌍전이'는 기업과 노동력을 새로운 단계로 도약시키는 것을 말하며, '등롱환조'는 새장을 비워 새로운 새로 바꾼다는 뜻으로 노동집약형 산업을 자본집약형 산업으로 대체하겠다는 의지를 담고 있다. 구체적으로 보자면, 부가가치가 낮은 주강삼각주 지역의 노동집약형 산업을 광둥성 내에서 발전이 더딘 동부와 서부 그리고 북부 지역으로 이전하고 이와 함께 주강삼각주 지역은 자본집약형 기업들이 들어서도록 했다. 이를 통해 고급 기술인력과 저임금 단순 노동력이 자연스레 이동하면서 고급 기술인력이 주강삼각주 지역에 들어서는 자본집약형 기업으로 좀 더 용이하게 유입될 수 있도록 했다. 즉, 주강삼각주를 중심으로 하는 불균형 발전 전략이라 할 수 있다.

이러한 정책을 배경으로 둥관은 광저우와 선전 사이에 위치하고 있다는 지리적 이점을 적극 활용했다. 과학기술 분야 기업들이 둥관에 자리 잡도록 하여, 둥관이 광저우와 선전 사이에서 혁신기업들의 기지 역할을 하도록 유도한 것이다. 그래서 둥관을 '광선과기혁신통로(广深科技创新走廊)'라고 부르기도 한다('광선'은 광저우와 선전을 합쳐 부르는 말이다).

실제로 둥관은 이후 다수의 과학기술 기업을 유치하고 수많은 인큐베이터와 엑셀러레이터를 설치했다. 2010년대로 접어들면서는 첨단 선진 기술 제조업을 육성하는 정책도 추진했다. 2014년 '공장자동화(机器换人)', 2015년 '둥관제조2025(东莞制造2025)', 2016년 '로봇스마트설비산업(机器人智能装备产业) 육성' 등의 전략을 연이어 추진했다. 광저우와 선전이 일선도시로서 광둥성 경제를 선도하고, 둥관은 후이저우와 함께 선전과 광저우의 배후기지로 자리매김하는 분업협력 구조를 세운 것이다.

이후 화웨이 R&D 캠퍼스가 숭산후 첨단기술산업단지(松山湖高新技术产业开发区)에 터를 잡았으며, 비보와 오포 등 중국 스마트폰 제조기업들도 둥관에 자리 잡았다. 둥관에 진출한 한국 기업은 삼성디스플레이가 대표적이며, 그 밖에 아이폰 카메라 모듈을 생산하는 코웰전자, 고부가가치 화학 소재를 생산하는 롯데케미칼 등의 기업이 진출해 있다. 또한 글로벌 기업들도 다수 둥관에 자리를 잡고 있는데 듀폰(DuPont), 네슬레(Nestle), 필립스(Philips), 허스트(Hearst), 톰슨(Thomson), 히타치(Hitachi), 니폰스틸(Nippon Steel), 소니(Sony), 노키아(Nokia), 스미토모(Sumitomo) 등이다.

한때 둥관은 유흥업이 번성했던 곳이다. 《인민망(人民网)》과 《신경보(新京报)》 등 중국 언론은 둥관의 상주인구가 2014년 공식적으로는 690만 명이지만 미등록 인구를 포함하면 1,000만 명을 초과하고 그중 상당수는 유흥업에 종사하고 있다고 보도하기도 했다. 그래서 '성의 도시(性都)'라는 별칭까지 붙었다. 다른 지역에서 일자리를 찾아 들어온 근로자들의 경우 대부분 부부가 함께 오지 못하고 건전한 오락문화가 형성되지 못해 둥관의 성 산업이 거대한 시장을 형성했던 것이다. 그러나 2014년부터 광둥성 공안청(公安厅) 주도로 모든 퇴폐업소에 대한 대대적 단속이 시작됐고 이로 인해 인구 감소와 노동력 부족 그리고 경제위축 등 부작용도 있었으나 이를 잘 극복하여 현재는 도시 이미지 개선 및 경제 부흥을 이어나가고 있다.

❋ 주강삼각주의 또 다른 두 도시, 포산과 중산 ❋

포산은 중국 광둥성 중부, 주강삼각주 서편에 위치한 지급시다. 1983년 포산시에 포함되었던 샹산현(香山县)이 중산시로 분할되면서 현재 모습이 됐다. 면적은 약 3,797㎢로 서울의 6배 크기이며, 2019년 상주인구는 816만 명이다. GDP는 1조 751억 위안(약 1,650억 달러)으로 2019년 처음으로 1조 위안을 돌파해 선전과 광저우에 이어 3위를 기록하고 있다. 가전, 의류, 운동화, 도자기, 각종 설비, 전자정보, 식품, 플라스틱, 석유화학 제품 등이 이 도시에서 제조되고 있다. 광저우와 함께 광포(广佛) 경제권을 형성한다. 중국의 대표 가전업체 메이디(Midea, 美的)가 이곳에 위치해 있고, 최근 급부상하여《포천》선정 글로벌 500대 기업에 이름을 올린 부동산 회사 비구이웬(碧桂园) 본사도 포산에 있다. 한국 기업으로는 포스코가 진출해 있다.

중산은 주강삼각주 남서쪽에 위치한 지급시로, 원래 포산에 속한 샹산현이었다. "현대 중국의 아버지"라 일컬어지는 쑨원(孙文)이 중산 외곽의 추이헝촌(翠亨村)에서 태어났는데, 이를 기념하여 1983년 포산에서 분리되면서 시로 승격됐다. 면적은 1,784㎢로, 서울의 3배 규모다. 2019년 상주인구는 331만 명이며, GDP는 3,101억 위안(약 475억 달러)이다. 개혁개방 초기에는 전업도시로 많은 소규모 기업이 이 도시에서 활동했다. 2001년에 만들어진 '중국전자중산기지(中国电子中山基地)'는 조명과 전자음향산업 관련 생산 및 판매 기업들이 단지를 형성해 명성을 얻은 지역이다.

5

웨강아오따완취,
새로운 거대 경제권의 탄생

중국에서 홍콩은 '샹강(香港)'으로 발음되는데, '향기로운 항구'라는 의미가 있다. 중국 본토인들에게 홍콩은 아시아에서 가장 세련된 도시이자 서양식 매력이 신비롭게 남아 있는 곳이다. 광둥성과 바로 인접한 곳이지만 오랫동안 쉽게 오갈 수 있는 곳이 아니었기에 더욱 그러하다. 현재는 자유여행이 가능한 곳이지만 여전히 제한된 포트(口岸)에서만 왕래가 허용되며 국경에 준하는 출입경(出入境) 수속을 거쳐야만 한다. 중국에서는 '출입국'보다 '출입경'이라는 표현을 보편적으로 사용한다. 특히 홍콩과 마카오는 중국 영토에 해당하기 때문에 출입국보다는 출입경이라는 표현이 적절하다. 요컨대, 중국 대륙과 홍콩 간의 인적 왕래는 경제무역 협력에 발맞추어 확대돼왔다.

| 광둥성·홍콩·마카오를 하나의 경제권으로! |

'웨강아오따완취' 건설 전략은 광둥성과 홍콩 그리고 마카오가 그동안 진행되어온 세 지역의 경제협력을 새로운 틀 안에서 재정립한 것이다. '웨강아오따완취'에 관한 논의는 그 역사가 매우 길다. 처음에는 학술토론으로 시작되었고, 이후 지방 정책을 거쳐 마침내 국가 전략으로 발전한 것이다. 즉, 1980년대 홍콩과학기술대학교 우지아웨이(吳家瑋) 총장이 제시한 '홍콩만구' 건설이 초기 구상이었다. 1994년 우지아웨이는 선전을 포괄하는 '확대된 홍콩만구' 건설을 다시 한 번 주장하면서, 샌프란시스코만을 벤치마킹하자는 구상을 제시했다.

제도적으로는 2008년 주강삼각주 발전계획을 통해 국가 차원에서 처음 공인됐다. 홍콩 및 마카오와 더 광범위한 협력관계를 강화한다는 내용이 여기에 담겼으며, 2018년 개통할 때 세계적으로도 큰 주목을 받은 강주아오대교(홍콩·마카오·주하이를 연결하는 다리) 건설 계획과 중국·홍콩 CEPA 추진 내용도 포함됐다. 이 주강삼각주 발전계획은 개혁개방 30주년을 즈음해 발표된 홍콩과 마카오 그리고 광둥성 9개 핵심 도시의 경제일체화 계획으로, 개혁개방 40주년을 계기로 발표된 웨강아오따완취 발전계획의 초기 버전이라 할 수 있다.

웨강아오따완취 건설 논의는 2017년 6월 홍콩 반환 20주년 기념식에서 본격화했다. 여기서 시진핑 중국 주석과 캐리 람(Carrie Lam) 홍콩행정장관이 웨강아오따완취 건설을 공동 추진하기로 선언하면서다. 그 뒤로 웨강아오따완취 발전을 위한 다양한 계획이 지속적으로 발표됐다.

광둥성 정부는 2017년 12월 〈광둥성 연해안 경제 벨트 종합발전계획(2017-2030년) 공개에 관한 광둥성 인민정부 통지〉[15]를 발표하면서 주강삼각주 지역을 둘러싸는 웨강아오따완취를 중심으로 광둥성 연해안 지역의 경제발전을 추진한다는 계획을 구체화했다. 우선, 광둥성 연해안을 다음과 같이 크게 3대 해양경제협력권으로 나누어 개발하기로 했다. ① 광둥성·홍콩·마카오를 포괄하는 '웨강아오 해양경제협력권(粤港澳海洋经济合作圈)', ② 광둥성에서 동쪽으로 푸젠성까지 미치는 '웨민 해양경제협력권(粤闽海洋经济合作圈)', ③ 광둥성에서 서쪽으로 광시좡족자치구와 하이난성에 미치는 '웨구이칭 해양경제협력권(粤桂琼海洋经济合作圈)'이 그것이다. 이 3대 경제권역 중 가장 주목해야 할 곳은 광둥성·홍콩·마카오를 포괄하는 '웨강아오 해양경제협력권'이다. '웨강아오 해양경제협력권'은 주강삼각주 지역을 중심으로 경제를 더욱 발전시키고 그 효과를 연해안 경제 벨트 각 지역으로 전파하여 해상 실크로드와 웨강아오따완취 건설을 선도하는 임무를 수행한다.

한편, 이 종합발전계획은 앞서 소개한 바 있는 광둥성 자유무역시험구에도 임무를 부여했다. 구체적으로 광저우 난사(广州南沙) 편구는 첨단 제조업, 항운 및 과학기술 등의 특수 분야 금융과 해운업을 육성하고, 선전 첸하이서코 편구는 일반금융 등을 포함하여 전략적 신흥 서비스산업 육성 및 현대적 신도시 건설을 추진하며, 주하이 헝친 편구는 국제적 비즈니스 서비스 및 레저 관광도시를 건설하도록 한 것이다.

2018년 5월에는 중국 국무원이 〈중국 (광둥) 자유무역시험구 개혁개방 진일보 심화 방안 공개에 관한 국무원 통지〉[16]를 발표하면서, 광둥성 자유무역시험구를 웨강아오따완취 건설의 주요 전진기지로 육성하겠다는 점을 분명히 밝혔다. 이 방안에서는 홍콩 및 마카오와 포괄적 경제협력, 서비스 무역 자유화, 과학 분야의 협력 강화, 청년 창업기지 건설 등을 추진하도록 규정하고 있다. 이는 광둥성 자유무역시험구를 중심으로 홍콩과 마카오와의 협력을 강화하는 구체적 가이드라인을 제시한 것으로 볼 수 있다. 특히 해운허브 건설과 국제무역센터 건립, 금융업 대외개방 시범창구 건설 등 서비스 분야의 개혁개방에 중점을 두었다. 또한 노동자의 권익 보호와 환경 보호 등 고용 및 환경 분야에서 보다 강화된 관리 규정도 적용했다. 이를 바탕을 웨강아오 상호 간 직업 자격을 인정하면서 홍콩과 마카오의 첨단 서비스와 고급 인재 유치에도 적극 나섰다.

나아가 과학기술과 금융 등에 대한 연구개발과 지식재산권 보호도 강화했다. 홍콩·마카오와 함께 일대일로 건설에 참여하겠다는 점을 언급한 것도 주목할 만하다. 일대일로 연선 국가와 협력할 경우 항구 개발을 우선 추진하고, 산업단지 개발에 이어 신도시를 개발하는 순서로 협력 방안을 강구한다는 내용이 담겨 있어서다. 중국이 일대일로 정책을 추진하면서 항구 개발을 강조한 것은 유럽 선진국 시장을 겨냥한 경제 거점을 마련하고자 하는 의도를 명시적으로 밝힌 것이라 볼 수 있다. 하지만 이에 대해, 2000년대 초반부터 중국이 동남아시아와 인도양 주변국에 대규모 항만을 건설하려는 군사전략으로 해석하는 견해도 있다. 중국이 진출한 항만들을 연결하면 진주목걸이 형태와 유사하여 이른바 '진주목걸이 전략'으로 불리는 것이 바로 그것이다.

| '웨강아오따완취 발전계획'으로 정식화 |

2019년 2월 마침내 〈중국공산당 중앙위원회와 국무원이 공개한 '웨강아오따완취 발전계획 강요'〉[17]가 정식으로 발표됐다. 중국 광저우와 선전을 비롯해 주하이, 포산, 중산, 둥관, 후이저우, 장먼, 자오칭 등 광둥성 9개 도시와 홍콩·마카오를 하나로 묶어(9+2) 거대 광역경제권을 조성하는 프로젝트다. 기존에 발표된 다양한 형식의 광둥성·홍콩·마카오 경제협력 정책과 그동안 진행된 인프라 사업뿐 아니라 향후 진행될 각종 협력 사업은 모두 웨강아오따완취 발전계획의 일부로 포함되어 진행된다. 웨강아오따완취 발전계획은 뉴욕만, 샌프란시스코만, 도쿄만 등 세계 3대 만구(灣口) 지역과 어깨를 나란히 하겠다는 국가급 지역개발 정책이다.

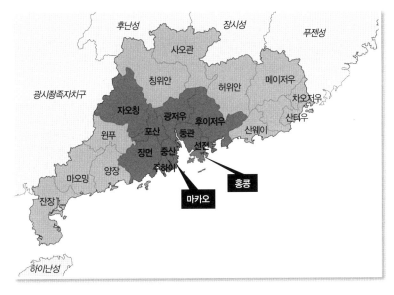

웨강아오따완취 지역.

중국은 40여 년에 걸친 개혁개방 과정에서 홍콩과 마카오를 발판 삼아 경제를 발전시키려는 노력을 지속해왔으며, 다만 그때그때 상황에 맞추어 발전의 방식과 형태는 다양했다. 과거에 광둥성이 홍콩과 마카오에 의지하여 경제개발을 추진했다면, 현재는 광둥성이 홍콩과 마카오를 아우르는 모습을 보이고 있다.

웨강아오따완취는 광둥성·홍콩·마카오가 국제경쟁력을 갖춘 세계적 도시군으로 성장하는 것을 목표로 건설되고 있으며, 이 계획에서 광둥성은 과학기술 발전과 산업 혁신을 담당하여 선진 제조업과 현대 서비스산업의 기지 역할을 하도록 했다. 홍콩은 국제금융과 항운 그리고 무역 등 3대 중심 지위를 공고히 하고, 위안화의 국제화 업무와 국제자산관리센터 그리고 아태지역 국제 법률 및 분쟁해결센터의 기능을 강화하도록 했다. 마카오는 세계적인 레저휴양센터를 건설하고 중국과 포르투갈어 국가 간의 협력 플랫폼을 만들도록 했다. 광둥성 자유무역

● 웨강아오따완취 발전계획의 시기별 추진 목표

단계	시기	내용
제1단계	2020년까지	웨강아오따완취 발전계획의 견실한 기초를 다진다. 국제과학혁신센터 건설, 인프라 상호 연결, 현대적인 산업 시스템 건설, 생태 문명 건설, 우수한 생활권 건설 등을 추진한다.
제2단계	2022년까지	국제 일류 만구 그리고 세계적 도시군의 기본을 형성한다. 새로운 기술을 창조하는 능력과 과학기술의 성과를 현실에 활용하는 능력을 발전시킨다. 친환경 저탄소 및 스마트시티 모델을 확립한다.
제3단계	2035년까지	살기 좋고 사업하기 좋고 여행하기 좋은 국제 일류 지역을 완성한다. 종합적이며 입체적이고 개방적인 교통 네트워크 건설을 완료한다. 문화 소프트파워를 키워 국제경쟁력과 영향력을 강화한다.

자료: 웨강아오따완취 발전계획을 정리하여 재구성.

시험구인 광저우 난사 편구와 선전 첸하이셔코 편구 그리고 주하이 헝 친 편구는 웨강아오따완취 지역 해상 실크로드의 교두보 역할을 하게 된다. 광둥성·홍콩·마카오가 함께 '국제과학혁신센터'를 만드는 것도 중요한 내용이다. 광둥성과 홍콩 및 마카오의 사회·경제 융합은 과거 40여 년간 진행된 세 지역 경제협력의 실질적 목표다.

우선, 웨강아오따완취 발전계획의 시기별 추진 목표를 보면 개혁개 방 50주년이 되는 2029년이 웨강아오따완취 발전계획의 완성 여부를 가늠할 수 있는 시기가 될 것으로 예상된다.

웨강아오따완취 발전계획은 광둥성 9개 도시와 홍콩 및 마카오를 합 친 지역의 개발계획을 일컫는 명칭이기 때문에 '9+2계획'으로 부르기

● **웨강아오따완취 발전계획의 도시별 역할 분담 내용**

도시	주요 내용
홍콩	국제금융, 항운, 무역 등 3대 중심 지위 공고화, 위안화 국제화 허브, 국제자산관리 센터, 아시아 국제도시로서 중심 역할
광저우	국제 항운 및 항공 허브, 국제 과학기술 혁신 허브, 종합적 관문 도시 건설
선전	중국 실리콘밸리 핵심, 국제과학기술혁신센터, 국제교육시범구
마카오	국제휴양레저센터, 포르투갈어 국가와 무역협력, 국제문화교류센터 기능
주하이	마카오와의 긴밀한 협력을 통해 세계적인 휴양도시 건설
포산	국가급 선진 장비 제조 도시, 전통 산업구조 개혁 시범도시
후이저우	세계적인 석유화학기지 건설, 국가급 전자정보산업기지, 친환경 자연도시
둥관	국제 제조업 도시, 주강삼각주 창업 혁신도시, 영남 지역 자연문화도시
중산	주강 동서 지역 발전 시범구, 건강산업 시범구, 쑨원국제문화교류센터
장먼	광둥성 서부 지역 교통허브도시, 해양경제 혁신 플랫폼 건설
자오칭	국가급 생태문명 시범구

자료: 《광둥 지역경제발전 40년》 (2018). 중국사회과학출판사.

● 웨강아오따완취 지역 항구의 역할과 기능

항구명	역할	기능
홍콩	국제항운센터	첨단 서비스형 국제항운센터, 국제 공급망 관리센터, 중국-아세안 경제통합기지
광저우	국제항운 물류 허브	중국 남부 지역 중요 종합 항구, 내륙무역 컨테이너 항구, 홍콩 국제항운 첨단 서비스 연계 강화
선전	컨테이너 허브 항구	항구 국제 서비스 기능 강화, 국제 항운 첨단 서비스 발전, 글로벌 컨테이너 허브 항구 건설
기타 항구	지선 항구	항구 간 네트워크 완비, 심해항구 개발(주하이 가오란항, 후이저우 따야만항), 둥관항, 중산항, 자오칭항 등 해양과 내륙을 연계하는 항구 기능 강화

자료: 《광둥 지역경제발전 40년》 (2018). 중국사회과학출판사.

● 2019년 컨테이너 물동량 기준 세계 10대 항구

(단위: 만TEU, 전년 대비 %)

순위	항구명	국가	처리량	증감률
1	상하이	중국	4,330.30	3.1
2	싱가포르	싱가포르	3,719.56	1.6
3	닝보	중국	2,753.00	4.5
4	선전	중국	2,577.00	0.1
5	광저우	중국	2,323.62	6.0
6	부산	한국	2,199.20	1.5
7	칭다오	중국	2,101.00	8.8
8	홍콩	중국	1,836.10	−6.3
9	톈진	중국	1,726.40	8.1
10	로테르담	네덜란드	1,481.08	2.1

자료: 쉬핑뉴스넷(Lloyd's List 정리, 2020).

도 하는데, 실질적으로는 '3+8계획'이다. 따라서 필자가 '차이나 실리콘밸리'로 명명한 광저우와 선전 그리고 홍콩이 얼마나 핵심적인 역할을 수행하느냐가 관건이다.

해상교역을 위해서는 항구가 필수적이다. 항구는 지리상 물류 중심 지에 있어야 하며, 항만 배후부지 개발도 가능해야 한다. 홍콩항, 광저우항, 선전항은 웨강아오따완취를 대표하는 해상물류의 중심이 될 만한 면모를 갖추고 있다. 2019년 컨테이너 물동량 기준으로 선전항이 세계 4위, 광저우항이 세계 5위, 홍콩항이 세계 8위를 기록했다. 다만 홍콩항은 1979년부터 글로벌 데이터를 수집한 이래 세계에서 가장 바쁜 항구로 손꼽혔으나 중국 항만들의 규모와 영향력이 크게 확대되고 싱가포르항이 지속적으로 성장함에 따라 2018년 처음 세계 5위 아래로 떨어진 이후 세계 순위가 하락하고 있는 상황이다. 그러나 홍콩은

● 웨강아오따완취 지역 공항의 역할과 기능

공항명	역할	기능
홍콩국제공항	국제 항공 허브 국제 관문 공항	여객과 화물의 국제 연계 업무, 주강삼각주 여객 화물 네트워크, 국내외 물류의 기착지
광저우바이윈국제공항	종합적 중국 관문 허브 공항	광저우바이윈국제공항 제4활주로 건설, 종합 운수 시스템 건설
선전바오안국제공항	대형 핵심 공항	국제 · 국내 허브 기능 강화, 홍콩 공항과의 협력 강화
주하이진완국제공항	중국 남부 지역 중요 항공산업 발전기지	제2활주로 건설을 통한 기능 강화
마카오국제공항	다기능 중소형 국제공항	마카오 중심 서비스에서 주강삼각주 지역 서비스로 확대
포산 공항(건설 예정)	주강삼각주 신허브 공항	광저우바이윈국제공항의 물동량 증가 부담 완화, 주강삼각주 지역의 새로운 허브 공항 기능 신설
후이저우핑탄공항	주강삼각주 신간선 공항	선전바오안국제공항의 물동량 증가 부담 완화, 국제공항 기능 신설

자료:《광둥구 지역경제발전 40년》(2018). 중국사회과학출판사.

전문적이고 경험이 풍부한 해상물류회사와 관련 사업을 수행하는 데 필요한 컨설팅 및 금융 분야 전문기업이 많다는 강점이 있다.

'공항'이란 말하자면 하늘로 열린 항구라 할 수 있다. 세계적인 허브 공항으로서 제 역할을 하려면 승객 환승과 화물 환적을 원활히 수행해 내는 기능을 갖추는 것이 중요하다. 이에 광둥성은 홍콩국제공항(香港國際機場)과 광저우바이원국제공항을 중심으로 도로 및 철도와 항만을 연계하는 복합물류 체계를 형성하는 중이다. 영국의 항공서비스 리서치 회사인 스카이트랙스(SKYTRAX)가 밝힌 2019년의 세계 공항 순위에 따르면 홍콩국제공항이 5위, 광저우바이원국제공항은 39위를 기록했다. 한편 2020년 순위는 홍콩국제공항이 6위로 한 계단 하락했고 광저우바이원국제공항은 30위로 대폭 상승했다.

❀ 웨강아오따완취 인프라 건설을 위한 '영도소조' 구성 ❀

중국은 중요한 정책을 실시할 때면 우선 정책 추진 과정을 전적으로 책임지는 기구인 '영도소조(領導小組)'를 구성한다. 보통 10명 내외로 구성되는 조직이다. 영도소조가 구성됐다는 사실만으로도 해당 정책이 중요하다는 의미고, 조장이 누구냐에 따라 중요도를 가늠해볼 수 있다. 광둥성의 경우 부성장(副省長)이 조장이 되는 경우가 많으며, 성장(省長)이 조장인 경우는 드물다.

광둥성은 2019년 10월 '광둥성 중요 프로젝트 총지휘부'를 설치하는 등 최대 규모의 영도소조를 구성하여 웨강아오따완취 인프라 건설을 추진해왔다. 이 '광둥성 중요 프로젝트 총지휘부' 설치의 근거가 된 법적 문건은 〈광둥성 중대 건설사업 프로젝트 총지휘부 조직 공개에 관한 광둥성 인민정부 통지〉[18]로, 웨강아오따완취 건설과 중국특색사회주의 선행시범구 건설을 중점 추진하겠다는 목표가 담겨 있다.

마싱루이(马兴瑞) 성장을 조장으로 삼고 부성장 전원(7명)과 광저우시장 및 선전시장을 부조장으로 한다. 여기에 광둥성의 또 다른 시의 시장 전원(19명) 및 주요 성 정부 부처의 장 모두를 조원으로 포함하고 있다. 필자는 광둥성에서 근무하는 동안 꽤 많은 영도소조 구성 문건을 살펴볼 수 있었는데, 그 중 광둥성 최대 규모의 영도소조가 구성된 것이 바로 이 경우였다.

광둥성 중요 프로젝트 총지휘부가 관리하는 주요한 프로젝트는 광저우바이윈국제공항 3기 확장 및 선전바오안국제공항 확장 사업, 주강삼각주 허브공항(포산 공항) 신설 및 후이저우핑탄공항 확장, 후이저우 석유화학단지 건설, 광저우 철도 허브 건설 사업 등이다. 광둥성 정부가 웨강아오 지역의 인프라를 상호 연결하고, 현대적 산업 시스템을 구축하여 세계적인 산업 클러스터를 조성하고자 하는 프로젝트를 얼마나 중시하는지를 잘 보여준다.

| 웨강아오 경제협력 사례1: 강주아오대교 |

강주아오대교는 홍콩(강, 港), 주하이(주, 珠), 마카오(아오, 澳)를 연결하는 총길이 55km의 해상대교다. 2009년 착공해 2017년 7월에 공사가 완료됐다. 통행은 2018년 10월에 시작됐다. 주강 하구에 항구들이 있어 선박 교통량이 많다는 점을 고려해 총연장 55㎞ 중 6.7㎞ 구간은 양측의 인공섬을 연결하는 해저터널로 지었는데, 이는 세계에서 가장 긴 해저터널이다. 교량의 구간은 22.9㎞이며, 6차선 도로로 만들어졌고 설계상 속도는 시속 100㎞이다.

1980년대 초부터 중국은 홍콩·마카오와 연결되는 육상 통로를 지속적으로 건설했다. 하지만 홍콩과 마카오는 주강삼각주를 사이에 두고 동서로 마주 보고 있어 상호 통행은 어려웠다. 즉 주하이, 장먼, 마오밍, 잔장, 중산 등 광둥성의 서부 지역에서 주강삼각주 동편의 홍콩으로 가려면 육로를 이용해 북쪽 광저우로 먼저 이동한 다음, 다시 남쪽 선전을 거쳐야만 했다. 그러던 것이 강주아오대교가 건립됨으로써 광둥성 서부 지역이 주강삼각주 권역으로 직접 편입됐다. 광둥성 서부에서 동쪽 홍콩으로의 물류 이동도 광저우를 거칠 필요가 없어 더 빨라졌다.

강주아오대교 건설은 사실 홍콩과 마카오에서 주도한 사업이다. 1990년대 말 아시아 금융위기를 겪을 때 홍콩 정부는 주강삼각주 서쪽 마카오와의 연결이 필요함을 인식했다. 새로운 성장동력을 발굴하려는 전략적 의도였다. 즉, 강주아오대교는 광둥성과 홍콩·마카오가 공동 협력을 통해 처음으로 이루어낸 대형 인프라 시설이다.

강주아오대교는 전 세계에서 가장 긴 해상대교다. 중국은 공정 난이도가 매우 높은 강주아오대교를 건설하면서 교량 관련 토목기술을 최고 수준으로 끌어올릴 수 있었다. 강주아오대교 건설 과정 중 특히 해

홍콩과 마카오를 이어주는 총연장 55㎞의 강주아오대교. 2009년에 착공해 2017년에 완공했다.

저터널 건설은 기술적 난이도가 가장 높은 공정으로 꼽혔다. 중국은 세계에서 가장 많은 교량과 해상대교를 건설했으나 그때까지만 해도 강을 통과하는 정도의 터널 건설 경험만 있었다. 선진국으로부터 해저 터널 건설에 필요한 첨단기술을 확보하기가 어려운 상황에서 결국 중국은 외국의 지원 없이 이 지난한 건설 공사를 시작할 수밖에 없었다. 당초 네덜란드에서 기술을 도입하려는 시도를 했으나 15억 위안에 달하는 로열티 요구로 인해 무산된 것으로 알려졌다. 중국은 독자적으로 대교 건설을 진행했고 공사 기간 중 300여 건의 과제 연구, 과학기술을 포함한 산업화 논문 500편 이상, 특허 600여 건 등 수많은 연구개발이 함께 진행됐다. 그리고 마침내 해저터널을 포함해 강주아오대교를 자력으로 건설해냄으로써 이는 선진국의 도움 없이 자체적으로 이룩한 과학기술 혁신의 성과물로 꼽히게 됐다.

이렇게 지어진 강주아오대교에서 흥미를 끄는 점 한 가지는 통행 방향이다. 홍콩과 마카오는 도로에서 좌측통행을 하고, 중국 본토에 속

강주아오대교 위의 모습. 강주아오대교 개통 직전에 주광저우총영사관이 대교를 공식 방문하여 주하이에서 인공섬까지의 구간을 살펴봤다. 강주아오대교 방문을 환영한다는 문구가 선명하다.

하는 주하이는 우측통행이다. 그리고 강주아오대교 자체는 중국 본토에 해당하기 때문에 우측통행이 적용된다. 그렇기 때문에 만약 홍콩에서 강주아오대교를 통해 마카오로 가려는 경우 홍콩 방면 출입경에서 통행 방향이 우측으로 바뀌며, 우측통행으로 교량을 건넌 뒤에는 다시 마카오 출입경에서 좌측통행으로 바뀐다. 주하이에서 출발하는 차량이면 홍콩 방면 출입경에 도착해서야 좌측통행으로 바뀐다.

아울러, 강주아오대교의 통행은 '3지역 3검사(三地三檢)'의 통관 모델이 적용된다. 일국양제 체제로 본토와 홍콩과 마카오 세 군데 각각에서 국경 통관과 유사한 출입경 절차가 필요하기 때문이다. 다만 주하이와 마카오는 인접한 지역이라 통행 편의를 위해 합동 검사로 한 차례만 출입경 수속을 밟으면 되도록 하고 있다.

필자는 몇 차례 강주아오대교를 방문했지만 모두가 이 교량을 아무 때나 이용할 수 있는 것은 아니다. 통행 가능한 차량의 총수에 제한이 있고 등록된 차량만 통행이 가능하다. 일반적 교량과 달리 개별 차량의 자유로운 통행은 불가능한 셈인데, 결국 홍콩과 마카오를 연결했다는 상징적 의미가 크다 하겠다.

| 웨강아오 경제협력 사례2 : 광저우-홍콩 고속철도 |

2018년 9월 23일부터 광저우-홍콩 고속철도(Guangzhou-Hong Kong High-Speed Railway, 이하 '광홍 고속철')가 정식 운행을 시작했다. 광홍 고속철은 광저우남역에서 홍콩 웨스트카오룽역까지 이어진 노선으로 전체 구간은 141km에 이르며 광저우와 선전 사이의 구간 115km, 선전과 홍콩 사이의 구간 26km로 구분된다. 선전과 홍콩 구간은 터널로 건설됐다.

광저우와 선전 구간은 2005년 12월에 착공하여 2011년 12월부터 운행했고, 선전과 홍콩 구간은 2010년 1월 착공하여 2018년 9월 23일 정식 운행을 시작했다. 선전에서 홍콩 구간 26km의 개통은 총 141km의 광홍 고속철 완전 개통을 의미한다. 광홍 고속철의 운행 가능 속도는 350km/h이나 광저우에서 선전 구간은 300km/h, 선전에서 홍콩 구간은 200km/h이다. 광홍 고속철의 이름은 둥간호(动感号)로 일반 시민 및 각계 인사가 제안한 1만 6,000여 개 후보 중 선발됐다. 둥간(动感)은 회화나 조각이 살아 있는 듯할 때 그 느낌을 표현하는 중국어로서, 홍콩이 매력 넘치고 경제적 활력 또한 충만한 도시라는 의미를 담은 것이다.

광홍 고속철의 완성으로 홍콩은 총 길이 2만 5,000km가 넘는 중국 고속철 네트워크와 하나로 연결됐다. 현재 광홍 고속철을 이용해 갈 수 있는 열차역은 총 44개이며, 이 중 6개의 단거리 노선은 광둥성의

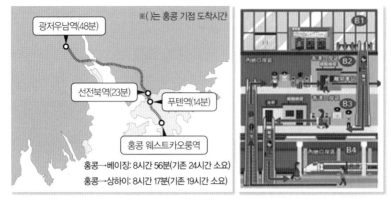

광홍(광저우-선전-홍콩) 고속철 노선(왼쪽)과 웨스트카오룽역의 일지양검 진행 과정(오른쪽).
자료:《楚天都市报》(2018. 8).

도시들을, 나머지 38개 장거리 노선은 중국의 각 성을 연결한다.

　광홍 고속철은 홍콩 쪽 웨스트카오룽역에 대륙 출입경과 홍콩 출입경 관문을 함께 설치하여 한 곳에서 두 지역의 통관 검사를 동시에 하는 '일지양검(一地兩檢)'을 실시한다. 홍콩 웨스트카오룽역에 도착하면 여행객들은 우선 대륙 출경 과정을 거친 다음 곧바로 같은 층의 홍콩 관문에서 홍콩 입경 수속 절차를 밟는다. 홍콩 웨스트카오룽역에서 대륙 출경 수속을 받기 전까지는 중국 대륙법의 적용을 받게 되므로 운행 중인 광홍 고속철은 중국 대륙법 적용 대상이다. 웨스트카오룽역의 '일지양검 진행 과정'을 안내하는 그림을 보면 지하 4층과 지하 3층, 지하 2층의 왼쪽 진한색 배경 부분이 중국 대륙법의 적용을 받는 지역이다.

　그런데 홍콩의 입장에서 보자면, 광홍 고속철 개통은 곧 출입경 관문 설치 등으로 인해 대륙법이 홍콩에도 확대 적용된다는 뜻이 된다. 현재 일지양검을 실시하는 구역은 일국양제가 적용되는 2047년까지 중국 중앙정부가 홍콩 정부로부터 빌리는 형식으로, 매달 임차료를 지불한다. 이에 대해 홍콩 야당과 시민단체는 일지양검이 일국양제 원칙에 위배된다며 강력히 반발했다. 광홍 고속철의 노선을 따라 중국법 적용 범위가 홍콩의 심장부까지 날카로운 칼날처럼 찔러 들어왔기 때문이다.

광홍 고속철 개통은 강주아오대교 완공과 함께 중국 대륙과 홍콩의 연결을 강화하는 대표적 인프라 건설 사례로 평가된다. 이처럼 중국 대륙과 홍콩을 연결하는 인프라 건설이 순조롭게 진행됨에 따라 웨강아오따완취에서 사람의 왕래(人流), 물건의 교역(物流), 자금의 흐름(资金流), 정보의 흐름(讯息流)이 더욱 활발해지고 있다.

필자는 업무상 광홍 고속철을 몇 차례 이용했는데, 한 시간도 안 되어 홍콩에 도착할 수 있어 편리했다. 사실 중국 고속철은 그 자체의 성능이나 시설만 놓고 보면 한국의 KTX보다도 앞선다는 평가를 받는다. 소음과 진동이 매우 작고 편의시설도 잘 갖춰져 있다. 플랫폼에서 고속열차에 승차할 때 계단이 없어 휠체어를 탄 장애인들도 편히 이용할 수 있다는 점도 감탄할 만했다. 하지만 고속철 자체의 성능은 그렇다 해도, 그것을 이용하는 과정에서 고객들이 경험하게 되는 전체 시스템으로 놓고 보면 좀 달라진다. 중국에서 (기차도 마찬가지지만) 고속철을 타려면 기차역 입구에서부터 수차례의 신분 검사, 화물 검사, 표 검사를 받아야 한다. 이용객이 조금이라도 많아지면 이런 절차를 거치느라 매우 많은 시간이 소요되기 때문에 최소 2시간 전에 기차역에 도착해야 한다. 반면 한국은 어떤가. 필자의 중국인 지인이 한국을 방문해

서울역에서 오송역까지 KTX를 이용한 적이 있다. 한국 방문이 처음인 이 중국인 지인은 KTX에 탑승해 있는 내내 좌불안석이었다. 몹시 빠르게 탑승할 수 있었고, 어느 누구도 탑승을 통제한다거나 신분 검사는 고사하고 표 검사도 하지 않았기 때문이다. 진정한 감탄은 이런 때 해야 하는 게 아닐까.

| 웨강아오 경제협력 사례3 : 선중대교 |

선중대교 역시 강주아오대교와 마찬가지로 국무원에서 비준한 주강 삼각주 발전 계획에서 확정한 건설 계획이다. 선전과 중산을 연결하는 대교로 초대형 교량과 섬과 터널 등이 집약된 종합 공정으로 진행 중인데, 2017년 말에 시작되어 2024년 개통 예정이다. 전체 길이 24km의 선중대교가 완공되면 주강의 동쪽과 서쪽을 연결하는 중요한 통로가 될 것이다. 현재 주강삼각주 서쪽의 중산에서 건너편 동쪽의 선전으로 이동하는 데 2시간 이상이 걸리는데, 선중대교가 완공되면 30분으로 단축된다. 주강 서쪽의 잔장, 마오밍, 양장, 장먼 주민들이 선전으로 가려면 반드시 거쳐야 하는 교량이었던 후먼대교(虎门大桥)가 그간 교통정체가 심했는데, 선중대교 완공으로 교통 분산의 효과도 클 것으로 기대되고 있다.

광둥성은 홍콩과 마카오를 연결하는 강주아오대교보다 선중대교가 주강삼각주 동쪽과 서쪽을 연결하는 데 실질적 역할을 할 것으로 예상한다. 중국 대륙 내 연결이라 강주아오대교의 출입경 절차와 같은 통행 제한이 없기 때문이다. 보다 빠르고 자유로운 물류 이동으로 주강

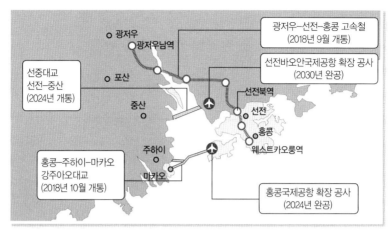

웨강아오따완취 지역의 주요 인프라.

삼각주 서쪽의 경제발전을 촉진할 것으로 본다.

선중대교가 완공되면 중산이 가장 큰 혜택을 누릴 것이다. 선중대교를 건너면 곧바로 선전바오안국제공항이기 때문이다. 중산은 선중대교가 연결되는 지역의 부동산 가격이 급등하는 등 이미 그 효과를 보고 있다. 중산은 선중대교 건설에 따른 긍정적 효과가 선중대교 인근에서 그치지 않고 중산시 전체에 파급되도록 하는 것을 중요한 정책과제로 삼고 있다.

필자가 중산시 상무국장을 만났을 때 그는 중산에 놀이공원을 조성할 계획이라면서 한국 기업을 소개해달라고 간곡히 요청했다. 이후 한국 기업 관계자와 중산시를 다시 찾았는데, 중산시는 선중대교에서 중산시를 가로질러 반대편 장먼시와 맞닿은 곳을 부지로 제시했다. 그곳은 놀이공원 외에도 우주박물관 등을 건설하는 계획도 추진 중이었는

❊ 홍콩 및 마카오와 기타 협력 사례 ❊

선전은 홍콩과 교육 및 의료 분야에서 협력을 적극 추진하여 중국에서 첫 번째로 홍콩과 마카오 출신 아동이 공립학교에 입학할 수 있도록 허용했다. 의료 분야에서는 중국 대륙 내의 홍콩식 공립병원 '홍콩대학 선전병원'을 2012년에 열었고, 2013년 중국 내 첫 번째 홍콩 단독자본 전문병원으로 설립된 '선전 시마린순차오 안과병원'은 홍콩식 의료 서비스를 도입했다. 홍콩대학 선전병원에서는 시범 도입한 '홍콩 노인 의료 바우처' 사업을 통해 2019년까지 9,300명 넘는 홍콩 노인들이 의료 바우처를 사용했다. 홍콩 정부에서는 70세 이상 노인을 대상으로 병원에서 사용할 수 있는 일정 금액의 의료 바우처를 지급하고 있는데, 이 바우처를 선전에 있는 병원에서도 사용하도록 허용한 것이다.

주하이는 헝친에 거주하는 마카오 주민을 대상으로 거주·교육·의료·사회 서비스 등 다양한 기능을 갖춘 신시가지 조성 프로젝트를 추진 중이다. 프로젝트의 진행에 따라 향후 토지 양도 절차를 거쳐 마카오 주민에게 3,800여 채의 주택을 공급하게 된다. 또한 2019년 7월부터 헝친에 상주하는 마카오 주민을 대상으로 주하이 의료보험 가입 시범사업을 진행하고 있는데, 대륙의 어느 병원에서건 주하이 의료보험과 연계된 곳이라면 혜택을 받을 수 있다. 주하이와 마카오는 2014년부터 24시간 통관을 실시 중이며, 강주아오대교와 새로이 연결된 헝친 포트는 마카오와 협력하여, 홍콩에서 오는 승객은 한 차례의 통관 검사로 주하이와 마카오의 출입경 절차를 모두 마무리하는 새로운 통관 모델을 적용하고 있다.

데, 중산시를 기준으로 선중대교의 반대편을 개발함으로써 중간에 위치한 중산시가 전체적으로 개발의 효과를 누리게 하자는 의도였던 것이다. 그러나 지리적으로 접근성이 떨어지는 외진 지역을 부지로 제시했기 때문에 협의는 제대로 진행되지 못했다.

| 세계 3대 항만 경제권의 특색과 '웨강아오따완취' |

앞서도 언급했듯 샌프란시스코만, 뉴욕만, 도쿄만은 세계 3대 항만 경제권이다. 이 중 샌프란시스코만은 '첨단기술 경제권'이라고 볼 수 있다. 스탠퍼드대학교 등 20여 개의 유명 과학기술 연구형 대학이 자리하고 있고, 특히 실리콘밸리에는 구글, 애플, 페이스북, 테슬라, 우버 등 과학기술 분야 선도기업의 본부가 소재한다. 샌프란시스코는 인구가 700만 명 정도인데 그중 첨단 과학기술 인력이 200만 명이나 된다.

뉴욕만은 '금융 경제권'이라 칭할 수 있다. 글로벌 금융의 심장이라 불리는 '월스트리트'와 '뉴욕거래소' 그리고 '나스닥거래소'가 여기 있다. 미국 7대 은행 중 6개가 소재하고 세계적인 금융, 증권, 선물 및 보험회사와 무역기구 등 약 3,000개 기구의 본부가 있다. 또한 미국의 500대 기업 중 3분의 1 이상이 이곳에 본부를 두고 있다.

도쿄만은 '산업 경제권'이라고 말할 수 있다. 일본 인구의 3분의 1이 이 지역에 집중되어 있으며, 일본 경제총량의 3분의 2를 이곳에서 담당한다. 도쿄, 요코하마, 가와사키 등 주요 도시가 자리하며, 일본 최대 공업지대인 게이힌 공업지대(京浜工業地帶)가 형성되어 있다. 도쿄항(東京港)과 가와사키항(川崎港) 그리고 요코하마항(橫浜港)과 지바항

	단위	샌프란시스코만	뉴욕만	도쿄만	웨강아오
면적	만㎢	1.80	2.14	3.67	5.65
인구	만 명	715	2,340	4,347	6,765
GDP	조 달러	0.82	1.45	1.86	1.38
1인당 GDP	만 달러	10	6	4.1	2
물류	만TEU	227	465	766	6,520
3차 산업 비중	%	82	89.5	80	62

자료: 《웨강아오 협력 40년》 (2018), 중국사회과학출판사.

(千葉港)은 일본 수출입 무역 물동량의 3분의 1을 담당한다. 철강, 석유화학, 현대물류, 장비제조 산업이 매우 발달했다. 이곳에는 미쓰비시, 도요타, 소니 등 세계적인 기업의 본부가 있다.

한편 '웨강아오따완취'는 세계에서 가장 큰 항구군과 공항군을 보유하고 있고 화웨이, 텐센트, 비야디(BYD), DJI(大疆), TCL, 메이디, 거리전기(Gree) 등 첨단기술 선도기업이 포진하고 있다. 웨강아오따완취는 세계적인 제조업 중심 지역으로서, 정보통신 기술, 바이오 기술, 첨단장비 제조, 신재료 등 신흥산업 분야에 강점이 있다.

다른 3개 항만 경제권과 비교해 살펴보자면 웨강아오따완취는 양적 지표인 토지 면적, 인구, 물류 처리량, 여객 인원수가 압도적으로 크다. GDP 총량도 세계 2위인 뉴욕과 유사한 수준이다. 반면 질적 지표라고 볼 수 있는 1인당 GDP는 커다란 격차를 보이며 다른 항만 경제권들에 비해 뒤처져 있고, 3차 산업이 전체 산업에서 차지하는 비중도 작다. 그러나 역설적으로 생각해보면, 세계 3대 경제권 수준과 격차가 크다는 것은 그만큼 발전의 여지가 풍부하다는 뜻일 수도 있다.

그럼에도 웨강아오따완취 지역이 지닌 몇 가지 한계를 지적하지 않을 수 없다. 우선, 일국양제로 인해 정치 및 경제 시스템이 매우 복잡하다. 앞서 살펴본 것처럼 강주아오대교의 복잡한 통행 방법과 3지역 3검사, 광홍 고속철의 일지양검 등은 일국양제의 산물이다. 또한 특별행정구와 자유무역항 그리고 경제특구와 자유무역시험구 등 다양한 경제특별구가 중첩되어 있다는 점도 문제다. 비록 상호 보완적이라고는 해도 거대한 산업 생산 능력을 가진 경제사회 역량을 고려하면 상호 모순이 드러날 수도 있고, 심지어는 악성 경쟁이 발생할 수도 있다. 그리고 현재 인프라 건설이 대거 진행 중이지만 여전히 교통이 낙후됐다는 점, 특히 주강삼각주 양안을 서로 연결하는 교통수단이 부족하다는 점은 계속해서 지적되고 있는 문제다.

| 웨강아오따완취 발전계획이 한국 경제에 갖는 의미는? |

웨강아오따완취 건설은 한국에서도 많은 언론이 관심을 보이며 중요하게 보도한 프로젝트다. 주광저우총영사관도 주홍콩총영사관과 함께 웨강아오따완취 건설이 우리나라에 미칠 영향과 의미를 파악하기 위해 다양한 노력을 기울였다. 광둥성과 홍콩의 기업인과 금융인들이 한자리에서 만나 진행한 '홍콩·광둥성 합동세미나'도 그러한 노력의 일환이었다. 이 세미나는 2018년부터 2019년까지 2년 동안 3회에 걸쳐 홍콩과 광저우를 오가며 개최됐다.

중국 정부가 추진하는 웨강아오따완취 건설 계획을 파악하고, 광둥성과 홍콩에 진출한 한국 금융인과 기업인이 유기적으로 협력해 선제적으로 대응하는 것은 의미 있는 일이다. 다만 필자가 웨강아오따완취와 관련해 광둥성 사회과학원 등 여러 기관을 방문하고 면담했을 때 나타난 반응은 2가지였다. 하나는 한국이 웨강아오따완취 발전계획과 무슨 관련이 있기에 관심을 갖느냐 하는 것이고, 다른 하나는 한국 기업들도 웨강아오따완취에 많은 투자를 해주기 바란다는 것이다.

과연 웨강아오따완취 발전계획은 한국 기업과 경제에 어떤 의미가 있는가? 내수확대 정책에 힘입어 웨강아오 지역이 거대한 소비시장으로 부상할 것은 분명하지만 웨강아오 지역 투자에 지금 나서는 것은 이미 늦은 일이 아닌가? 치열한 경쟁에 수익도 없이 중국 경제만 도와주며 들러리 역할만 할 수도 있지 않은가?

중요한 것은 막연한 성장 가능성만 내다보기보다는 냉정하고 객관적인 분석이 필요하다는 점이다. 이와 관련해, 현재 한국 내에서도 다양한 연구가 진행 중이다. 예를 들어, 한양대학교 아태지역연구소에서는 웨강아오따완취와 연계한 한중 산업협력 혁신 거점으로 후이저우 한중산업단지에 주목하면서 차세대 정보기술, 첨단장비 제조, 헬스케어 등 현대 서비스업 영역에서 중국과 협력을 강화하는 방안 등을 제안하고 있다.[19]

· 3장 ·

광둥성 4차 산업혁명의
기승전결

이번 장은 광둥성의 산업 현황과 성 정부의 지원 정책을 소개한다. 우선, 산업의 기본인 제조업과 서비스업을 설명하는 부분을 '기(起)'라고 해보자. 4차 산업혁명의 실마리가 시작되기 때문이다. 그리고 4차 산업혁명이 발전하고 심화되려면 R&D 확대가 필요하기에, 신산업을 향한 업그레이드에 필수적인 R&D를 설명하는 부분을 '승(承)'이라고 했다. 수많은 4차 산업혁명 분야 중 가장 중요한 뼈대를 형성하는 5G와 인공지능 부분을 '전(轉)'으로 구분했다. 그런 다음, '결(結)'로 마무리한 부분은 신재생에너지 자동차산업이다. 자동차산업은 수많은 부품으로 이루어진 종합적 기술산업으로, 이제 환경·에너지·IT 기술 등과 결합되면서 종합모빌리티산업으로 진화하고 있기 때문이다. 기승전결을 통해 광둥성 정부가 4차 산업혁명 산업 분야를 어떻게 진단하고 있으며, 분야별로 어떠한 정책조치를 취하는지 살펴볼 수 있다.

이 장에서 소개한 광둥성의 산업 현황은 주로 광둥성 통계국의 발표 자료를 참고했다. 광둥성의 정책에 관한 설명은 광둥성에서 공식 발표한 정책 설명 자료를 활용했는데, 이 자료는 광둥성판 종합대책으로서 세제, 금융, 보조금, 부동산 등 다양한 분야의 전문적 내용을 담고 있다. 또한 중국 특유의 제도적 특성을 반영한 것이어서, 필자는 독자들이 가급적 이해하기 쉬운 부분을 중심으로 최대한 간결하게 요약 소개하고자 했다. 중앙정부에서 추진 중인 정책이 성 단위에서 어떻게 실현되는지를 본격적으로 살펴본 첫 사례라는 점에서 의미가 있으리라 생각한다.

1

기(起):
제조업에서 서비스산업으로
성장의 축을 바꾸다

　미래의 제조업 기업은 단순히 제품을 생산해서 공급하는 역할에 그쳐서는 안 된다. 플랫폼을 통해 공급자와 소비자가 서로 직접 연결되도록 함으로써 보다 적극적으로 새로운 가치 창출에 나설 수 있기 때문이다. 여러 단계를 거치며 생성된 데이터를 분석하여 R&D와 제품 기획 등 '생산 이전 단계'와 마케팅·애프터서비스 등 '생산 이후 단계'를 유기적으로 연결할 필요가 있다. 이는 밸류체인에서 생산공정 자체보다 생산 이전이나 생산 이후 단계가 좀 더 큰 비중을 차지하도록 하면서 사업영역을 확대시키는 효과를 발휘한다. 이 같은 새로운 경제생태계를 우리는 '제조업의 서비스화'라고 표현한다. 이와 같이 제조기업이 서비스업에 대해서도 관심과 투자를 강화하거나 서비스기업이 제조업을 자신의 영역 안으로 포섭하는 것처럼, 제조업과 서비스업이 상호 간 경계를 넘나드는 것은 불가피하다.

| 성장률 하락을 겪고 있는 광둥성의 제조업 |

2020년 2월 광둥성 통계국에서 공개한 〈2019년 광둥성 규모이상 공업경제 운행 현황 분석〉[20]에서는 광둥성 제조업의 문제점으로 성장률 증가 추세의 하락과 외자기업의 위축 그리고 교역규모 감소 등 3가지를 중요하게 지적하고 있다.

먼저, 2019년 '규모이상 공업기업의 부가가치(規模以上工業增加值)'를 보면 3조 3,616억 위안이었다. 여기서 '규모이상 공업기업'이란 연간 매출액이 2,000만 위안(약 35억 원 수준) 이상인 기업을 말한다. 규모이상 공업기업의 91.0%가 제조업이므로 규모이상 공업기업에 대한 설명을 곧 제조업에 대한 설명으로 이해해도 무방할 것이다. 이 책에서 제조업이라고 할 때는 특별한 설명이 없는 한 규모이상 공업기업을 가리킨다. 그리고 부가가치(增加值)는 총산출에서 중간투입을 뺀 것을 의미한다. 요컨대 2019년 규모이상 공업기업의 부가가치는 2018년 대비 4.7% 증가한 것으로, 이는 2018년의 증가율 6.3%보다 1.6%p 하락한 수치이며, 전국 평균인 5.7%보다는 1%p 낮다.

성장률 증가 추세가 하락한 주요 원인으로는 미중 무역분쟁으로 제조업 주요 업종에서 성장률이 낮아지고 자동차산업 성장률이 마이너스를 기록한 것이 꼽히고 있다. 세부적으로 보면 2019년 컴퓨터 전자설비 제조업은 증가율이 전년 대비 2.0%p 하락(9.4% → 7.4%)했고, 자동차 제조업도 시장수요 하락으로 전년 대비 9.7%p 하락(7.4% →

(단위 : 억 위안, 전년 대비 %)

업종	2019년		2018년	
	부가가치	증가율	부가가치	증가율
채광업	720.03	7.7	668.55	1.9
제조업	30,600.23	4.3	29,338.67	6.2
화학원료 제품 제소업	1,180.22	2.2	1,154.81	0.9
고무 플라스틱 제조업	1,209.56	1.0	1,197.58	5.5
비금속광물 제조업	1,404.42	9.7	1,280.24	4.2
금속 제조업	1,491.94	5.3	1,416.85	2.9
통신설비 제조업	1,175.41	3.7	1,133.47	6.2
전용설비 제조업	1,072.93	4.8	1,023.79	6.6
자동차 제조업	1,768.35	−2.3	1,809.98	7.4
전기기계 제조업	3,315.89	8.8	3,047.69	7.1
컴퓨터 전자설비 제조업	9,227.08	7.4	8,591.32	9.4
석유화학 가공업	967.03	−4.1	1,008.37	15.7
∼	∼	∼	∼	∼
전력 · 열력 · 가스 생산 공급	2,295.83	9.8	2090.92	8.6
총계	33,616.10	4.7	32,107.07	6.3

자료: 광둥성 통계국 자료를 정리하여 재구성.

−2.3%)했다. 또한 석유화학 가공업의 경우 그 폭이 제법 커서 전년 대비 19.8%p 하락(15.7% → −4.1%)한 모습을 보였다.

경제규모가 커지면서 민영기업의 비중이 증가하고 외자기업은 점차 위축되고 있다는 점도 자료로 확인된다. 광둥성 민영기업의 2019년 부가가치는 1조 7,937억 위안으로 2018년보다 7.6% 성장했고, 제조업 성장에 기여한 공헌율은 84.3%로 나타났다. 민영기업이 광둥성 제조업에서 차지하는 비중이 53.4%인데 공헌율이 그보다 높다는 것은 그만큼 민영기업이 경제에 기여하는 바가 커졌다는 의미다.

(단위 : 억 위안, %)

	부가가치	증가율	점유 비중	공헌율
규모이상 공업기업	33,616.10	4.7	100.0	100.0
민영기업	17,937.15	7.6	53.4	84.3
외자기업	11,749.34	−0.1	35.0	−0.5

자료: 광둥성 통계국 (2020). 〈2019년 광둥 규모이상 공업경제 운행 현황 분석〉.

● 2019년 광둥성 기업 유형별 영업수입과 이윤 총액 비교

(단위 : 억 위안, %)

	영업수입	증가율	이윤 총액	증가율
국유기업	22,738.90	4.3	1,566.25	1.8
주식회사	90,746.15	5.2	5,601.69	9.8
외자기업	51,011.38	−0.8	3,160.41	−0.4
민영기업	79,953.17	5.1	4,704.42	10.3
총계	146,517.66	3.0	8,915.28	5.6

※ 기업 유형은 중복되어 분류되는 경우가 있어 각 기업 유형의 합은 총계를 초과함.
자료: 광둥성 통계국 (2020). 〈2019년 광둥 규모이상 공업기업 경제효익 현황 분석〉.

한편, 외자기업은 성장률과 영업수입 및 이윤 총액에서 모두 마이너스 증가율을 기록했고, 점유 비중도 계속 줄어들고 있다. 2019년 외자기업이 생산한 부가가치는 1조 1,749억 위안으로 0.1% 하락했다. 광둥성 제조업 부가가치에서 차지하는 비중은 35.0%로 전년보다 1.9%p 하락했다. 영업수입과 이윤도 각각 0.8%, 0.4% 감소했다.

민영기업의 비중이 늘어나고 외자기업 비중이 상대적으로 축소되는 것은 경제발전에 따른 자연스러운 모습이다. 하지만 대외개방으로 경제발전을 선도해왔고 웨강아오 지역을 글로벌 산업 거점으로 육성하

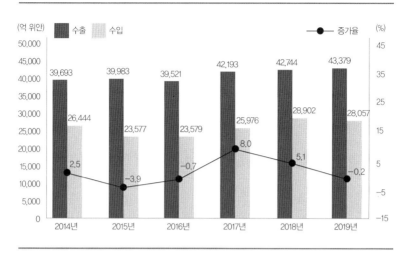

자료: 광동성 통계국 (2020). 〈2019년 광동성 국민경제 사회발전 통계공보〉.

기 위해 다양한 정책을 추진하고 있는 광동성의 입장에서는 외자기업 동향에 민감할 수밖에 없다. 그런데 중국을 생산기지로 운용하는 외자 기업들이 미중 무역분쟁으로 부정적 영향을 많이 받았고, 이 때문에 외자기업이 신규투자나 투자확대를 주저하고 있는 상황이다. 한편 중국 정부가 내수확대 정책을 지속적으로 추진하고 있기 때문에 중국의 내수시장을 겨냥한 신규 투자는 계속 늘어날 것으로 전망된다.

2019년 광동성의 수출입 총액은 7조 1,436억 위안으로 전년보다 0.2% 하락했다. 그중 수출은 4조 3,379억 위안으로 1.6% 증가했고, 수입은 2조 8,057억 위안으로 2.9% 하락했다. 무역흑자는 1조 5,322 억 위안으로 전년보다 1,512억 위안 증가했지만, 수입이 더 많이 감소해 전체 교역규모가 줄어든 축소형 무역흑자에 해당한다.

광둥성 교역 상대국을 보면 국가연합체로는 EU와 아세안의 비중이 크고, 단일 국가로는 미국과 일본 그리고 한국이 중요한 무역 파트너다. 하지만 2019년 광둥성과 한국 간 교역규모는 크게 감소한 것으로 나타난다. 그 이유는 무엇일까? 대외경제정책연구원에 따르면 2019년 한국의 대중국 수출 규모는 한중 수교 이래 가장 많이 하락한 모습을 보였다. 무엇보다 메모리반도체를 중심으로 하는 ICT 제품의 중국 수출 규모가 크게 감소한 것이 주요 원인으로 지적되고 있다. 여기에 미중 무역분쟁으로 중국에 진출한 한국 기업의 경영이 악화됨에 따라 부품 수출이 줄어든 것도 이유다. 특히 삼성전자의 스마트폰 제조공장이 생산기지를 이전함에 따라 스마트폰 부품 수출이 지속적으로 감소했고, 현대자동차의 판매 부진으로 자동차 부품 수출도 급감한 영향이 컸다.[21]

● **2019년 광둥성의 주요 국가 수출입 총액 및 증가율** (단위 : 억 위안, 전년 대비 %)

	수출액	증가율	수입액	증가율
홍콩	10,787.1	−5.8	206.3	−8.1
미국	6,964.5	−5.9	1,130.5	−14.9
EU	6,773.4	10.0	2,110.3	14.6
아세안	4,904.0	13.9	5,289.7	1.2
일본	1,685.9	−1.7	2,837.9	3.2
한국	1,156.0	−16.5	3,142.8	−11.4
타이완	593.9	12.9	4,378.9	−1.5
러시아	633.5	11.2	52.3	31.8

자료: 광둥성 통계국 (2020), 〈2019년 광둥성 국민경제 사회발전 통계공보〉.

한편, 새로운 시장확대 기회를 전혀 살리지 못한 것도 문제다. 미중 무역분쟁으로 미국 제품의 중국 시장 점유율이 줄어들었지만 우리나라가 이를 대체하지 못하는 사이 아세안과 EU 국가가 약진한 것은 뼈아픈 일이다. 여기에 우리나라의 중국 수출 대부분이 가공무역에 치우쳐 있어서 일반무역 비중이 낮은 것으로 나타나는데, 이는 점점 커져가는 중국의 내수시장을 타깃으로 하지 못하고 있음을 보여주는 것이어서 반성이 필요한 부분이다. 이처럼 주력 수출 상품의 실적이 감소하고 신규 시장 개척이 부진한 대중 교역의 양상을 광둥성 통계에서도 분명하게 확인할 수 있다.

| 빠르게 성장하는 서비스산업, 그 특색 |

2019년 광둥성의 '규모이상 서비스기업의 영업수입(規模以上服務業營業收入)'은 3조 1,468억 위안으로 전년 대비 11.8% 증가해 가파른 성장세를 보이고 있다. 여기서 영업수입이란 곧 총매출액을 말한다. 이윤 총액 역시 크게 늘어 4,907억 위안으로 전년 대비 10.9% 증가했다.

● **2019년 광둥성 서비스산업 주요 지표**　　　　　　(단위 : 억 위안, 전년 대비 %, %P)

	금액	증가율	증가폭
영업수입	31,468.1	11.8	-2.2
영업세금	239.7	17.3	23.6
부가가치세	645.1	-1.5	-5.8
이윤 총액	4,907.3	10.9	11.1
직원 보수	6,382.8	12.0	-2.3

자료: 광둥성 통계국 (2020). 〈2019년 광둥 규모이상 서비스업 운행 현황 분석〉.

(단위 : 개, 억 위안, 전년 대비 %)

	기업 수	규모이상 서비스산업		기타 영리성 서비스산업	
		영업수입	증가율	영업수입	증가율
광둥	24,555	31,468.1	11.8	14,508.0	15.5
베이징	15,033	38,908.8	7.9	21,600.2	10.3
상하이	11,535	31,293.9	10.1	15,621.4	11.4
장쑤	16,376	15,427.9	7.2	6,014.7	11.5
저장	11,209	18,284.2	16.3	10,451.4	20.8
산둥	9,052	7,682.5	8.0	1,737.4	15.4
전국	168,209	218,923.3	9.4	89,272.3	14.2

자료: 광둥성 통계국 (2020). 〈2019년 광둥 규모이상 서비스업 운행 현황 분석〉.

제조업과 마찬가지로 서비스업에서도 '규모이상 서비스기업'이라는 용어를 쓴다. 업종을 구분하여 교통·부동산·연구개발·교육·위생 관련 서비스기업의 경우에는 매출액이 1,000만 위안(약 18억 원) 이상이거나 종업원이 50인 이상인 경우를 말한다. 문화·체육·오락 등 기타 서비스업의 경우에는 매출액 500만 위안 또는 종업원 50인 이상인 경우다. 대부분의 통계는 규모이상 서비스기업만을 대상으로 하며 특별한 언급이 없는 한 이 책에서도 동일한 기준을 적용한다.

중국 내 주요 지역과 비교하면 광둥성은 서비스산업의 영업수입이 3위이지만 2위인 상하이와 유사한 수준이며, 그 이외의 지역과는 격차를 크게 벌리고 있다. 영업수입 1위는 베이징으로 2, 3위와의 격차가 크다.

〈2019년 광둥성 규모이상 서비스업 운행 현황 분석〉[22]에서는 빠르게 성장하는 광둥성 서비스산업의 특징으로 대형 선도기업이 적다는 점과 홍콩·마카오·타이완 기업의 비중이 크다는 점 2가지를 지적하고 있다. 2019년 중국의 서비스산업 현황을 살펴보면 기업 수 자체는 광둥성이 베이징과 상하이보다 훨씬 많다. 다만 광둥성에 소재한 서비스 기업들은 비교적 규모가 작고 민영기업 위주다. 2019년 광둥성에서 단일 기업으로서 영업수입을 1,000억 위안(148억 달러) 이상 달성한 기업은 2개에 불과하다. '중국철도광저우유한공사(中国铁路广州有限公司)'가 1,060억 위안을 달성했고, '중국난팡항공유한공사(中国南方航空有限公司)'가 1,055억 위안을 기록했다. 광둥성 정부는 서비스산업을 선도할 수 있는 대형 서비스 기업을 육성해야 할 필요성을 인식하고 있다.

기업 유형별로 보면 2019년 홍콩·마카오·타이완 서비스 기업들의 경우 영업수입 2,959억 위안, 기업 평균 영업수입 2억 2,958만 위안을 기록했다. 이들 기업이 얻은 이윤 총액은 882억 위안이고 기업 평균 6,844만 위안의 이윤을 달성했다. 영업수입과 이윤 모두 중국의 내자기업이나 순수 외자기업의 경우보다 높은 것을 알 수 있다.

홍콩과 마카오에 인접했다는 지리적 이점을 활용하여 산업을 발전시키는 것은 지난 40년간 광둥성이 일관되게 추진해온 중요한 발전 전략이다. 2003년 홍콩 및 마카오와의 CEPA 체결과 웨강아오따완취 발전계획이 본격화되면서 홍콩·마카오 서비스 기업들에 문호를 확대하고 있어, 이들 기업의 비중은 더욱 증가할 것으로 보인다.

홍콩 서비스 기업들의 광둥성 진출에 대해서는, 1980년대 제조업 분야에서 형성된 '선점포 후공장(前店后厂)' 형식이 서비스산업에도 적용됐다는 지적이 있다. 말하자면, 홍콩의 서비스 기업들이 광둥성에 지

(단위 : 억 위안, 만 위안, 전년 대비 %)

	영업수입			이윤 총액		
	전체 규모	기업 평균	증가율	전체 규모	기업 평균	증가율
내자기업	27,208.4	12,004.6	11.4	3,623.8	1,598.9	8.6
홍콩/마카오/타이완	2,959.3	22,958.1	17.4	882.2	6,844.1	21.5
순수 외자기업	1,300.4	17,385.0	7.6	401.3	5,365.0	10.6
총계	31,468.1	12,739.1	11.8	4,907.3	1,986.6	10.9

자료: 광둥성 통계국 (2020). 〈2019년 광둥 규모이상 서비스업 운행 현황 분석〉.

사를 설치해놓고는 실질적 이득은 홍콩 본사에서 가져간다는 것이다. 다른 한편에서는 광둥성이 홍콩과 마카오의 경제규모를 크게 추월한 상황이며, 이에 따라 서비스산업 협력 범위를 홍콩과 마카오 밖으로 확대하는 국제적 접근이 필요하다는 이야기도 나온다.

| 〈실체경제 10조〉를 기본으로 하는 광둥성 정부의 지원책 |

2017년과 2018년은 광둥성 경제주체별로 지원 정책이 정비된 시기다. 모든 기업주체를 대상으로 한 〈광둥성 제조기업 원가절감으로 실체경제 발전을 지지하는 정책조치 공개에 관한 광둥성 인민정부 통지〉,[23] 외자기업을 대상으로 한 〈광둥성 대외개방 진일보 확대 및 외자 적극 이용 정책조치 공개에 관한 광둥성 인민정부 통지〉[24] 그리고 민영기업을 대상으로 한 〈높은 수준의 민영경제 질적 발전 촉진에 관한 정책조치〉[25] 가 그것이다. 이를 광둥성에서는 각각 〈실체경제 10조〉, 〈외자 10조〉, 〈민영경제 10조〉라고 줄여서 부른다. 〈실체경제 10조〉를 기본으로 삼

고, 이를 바탕으로 외자기업과 민영기업을 위한 특별 규정을 만든 것으로 볼 수 있다.

광둥성 정부는 2017년 8월 〈실체경제 10조〉를 발표한 뒤 2018년 9월, 1년 만에 다시 수정판을 발표하면서 광둥성 기업에 대한 지원을 강화하겠다는 의지를 분명히 보여주었다. 이 〈실체경제 10조〉와 수정판에

● 〈실체경제 10조〉 및 수정판의 주요 내용

주요 정책	세부 조항
기업의 납세 부담 인하	• 토지사용세 인하, 추정세액 징수표준 인하, 부가가치세 통합 납부, 취득록세 납세기준 조정, 이윤 재투자 기업 인센티브 등
기업 용지 원가 인하	• 공업용지 공급 보장, 최저가 용지, 공급용지 양도 허가, 공업용지 50년 사용, 임대기업 우선권, 용지 배정 인센티브 등
기업 사회보험 비용 절감	• 양로보험 인하, 실업보험 변동비율제 도입, 의료보험 인하, 생육(生育)보험(출산비 보조) 인하, 산재보험 평균비율 인하 등
기업 전력사용 비용 절감	• 전력교역시장 활성화, 공업용 전기 비용 인하, 기업용 전기 엔지니어링 사업 승인절차 간소화 등
기업 운송 비용 절감	• 광둥통행카드 화물차 통행료 인하, 일반도로 요금 징수 단계적 폐지, 지역별 차량통행료 우대 정책 실시 등
기업 융자 비용 절감	• 은행 우대 정책 활용, 기업 상장 비용 지원, 매출채권 융자 지원, 중소 마이크로 기업 지원 장려, 기업 관련 정보공개 확대 등
기업 거래 비용 절감	• 심사 비준시한 단축, 정부 사무처리 플랫폼 보급, 중복 심사 간소화, 제조업 빅데이터 관리, 첨단산업 진입제한 철폐 등
기업 토지 활성화와 이용률 제고 지원	• 부동산 분할 가능, 용적률·건폐율 완화, 공업플랜트 임대판매 시장 관리 강화, 공업용지 확대, 직업학교 설립 지원 등
신흥제조업 질적 발전 육성 지원	• 신흥제조업 중점 육성, 연구개발 지원, 첨단산업 전환 기업 지원, 품질 브랜드 인증, 공업기업용 클라우드 플랫폼 운영 등
기간산업 프로젝트 지원	• 전문 서비스요원 제도, 중점산업 인센티브 강화, 환경영향평가 절차 간소화, 전문인력 인센티브 강화 등

자료: 〈실체경제 10조〉 및 수정판 내용을 정리하여 재구성.

는 세금과 사회보험, 토지, 전기, 운송, 융자 등 10개 분야의 지원 정책이 수록되어 있다. 공업용지 사용 기간을 50년까지 확대하고, 대기업이 관련 중소기업을 위해 저렴한 융자 서비스를 지원할 수 있도록 했다는 점이 특징이다.

〈실체경제 10조〉는 대기업·중소기업·국유기업·민영기업·외자기업 등 모든 경제주체를 대상으로 한다. 그리고 외자기업이 광둥성 내에서 얻은 이윤을 광둥성에 재투자할 경우 인센티브를 제공한다는 내용이 포함되어 있는데, 이는 외자기업이 중국에서 창출한 이윤을 해외로 빼내 간다는 부정적 시각을 반영한 것으로 볼 수 있다.

수정판의 경우 기존의 내용에서 토지사용 보장과 토지사용 가격의 우대 및 부동산 분할등기 등 기업들이 원하는 부분에 대한 맞춤형 지원을 보다 강화한 것으로 평가된다.

| 〈외자 10조〉로 외국인 투자를 촉진 |

광둥성 정부는 외국인 투자를 촉진하기 위해 2017년 12월 〈외자 10조〉를 발표하고, 이어 2018년 9월에는 기업들의 보다 강화된 요구사항을 보완한 수정판을 발표했다. 〈외자 10조〉 및 수정판은 시장 개방, 인센티브 제공, 유리한 토지사용 조건, 연구개발, 금융 지원, 인재 유치, 지식재산권 등 10가지 종합 지원 정책을 담고 있다. 투자 금액의 일정 비율을 현금으로 환급하고, 인재 유치를 위해 이른바 '요웨카(优粤卡) 제도'를 실시하며, 지식재산권 보호를 강조한다. '요웨카'란 과학기술 인재, 문화예술 인재, 세계기능대회 입상 인재, 세계 500대 기업의 관리자급 인재 등을 대상으로 엄격한 심사를 거쳐 발급하는 일종의 신분증이다. 이 신분증을 보유한 인재들은 광둥성에서 부동산 구매와 차량 구입 그리고 자녀 입학 시에 호적(户口)을 가진 내국인과 동일한 권리를 인정받을 수 있다.

외자기업 우대 정책 중 하나로 광둥성 정부는 외국 자본의 독자적 시장진입이 허용되는 9개 영역을 밝히고 있는데, ① 특수 목적 차량 제조, ② 신재생에너지 차량 제조, ③ 선박 설계·제조·수리, ④ 비행기 설계·제조·수리, ⑤ 헬기 설계·제조(3톤 이상), ⑥ 드론 및 열기구 설계·제조, ⑦ 주유소 건설·운영, ⑧ 국제 해상 운수, ⑨ 철도 여객 운송 등이다.

금융 영역도 개방을 확대하여 은행과 기타 금융자산을 관리하는 회사의 외국 자본 주식 보유 제한 비율을 폐지했으며, 외국 은행이 광둥성에 지점을 설립하는 것을 권장했다. 또한 외국 자본이 광둥성에 증권회사·선물회사·보험회사 등을 세우는 것을 장려하되, 다만 이 경우 외국 자본의 주식 보유 비율은 51%를 넘을 수 없도록 했다.

광둥성은 이와 관련한 세부 정책을 마련하고자 시한을 정하여 강제하고, 조치 결과 보고 및 조사 결과에 따른 보상과 책임을 명시하는 등 집행 강화를 위해 노력하고 있다. 이에 따라 모든 지방정부와 부서는 매년 12월 말까지 광둥성 상무청에 정책 및 조치의 이행 결과를 보고해야 한다. 〈외자 10조〉는 최근 위축되고 있는 외국인 투자 기업의 경영환경을 개선해야 한다는 광둥성의 위기의식을 반영한 것이다.

| 〈민영경제 10조〉로 공정한 경영환경 창출 |

천량셴(陳良賢) 광둥성 부성장은 2018년 11월 〈민영경제 10조〉를 발표하며, 민영기업과 국유기업 간에 공정한 경영환경을 만들어 민영기업을 높은 수준으로 발전시키겠다고 밝혔다. 또한 중소기업과 대기업의 차별 없는 발전을 추진하겠다고 강조했다.

〈민영경제 10조〉는 ① 심사 비준 서비스 최적화, ② 시장진입 허가 조건 완화, ③ 생산원가 인하, ④ 융자 문제 개선, ⑤ 공공서비스 시스템 보완, ⑥ 혁신 발전 추진, ⑦ 인재 유치·육성 지원, ⑧ 합법적 권익 보호 강화, ⑨ 기업가 정신 고취, ⑩ 정부와 기업의 새로운 관계 구축 등의 10개 조항과 59개 세부 정책으로 구성됐다.

주요 내용을 조금 더 세부적으로 확인해보자면, 우선 교통·수리(水利)·시정(市政) 등의 분야에서 민간 자본이 투자펀드를 조성하거나 주식에 투자하는 것을 장려하여 민간 자본이 공공 분야에 적극 참여하도록 유도하고 있다. 일반 주민의 일상생활과 밀접한 교육·위생·양로(養老) 등의 분야에서는 민영기업도 토지·수도·전기 사용에서 국유기업과 동등한 혜택을 받을 수 있게 했다.

또한 부동산 민영기업이 7대 전략적 신흥 산업(에너지 절약 및 환경 보호 산업, 차세대 정보기술산업, 바이오산업, 첨단 장비제조산업, 신재생에너지산업, 신재생에너지자동차산업, 신재료산업)에 진출하는 것을 장려하고 있다. 부동산에 쏠리는 자금을 신흥 산업으로 돌려 새로운 성장동력을 창출하는 데 기여할 수 있도록 하려는 조치다. 민영기업의 원가 부담을 줄여주기 위해 융자 지원 서비스를 확대하고, 은행에서 중소기업 대상으로 대출 기간을 연장하는 서비스를 실시하도록 했다. 지역별로 중소기업 대상의 대출펀드 조성 사업도 장려했다.

특이할 만한 내용으로는 제8조 '민영기업에 대한 합법적 권익 보호 강화'인데, 민영경제 발전을 위해 더 좋은 법치환경을 조성하고 민영기업의 재산권과 기업가의 합법적 권익 보호를 강화한다는 내용이다. 위법 혐의를 받고 있는 기업 및 임직원의 재산에 대한 강제 조치 여부는 법을 따르되 보다 신중하게 결정하도록 하여 기업의 정상적 생산과 경영 활동에 미칠 수 있는 악영향을 최소화한다는 것을 규정했다. 또한 관련 재산을 처분하는 경우에는 위법 소득과 합법 재산, 개인 재산과 기업법인 재산, 관련 임원의 개인 재산과 가족의 재산을 구분하여 각각 별도로 취급함으로써 기업인의 합법적 권익을 보호해주도록 했다.

이러한 조치는 2018년 11월 1일 시진핑 중국 주석이 민영기업 좌담회에서 민영기업의 근심과 어려움을 덜어줄 필요가 있다고 밝힌 것과 연관된다. 정부가 국유기업의 역할을 강화함에 따라 민영기업들이 위축되는 국진민퇴(国进民退) 현상의 우려 속에서 민영기업의 불안감을 해소해주려는 중앙정부의 노력이 지방정부의 정책에 신속하게 반영된 것이다. 동시에 그동안 민영기업가들의 신변과 재산을 침해하는 조치가 있어왔음을 간접적으로 시인한 것이라는 점에서도 주목할 만하다.

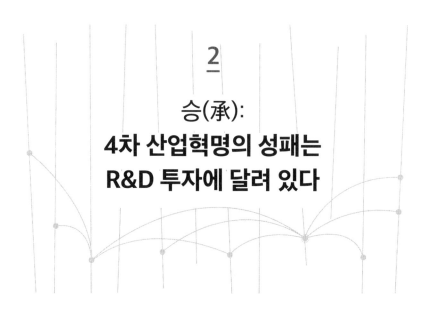

2

승(承):
4차 산업혁명의 성패는
R&D 투자에 달려 있다

둥관시 숭산후 첨단기술산업단지(东莞市松山湖高新技术产业开发区) 남서쪽에는 화웨이 둥관 숭산후 기지(华为东莞松山湖基地)가 있다. 이곳은 화웨이의 R&D 전용단지로, 숭산(松山)이라는 이름을 가진 호수 지형이 황소의 뿔을 닮아 옥스혼 캠퍼스(OX Horn Campus)라고도 불린다. 옥스혼 캠퍼스는 2014년 9월 착공해 단계적으로 사용을 확대했고 2020년 12월에 완공됐다. 180㎡ 부지에 100억 위안(약 1조 7,500억 원)을 투자해 130만㎡ 규모의 총 12개 유럽식 건물을 지었다. 영국 옥스퍼드, 프랑스 파리, 이탈리아 볼로냐, 독일 하이델베르크, 스페인 그라나다 등을 모티브로 세워진 건물들 사이는 빨강색 전기열차가 운행하고 있다.

2018년 7월부터 R&D 인력이 입주를 시작해 2020년 말 약 2만 5,000명의 R&D 인력이 배치된 화웨이 최대의 R&D 캠퍼스다. 화웨이가 둥

화웨이가 둥관에 건설한 R&D 전용단지인 옥스혼 캠퍼스.

관에 건설한 이 옥스혼 캠퍼스는 구글이나 페이스북 등 세계적인 IT 기업과 경쟁하는 데 걸맞은 R&D 환경을 만들겠다는 의지가 반영된 것으로, 중국이 R&D 투자를 얼마나 중시하는지를 상징적으로 보여주는 대표적 사례라고 할 수 있다.

R&D 투자는 4차 산업혁명의 성패를 좌우할 만큼 중요하기 때문에 여기서는 광둥성의 R&D 투자 현황을 3가지 시각에서 입체적으로 살펴보려 한다. 우선 대부분 독자들에게 익숙한 일반적인 R&D 투자 현황을 살피고, 두 번째로는 R&D 투자가 매우 큰 비중을 차지하는 첨단 기술 제조업의 현황을 확인한다. 산업의 시각에서 바라보기 때문에 보다 현실적인 모습을 살펴볼 수 있을 것이다. 세 번째로는 광둥성 혁신지수라는 객관적 지표를 통해 R&D 투자가 변화해온 모습과 성과를 종합적으로 분석한다.

| 광둥성 R&D 투자의 현황과 한계 |

광둥성의 전반적 R&D 투자 현황은 2020년 2월 광둥성 통계국에서 펴낸 〈기업 R&D 투자 확대, 과학기술능력 점진 상승〉[26]과 2020년 10월에 발표한 〈2019년 광둥성 과학기술 경비 투입 공보〉[27]에 잘 나타나 있다. 2019년 광둥성 전체 R&D 투자는 3,098억 위안으로 전년도보다 394억 위안이 늘어나 14.6%의 증가율을 기록했다. R&D 활동 유형을 보면 기초연구보다는 시험개발 활동에 편중된 모습이다. 기초연구에 142억 위안을 써서 23.2% 증가, 응용연구에 247억 위안을 써서 7.3% 증가, 시험개발에 2,709억 위안을 써서 14.9% 증가를 기록했다. 기초연구와 응용연구 그리고 시험개발의 비중을 보면 4.6 : 8.0 : 87.4의 수준이다. 전체 R&D 투자 중 기초연구에 대한 투자 비중이 매우 부족하다는 점을 알 수 있다.

주요 지역별 비교가 가능한 2018년 통계를 보면, 광둥성은 기초연구 분야에 115억 위안을 투자해 총량에서는 7개 성시 중 베이징에 이어

● **2018년 주요 지역별 기초연구 투입 규모 및 비중**

(단위 : 억 위안, %)

	기초연구 투입 규모	R&D 투자 중 기초연구 비중
베이징	277.78	14.85
광둥	115.18	4.26
상하이	105.69	7.78
장쑤	68.48	2.73
산둥	48.95	2.98
저장	39.70	2.75
톈진	23.65	4.80

자료: 광둥성 통계국 (2020). 〈과학기술 혁신강성 건설 연구〉.

2위다. 그러나 전체 R&D 지출 중 기초연구에 들어간 비용의 비중으로 살펴보자면, 베이징과 상하이 그리고 톈진에 이어 4위다. 기초연구에 대한 투자 부족은 필연적으로 원천지식 산출 능력 부족으로 귀결된다. 광둥성은 핵심기술에 대한 R&D는 회수 기간이 길고 위험 부담이 크기 때문에 정부의 적극적 투자가 필요함을 인식하고 이에 대한 지원을 강화하고 있다.

도시별 2019년 R&D 투자를 보면 선전과 광저우가 다른 도시들에 비해 높은 수준을 보이고 있다. 특히 선전의 투자 규모가 커서 광저우의 2배에 가깝고 전체 광둥성 투자 규모의 3분의 1 이상을 차지한다. 선전이 신산업 발전을 주도하고 있음을 알 수 있다.

한편, 2019년을 기준으로 R&D 관련 활동주체를 살펴보면 제조기업이 가장 큰 비중을 차지한다. 정부 소속 연구기관의 활동이 큰 폭으로 감소하는 양상이라는 점이 눈에 띈다. 제조기업의 R&D 지출은 2,375억 위안으로 12.7% 증가, 건축업 및 서비스산업 기업은 364억 위안

● **2019년 광둥성 주요 도시별 R&D 투자 규모 및 비중**

(단위 : 억 위안, %)

	R&D 투자 규모	지역 GDP 대비 비중
광저우	677.74	2.87
선전	1,328.28	4.93
포산	287.41	2.67
후이저우	109.35	2.62
둥관	289.96	3.06
광둥성 전체	3,098.49	2.88

자료: 광둥성 통계국 (2020). 〈과학기술 혁신강성 건설 연구〉.

으로 전년 대비 19.7% 증가, 정부 소속 연구기관은 112억 위안으로 37.2% 하락, 고등교육기관은 186억 위안으로 21.3% 증가 그리고 기타 61억 위안으로 5.8% 증가하는 모습을 보이고 있다.

그리고 같은 해 R&D 자금 출처를 보면 역시 기업의 비중이 크다. 정부 자금은 397억 위안으로 38.1% 증가, 기업 자금은 2,650억 위안으로 11.9% 증가, 기타 자금은 51억 위안으로 6.9%의 증가를 기록했다. 특이점은 정부 자금이 매우 높은 수준으로 증가하고 있는데도 앞서 확인했듯 R&D 활동주체로서 정부 소속 연구기관이 차지하는 비중은 오히려 감소하고 있다는 것이다. 이는 정부가 소속 연구기관보다는 민간 기업에 R&D 자금 지원을 늘리고 있음을 방증한다.

아울러 광둥성의 R&D 종사 인원을 보면, 다른 지역보다 압도적으로 그 수가 많기는 해도 고급인력의 비중이 부족하다는 점은 분명한 한계로 지적되고 있다. 예를 들어, 2018년 박사 인력은 4만 명가량으로

● **2018년 주요 지역별 R&D 분야 인력 현황**

(단위 : 명, %)

	R&D 인원	박사 졸업	박사 점유 비율	석사 졸업	석사 이상 비율	대학 졸업	대학 이상 비율
광둥	1,023,101	39,856	3.90	145,575	18.12	395,643	56.80
장쑤	794,123	38,626	4.86	96,313	16.99	321,885	57.53
저장	627,330	23,638	3.77	53,754	12.34	218,959	47.24
산둥	509,348	24,693	4.85	66,471	17.90	228,713	62.80
베이징	397,034	77,774	19.59	84,448	40.86	178,980	85.94
상하이	271,223	30,528	11.26	44,521	27.67	133,956	77.06
톈진	160,683	11,628	7.24	24,189	22.29	82,450	73.60

자료: 광둥성 통계국 (2020). 〈과학기술 혁신강성 건설 연구〉.

7개 성시 중 2위로 많은 수이지만 박사 학위자가 연구인력으로 활동하고 있는 비중은 3.9%로 6위에 그친다. 대학 학력 이상 비율이 전체 R&D 종사 인원의 절반이 넘지만 이는 베이징에 비하면 29.1%p 낮고, 상하이와 산둥 그리고 톈진에도 뒤처지는 수치이다. 간단히 말해, 광둥성에서는 많은 R&D 인력이 고졸 이하 학력이라는 의미다.

| 첨단기술 제조업의 현황과 문제점 |

광둥성은 R&D 투입 비중이 상대적으로 높은 업종을 '첨단기술 제조업'이라고 정의한다. 구체적으로는 의약 제조업, 항공·우주 설비 제조업, 전자·통신 설비 제조업, 컴퓨터·사무 설비 제조업, 의료·계측기기 제조업, 정보·화학 제품 제조업의 6개 업종을 가리킨다.

광둥성의 첨단기술 제조기업 수와 자산 규모 등은 큰 폭으로 증가하고 있다. 전국 성시(省市) 중 기업 수와 영업수입 등에서 광둥성이 가장 앞선 모습을 보인다. 2018년 기준 규모이상 첨단기술 제조기업 현황을 보면 그 수가 중국 전체의 25.4%를 차지할 정도로 많고, 영업수입은 29.8%를 점유한다. 특히 민영기업 점유 비중이 비교적 높은 것으로

● **광둥성 규모이상 첨단기술 제조기업 현황**

(단위 : 개, 억 위안, %)

	기업 수				영업수입			
	2018년	점유율	2013년	점유율	2018년	점유율	2013년	점유율
전국	33,573	100.0	26,894	100.0	157,001	100.0	116,049	100.0
광둥	8,525	25.4	5,850	21.8	46,747	29.8	27,999	24.1

자료: 광둥성 통계국 (2020). 〈광둥 첨단기술제조업 발전 현황 연구〉.

(단위 : 개, 억 위안, %)

	기업 수	점유율	자산 총액	점유율	영업수입	점유율
내자기업	75,311	94.8	32,684.30	69.9	32,569.07	66.4
(민영기업)	(65,084)	(82.0)	(11,633.68)	(24.9)	(14,003.96)	(28.6)
홍콩/마카오/타이완	2,689	3.4	7,255.93	15.5	7,600.09	15.5
순수 외자기업	1,418	1.8	6,804.17	14.6	8,856.20	18.1
총계	79,418	100.0	46,744.39	100.0	49,025.37	100.0

자료: 광둥성 통계국 (2020). 〈광둥 첨단기술제조업 발전 현황 연구〉.

나타난다. 기업 규모와 관계없이 광둥성에 등록된 민영기업의 수는 6만 5,084개로 광둥성에 등록된 첨단기술 제조기업 전체의 82.0%, 자산은 1조 1,634억 위안으로 24.9%, 영업수입은 1조 4,004억 위안으로 28.6%를 차지한다. 자산 총액 점유 비중보다 기업 수 점유 비중이 높은 것은 소규모 민영기업이 차지하는 비중이 크고 경쟁이 심하다는 의미다. 외자기업은 기업 수는 적은 반면 대형화된 사업체이며 영업수입도 높다.

광둥성 통계국에서 2020년 4월에 발표한 〈광둥성 첨단기술 제조업 발전현황 연구〉[28]를 보면 2018년 통계를 사용했지만 첨단기술 제조업이 민영기업 중심으로 강화되는 추세는 여전히 유효하다. 특히 이 자료에서 문제점으로 언급된 이윤 감소(손실 증가)와 편향된 산업구조 그리고 낮은 고용효과 등 3가지는 주목해서 살펴볼 필요가 있다.

광둥성은 첨단기술 산업이 빠르게 발전하고 있지만 정작 기업의 이윤은 줄고 있어 외형에 비해 내실이 부족하다는 평가도 듣는다. 이제는 고급 기술인력 확보가 기업의 생존을 좌우하는 시대가 되었고, 그에 따라 인건비가 큰 폭으로 상승했으며, 당연히 첨단기술 제조업 분야의 원가 부담 또한 급격히 늘고 있는 상황이다. 2018년 기준 첨단기술 제조기업의 이윤율은 5.0%로 광둥성 전체 제조기업 이윤율인 6.1%보다 1.1%p 낮다. 또한 대외의존도가 커서 외부의 충격에 취약한 구조라서 미중 무역분쟁의 영향으로 손실이 발생하는 기업이 많이 늘고 있다. 2018년 기준 첨단기술 제조기업 중 손실이 발생한 기업이 1,517개로 17.8%에 달하는데, 이는 전체 제조업의 손실 발생 기업 비율인 13.6%보다 4.2%p 높은 것이다.

분야별 비중 측면에서 보면 첨단기술 제조기업은 대부분 전자·통신 설비 분야에 집중되어 있다. 그 밖의 분야는 기업 수도 적고, 자산 규모도 크지 않아 발전을 위한 기초 역량이 부족하다. 2018년 기준 첨단기술 6개 분야 중 전자·통신 설비 제조업을 제외한 5개 분야의 기업 수는 1.7만 개로 전체에서 차지하는 비중이 22.4%에 불과하고, 영업수입

● **2018년 광둥성 첨단기술 제조업 분야별 현황**

(단위 : 개, 억 위안, %)

	기업 수		자산 규모	
	2018년	2013년 대비	2018년	2013년 대비
의약 제조업	2,291	82.0	3,485.04	133.0
항공·우주 설비 제조업	144	227.3	172.78	−35.7
전자·통신 설비 제조업	61,635	122.0	37,169.64	129.4
컴퓨터·사무 설비 제조업	5,484	36.2	3,502.01	−0.8
의료·계측기기 설비 제조업	9,731	194.7	2,284.64	140.5
정보·화학 제품 제조업	133	−5.7	130.28	−14.9
합계	79,418	117.3	46,744.39	106.8

자료: 광둥성 통계국 (2020). 〈광둥 첨단기술제조업 발전 현황 연구〉.

합계도 9,575억 위안으로 20.5%를 차지하는 정도다. 최근 항공·우주 설비 제조업 분야 기업 수가 크게 늘기는 했으나 전체적인 자산 규모는 축소된 모습이다. 항공·우주 설비 제조업 분야 기업 수의 증가는 드론 관련 기업이 늘어난 것이 원인인데, 국영기업 또는 대기업의 투자는 축소된 반면 소규모의 민영 드론 기업이 많이 생겨났다.

2013년부터 2018년까지 고용 부문 추세를 보면 첨단기술 제조업 분야에서 종사하는 인원이 감소한 모습이다. 생산기술이 지속적으로 개선되고 노동생산성이 빠르게 증가하고는 있지만, 상대적으로 높은 인건비를 절감하고자 자동화 설비로 노동력을 대체함에 따라 고용이 줄어든 것으로 분석된다.

2018년 첨단기술 제조업 종사 인원은 455만 명으로 2013년에 비해 4.2% 감소했다. 5년 동안 영업수입은 64.9%나 증가했지만 고용은 오히려 줄어든 것이다. 세부적으로 보면 영업수입이 92.4%나 증가한 전자·통신 설비 제조업에서 고용은 4.4%밖에 증가하지 못했고, 컴퓨터·사무 설비 제조업은 영업수입이 29.3% 감소한 데 비해 고용 인원은 49.7%나 감소했다. 첨단기술 제조업 육성이 곧바로 일자리 증가로 이어지지는 못함을 보여준다.

한편, 고용효과가 낮게 나타나는 것에 대해 중국 업체가 규모에 비해 과도한 인원을 채용하고 있었기 때문에 이를 조정해가는 과정이라는 지적도 나온다. 실제로 필자는 광둥성 지역에 소재한 드론 기업과 전자 관련 기업 등을 방문하면서 예상보다 직원들이 많은 경우를 자주 보았는데, 과연 고용된 인력을 계속해서 유지할 만큼 매출이 나오는지

(단위 : 억 위안, 만 명, %)

	영업수입		고용 인원	
	2018년	2013년 대비	2018년	2013년 대비
의약 제조업	1,658.19	38.9	15.28	10.1
항공·우주 설비 제조업	150.68	83.3	1.12	−7.1
전자·통신 설비 제조업	41,062.08	92.4	364.65	4.4
컴퓨터·사무 설비 제조업	4,321.22	−29.3	43.95	−49.7
의료·계측기기 설비 제조업	1,733.25	100.2	29.47	34.0
정보·화학 제품 제조업	99.94	−24.7	0.73	−53.6
합계	49,025.37	64.9	455.21	−4.2

자료: 광둥성 통계국 (2020). 〈광둥 첨단기술제조업 발전 현황 연구〉.

의문을 가진 적이 많다.

종합적으로 평가하자면 광둥성 첨단기술 제조업은 핵심기술과 부품을 외국으로부터 수입해야 하는, 대외의존도가 높은 상황이라 상대적으로 다른 산업 분야에 비해 '조립 가공' 단계에 위치해 있는 경우가 많다. 더욱이 고급 전문기술인력에 대한 수요가 늘어나 인건비 부담이 점점 커지고 있으며, 그로 인해 원가가 높고 이익이 낮아 부가가치 창출 능력이 취약한 형편이다. 여기에 기업 간 경쟁이 심화되면서 이윤이 하락하는 악순환까지 발생하고 있다.

| '광둥성 혁신지수'로 살펴보는 광둥성의 과학기술 수준 |

'광둥성 혁신지수'는 광둥성의 과학기술 수준을 평가하기 위해 만든 바로미터다. 광둥성이 자체적으로 20개 세부 지표를 통해 과학기술 분야의 강점과 약점을 객관적으로 살펴본 일종의 '자기 분석 보고서'라고

할 수 있다. 그 내용은 광둥성 통계국이 2020년 4월에 발간한 〈과학기술 혁신강성 건설 연구〉[29]에 실려 있다. 분석 모형이 복잡하고 세부 항목별 설명도 매우 상세하지만, 최대한 쉽게 요약 정리하여 소개하고자 하며, 필자의 의견을 덧붙였다.

광둥성 혁신지수는 지수의 과학성·객관성·포괄성 및 개선 가능성 등의 기준에 따라 혁신환경지수·혁신투입지수·혁신산출지수·혁신성과지수 등 4개 영역에서 20개 지표로 구성된다. 2008년을 기준 연도로 삼아 100으로 놓고 10년간의 혁신지수가 변화한 결과를 보여주고 있는데, 2018년 광둥성 혁신지수는 269.6으로 연평균 10.4% 증가한 것으로 나타났다. 세부적으로 혁신투입지수가 가장 크게 증가했고 혁신성과지수가 가장 낮은 증가세를 보였다. 전체적으로는 2014년까지 연평균 8.3%로 점진적 성장을 보이다가 2014년 이후 연평균 13.6%로 성장속도가 빠르게 증가했다.

첫 번째 '혁신환경지수'란 GDP, 인력 양성, 재정 지원 등 혁신에 필요한 인적·물적 기초 조건이 얼마나 잘 갖춰져 있는가를 의미한다. 이

● 광둥성 혁신지수 평가 결과

	2008년	2010년	2013년	2016년	2017년	2018년
광둥성 혁신지수	100	121.44	153.08	214.47	243.14	269.58
1. 혁신환경지수	100	111.86	132.33	204.72	241.48	286.85
2. 혁신투입지수	100	130.21	176.39	263.42	310.68	339.80
3. 혁신산출지수	100	130.17	167.44	248.44	279.58	304.86
4. 혁신성과지수	100	114.76	140.80	158.39	167.17	178.35

자료: 광둥성 통계국 (2020). 〈과학기술 혁신강성 건설 연구〉.

가운데 '세제지원 정책'은 초기에는 활용되지 않다가 2016년부터 급격히 증가하여 그 후로는 세부 항목 중 가장 높은 수준을 기록하고 있다. 정부가 기업을 지원하는 정책이 2016년 이후 크게 강화되었음을 보여준다. '재정지출 중 과학기술 분야 비중'도 꾸준히 늘고 있는 모습인데, 2018년의 경우 1,035억 위안으로 전체 재정지출에서 6.6%를 차지할 정도로 증가했다. 이러한 지원 정책을 바탕으로 기업 수가 크게 증가하는 것을 '만 명당 기업 수' 지표로 확인할 수 있다.

한편, 혁신환경지수 중 가장 낮은 점수를 보이는 부분은 '만 명당 고등교육기관 재학생 수' 지표다. 광둥성은 고등교육기관에 대한 투자를 늘려서 이 항목의 수준을 높일 필요가 있음을 알 수 있다. 이를 통해 앞서 광둥성의 많은 R&D 인력이 고졸 이하 학력이라고 지적한 문제를 개선할 수 있을 것이다. 2018년 말 광둥성 고등교육기관의 수는 153개, 재학생 수는 196만 명, 인구 만 명당 고등교육기관 재학생 수는 173명을 기록했다.

두 번째로 '혁신투입지수'를 살펴보자. 혁신투입지수란 R&D 투입 시

● **혁신환경지수의 세부 항목별 증감 추이**

	2008년	2010년	2013년	2016년	2017년	2018년
만 명당 고등교육기관 재학생 수	100	111.48	131.67	141.21	141.48	141.98
1인당 GDP	100	120.29	160.94	200.77	221.02	241.47
재정지출 중 과학기술 분야 비중	100	113.47	124.64	198.71	196.92	240.85
감면세 등 세제지원 정책 비중	100	100.00	92.75	207.93	374.38	575.75
만 명당 기업 수	100	115.16	165.76	311.32	366.67	422.75

자료: 광둥성 통계국 (2020). 〈과학기술 혁신강성 건설 연구〉.

간과 비용 그리고 기구 설치 등 R&D 투자 현황을 보여준다. 세부적으로 보면 'R&D 기구가 있는 기업 비중'이 가장 크게 증가한 것으로 나타나고 있어, 많은 기업이 R&D 투자를 늘리고 있음을 알 수 있다. '기초연구 인원 1인당 경비'도 빠르게 늘고 있는데, 그동안 투자가 낮았던 데 따른 기저효과도 일부 작용한 것으로 보인다. 2018년 광둥성의 기초연구개발에 대한 지출은 115억 위안, 기초연구개발 인원은 연인원 2만여 명이다. 이 중 고등교육기관이 72억 위안으로 전체 총량의 62.6%를 차지하여 기초 R&D 분야에서는 고등교육기관의 역할이 가장 컸다.

한편, 'GDP 대비 R&D 투자 비중' 지표는 가장 낮은 수준을 보였다. 그런데 광둥성의 R&D 투입 자체만 놓고 보면 2018년 한 해에만 2,705억 위안으로 전국 1위를 차지했다. 그럼에도 불구하고 이 항목이 낮은 수준을 기록한 것은 광둥성이 2018년까지 30년 연속 GDP 1등 성으로 GDP 총량 자체가 빠르게 증가했기 때문이다.

세 번째로 살펴볼 '혁신산출지수'는 논문 수와 특허 및 상표권 등 R&D 투자의 직접적 효과를 나타낸다. 세부 항목 중 '만 명당 발명특

● 혁신투입지수의 세부 항목별 증감 추이

	2008년	2010년	2013년	2016년	2017년	2018년
만 명당 R&D 인원 풀타임 노동시간	100	136.08	194.29	193.24	208.62	277.10
GDP 대비 R&D 투자 비중	100	127.89	167.69	185.70	192.30	199.47
기초연구 인원 1인당 경비	100	164.79	214.04	384.82	452.25	445.67
주영업수입 대비 R&D 투자 비중	100	119.85	166.68	185.94	199.51	222.60
R&D 기구가 있는 기업 비중	100	109.11	148.97	517.41	844.31	873.92

자료: 광둥성 통계국 (2020). 〈과학기술 혁신강성 건설 연구〉.

허권 수' 지표가 연평균 19.8%의 가장 높은 증가율을 보였다. 2018년 광둥성의 인구 만 명당 발명특허 보유량은 22건이다. '만 명당 과학기술 논문 수'가 그다음으로 높은 수준인데, 국외 주요 검색 사이트에 수록된 광둥성 과학기술 논문 수가 지속적으로 증가해 2017년 3.6만 편에 이르고 있다. 특히 기초의학·정보기술·기계 엔지니어링 등의 영역에서 성과를 보이고 있다. 한편, 'R&D 억 위안당 발명특허 신청 수' 지표가 가장 낮은 모습을 보이는데, 이는 R&D 투자가 단기간 내에 성과를 만들지 못한다는 의미일 것이다. 또는 산출효과가 낮은 기초 분야 R&D 투자가 확대되고 있는 것으로 해석이 가능하다. '만 명당 발명특허권 수' 지표가 크게 증가함에도 불구하고 'R&D 억 위안당 발명특허 신청 수' 지표가 매우 낮다는 것은 R&D 투자가 매우 빠르게 증가하고 있다는 의미다.

네 번째로 '혁신성과지수'는 혁신 활동이 실제로 발휘한 효과를 나타낸다. 혁신산출지수보다 중장기 시점에서 나타난 효과를 반영한다. 다른 지수들은 최고점이 500~800에 이르는데, 혁신성과지수의 최고점

● **혁신산출지수의 세부 항목별 증감 추이**

	2008년	2010년	2013년	2016년	2017년	2018년
만 명당 과학기술 논문 수	100	139.48	178.96	285.11	318.03	318.03
R&D 억 위안당 발명특허 신청 수	100	90.74	85.83	137.28	139.94	143.72
만 명당 발명특허권 수	100	170.61	245.50	456.91	532.83	610.74
시장주체 중 등록 상표권 보유량	100	129.03	166.72	191.95	207.32	250.54
R&D 인원당 기술 계약액	100	91.39	138.69	198.93	218.18	228.11

자료: 광둥성 통계국 (2020). 〈과학기술 혁신강성 건설 연구〉.

	2008년	2010년	2013년	2016년	2017년	2018년
신제품이 주영업수입 차지 비중	100	119.75	143.69	188.34	220.85	246.33
첨단기술 제품 수출액	100	117.98	172.53	143.72	145.20	157.12
단위 지역 GDP당 에너지 소비량	100	107.34	122.73	153.20	158.93	164.31
1인당 주영업수입	100	126.42	172.17	214.66	224.92	249.17
과학기술 진보 공헌율	100	103.92	105.82	112.20	114.16	114.16

자료: 광둥성 통계국 (2020). 〈과학기술 혁신강성 건설 연구〉.

은 200 수준으로 낮은 편이다. 광둥성이 혁신 활동에 많은 자원을 투자하고 있지만 그 성과가 가시적으로 나타나려면 더 많은 시간이 필요함을 말해준다. 특히 '과학기술 진보 공헌율' 지표가 2018년 114.16으로 가장 낮아, 연평균 성장률이 1.3%에 불과했다.

한편, '혁신산출지수'에 비해 '혁신성과지수'가 낮은 모습은 그간의 발전이 주로 양적 성장이었다는 뜻도 된다. 바꿔 말해 이러한 결과는 향후 질적 성장을 향해 나아가려면 기초 과학기술 중심의 투자가 필요하다는 의미로 볼 수 있다.

| 광둥성 정부의 지원책: 〈과창 12조〉 |

광둥성은 2019년 1월 정부문건 제1호로 〈과학기술 혁신 진일보 촉진을 위한 정책조치 공개에 관한 광둥성 인민정부 통지〉[30]를 발표했다. 광둥성에서는 이를 〈과창 12조(科创12条)〉라고 줄여 부른다. 〈과창 12조〉는 과학기술 혁신을 촉진하기 위해 제도적 측면의 지원 정책, 참여자의 동기 부여를 위한 정책 그리고 사후 관리 등의 내용을 담은 문건이다.

과학기술 발전을 촉진하기 위해 정부 주도로 관련 분야 제도가 정비되고 있다. 초기 창업 기업이 연구개발(R&D)에 성공한 후에도 자금 부족 등으로 인해 사업화에 실패(death valley)하는 것을 방지하기 위해 연구개발비 공제 비율을 100%까지 높이는 등 다양한 세제지원 정책을 실시한다. 광둥성 과학기술형 중소기업에 바우처를 지급하고 이를 이용하여 홍콩과 마카오, 나아가 전국의 과학기술 서비스를 구매할 수 있도록 지원하는 방안도 포함됐다. 중소기업의 혁신적 과학기술 제품은 광둥성 정부가 정부조달을 통해 초기 수요를 안정적으로 보장해 해당 기업이 시장경쟁력을 갖추도록 지원한다.

혁신기업의 자금난을 해결하기 위해 기업과 금융기관을 효과적으로 연계하는 플랫폼도 구축했다. 금융기관이 과학기술형 중소기업에 대해 맞춤형 융자 서비스를 실시하도록 장려하고, 금융 당국은 금융기관의 융자 실적에 따라 금융기관에 일정한 인센티브를 지급할 수 있도록 했다. 여기에 더해 과학기술형 중소기업에 대한 대출과 지식재산권 담보 융자 업무에서 금융기관의 손실이 발생할 경우 정부가 일정한 비율로 위험을 보상할 수 있도록 했다.

또한 이 문건은 광둥성이 과학기술 분야에서 의사결정 권한과 책임감이 부족하다는 문제점을 극복하고 참여자에게 동기를 부여하기 위해 노력하는 모습도 보여준다. 과학기술 분야의 연구개발 기구들이 자율적으로 투자를 결정할 수 있도록 했으며 지분 보유도 허용한 것이다. 수익의 일부를 인센티브로 사용할 수도 있으며, 손실에 대해 면책요건을 부여하는 등 참여자들의 동기 부여를 적극적으로 유도하고 있다.

	주요 내용
제도 정비	① 세금 환급·공제 → 신생기업 도산(death valley) 위험 완화 ② 바우처를 활용하여 전국에서 기술혁신 관련 서비스 구입 ③ 국제 규칙에 부합하는 혁신제품은 정부가 구매하여 초기 시장수요 확보 ④ 3년 내 40개 이상의 신규 첨단기술 단지 조성 ⑤ 융자난 해결을 위해 기업과 금융기관이 참여하는 융자 플랫폼 구축
동기 부여	① 연구개발 기구가 산하 창업투자회사에 최고 3,000만 위안을 자율적으로 투자 ② 연구개발 기구 경영진·관리층이 투자회사 지분 50% 이상 보유 허용 ③ 과학기술 성과물에 대한 투자 허용 ④ 연구개발 기구는 소유 부동산, 유휴건물을 창업 공간으로 활용 가능 ⑤ 과학기술 투자 중 손실 발생 시, 성실한 관리의무를 다한 경우에는 면책
사후 관리	① 과학연구 윤리교육 강화, 생명과학·의학·인공지능 등 윤리심사 실시 ② 과학연구의 윤리기준에 크게 위반 시 원스트라이크 아웃(零容忍) 실시

자료: 〈과창 12조〉 내용을 정리하여 재구성.

문건에서 특히 눈에 띄는 내용은 과학연구, 그중 생명과학·의학·인공지능 분야에 대한 윤리심사를 강화한 것이다. 2018년 11월, 중국의 한 과학자가 세계 최초로 이른바 '유전자 편집 아기'를 탄생시켜 국제적 논란을 야기한 적이 있는데 그때의 비판을 인식하여 반영한 것이다. 당시 광둥성 선전 난팡과학기술대학교(南方科技大学, SUSTech)의 허젠쿠이(贺建奎) 교수는 유전자 편집 기술을 이용해 에이즈 바이러스(HIV)에 면역력을 가진 쌍둥이 여자 아기들을 세계 최초로 출산시켜 논란을 빚었다. 국제사회는 물론 중국에서조차 인간 배아를 대상으로 유전자 편집 실험을 한 것에 대해 윤리적·도덕적·과학적 비난 여론이 들끓었고 우려의 목소리도 높았다. 허젠쿠이 교수는 2019년 1월 난팡과학기술대학에서 해고됐고, 같은 해 12월 선전법원에서 징역 3년과 벌금 300만 위안을 선고받았다.

〈과창 12조〉는 과학기술청, 교육청, 공안청, 재정청, 인력자원사회보장청, 자연자원청, 농업농촌청, 국가세무총국광둥성세무국이 함께 만든 종합계획으로, 여기 소개된 것 말고도 매우 많은 내용을 상세하게 규정하고 있다. 예를 들어, 공안청 분야로 과학기술 인재들이 광둥성에 입경할 때 필요한 비자를 예외적으로 인정하는 내용도 담겼다.

그러나 과학기술의 혁신은 창의성이 활발히 발휘될 수 있는 자율성이 보장되어야만 한다. 이를 의식해서인지 〈과창 12조〉는 마지막 조항에 '팡관푸(放管服) 개혁'을 강화할 것을 명시하고 있다. 팡관푸의 '팡(放)'은 중앙부처가 행정권을 지방단위로 이양하는 것과 여러 부처가 중복 관리하는 것을 금지하는 것을 말하고, '관(管)'은 정부가 감독 권한을 행사할 때 신기술을 활용해 감독체제의 혁신을 강화할 것을 말한다. 마지막으로 '푸(服)'는 정부의 시장개입을 줄이고 시장의 일은 시장에서 결정되도록 하는 것을 의미한다. 이처럼 광둥성 정부는 과학기술 분야의 지원을 강화하면서 시장의 자율성을 점차 넓혀가기 위한 노력을 동시에 추진하고 있다.

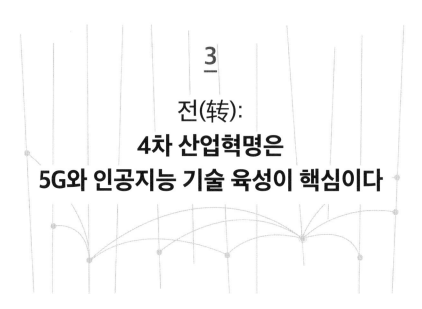

3

전(转):
4차 산업혁명은
5G와 인공지능 기술 육성이 핵심이다

| 4차 산업혁명 실현을 위한 응용기술 육성 |

현재 광둥성 내에서는 5G 시범 서비스가 곳곳에서 이루어지고 있다. 제조·교통·의료·초고화질 영상·증강현실(AR)·가상현실(VR)·스마트 시티·교육 등의 분야에서 5G 서비스를 시범적으로 실시하고 있는 것이다. 이는 5G 인프라가 4차 산업혁명의 혈관 역할을 할 것으로 확신하기 때문이다. 광둥성은 5G 인프라를 기반으로 자율주행·스마트 의료·스마트 팩토리 등 5G 융합 산업을 통해 신산업 육성과 일자리 창출을 적극적으로 도모하고 있다.

화웨이는 선전 지하철역에서 '안면인식 결제 시스템 서비스'를 시범적으로 진행하고 있다. 또 광둥성 제2인민병원은 인공지능 진단과 인터넷 진료를 결합한 시스템을 활용해 광둥성 내 2,000여 개 농촌 지역에 무료로 원격진료 서비스를 제공하고 있다. 광저우에 소재한 포니(Pony.ai)와 위라이드(Weride) 등 자율주행기술 개발 기업들은 자율주행차로 도심을 누비며 데이터를 축적하고 있다. 이처럼 광둥성에는 안면인식과 음성인식을 포함한 다양한 분야의 인공지능 관련 중소기업들이 활발하게 활동 중이다.

중국은 4차 산업혁명을 선도하는 데 가장 핵심적인 산업기술로 5G 이동통신 네트워크와 인공지능을 선정하고, 대규모 자금을 쏟아 붓고 있으며 정책 지원도 아낌없이 추진하고 있다. 중국이 5G를 집중적으로 지원하는 것은 5G가 산업고도화 전략인 '중국제조 2025'와 인터넷과 제조업을 연결시키는 '인터넷 플러스' 등 중국 정부가 중점적으로 추진하는 중장기 국가 전략 산업의 인프라임과 동시에 드론과 자율주행차 등 첨단산업과 밀접하게 연계되어 있기 때문이다.

광둥성은 산업 간 경계를 초월하고 새로운 산업 생태계를 창출하는 시대적 흐름을 적극 수용하여 '디지털 광둥'으로 거듭나고자 노력 중이다. 신뢰성 높은 차세대 정보통신기술 산업 체계를 조기에 형성하고 빅데이터와 사물인터넷 그리고 인공지능 등의 영역에서 형성된 우위를 바탕으로 전자상거래와 의료·위생·교육 등 다양한 영역에서 디지털을 응용하고자 한다. 이러한 시도로서 광둥성은 차세대 정보통신기술 및 인공지능산업을 육성하기 위해 발전시켜야 할 구체적 산업 목록을 제시하고 있다.

● 정보통신기술 및 인공지능산업 육성을 위한 세부 산업 목록

차세대 정보통신기술	차세대 인공지능
① 광학 렌즈, 광전자 컴포넌트, 광전자 디스플레이, 광학 기억 장치, 광통신, 레이저 및 광전자 제품 전용 제조 설비	① 빅데이터 제품 개발과 응용 서비스, 클라우드 컴퓨팅 기술 연구개발과 응용 서비스
② 신형 평판 디스플레이 생산 전용 설비	② 데이터 수집 제품, 빅데이터 일체형 하드웨어 제품 개발 및 제조
③ 초고해상도(4K 이상) 디스플레이 기술 및 제품, 디스플레이 프린팅 설비, 레이저 LED 퀀텀닷, 3D 디스플레이 등	③ 가상현실, 증강현실, 홀로그래픽 이미지, 육안 3D, 쌍방향 엔터테인먼트, 쌍방향 영화 및 TV 등 핵심기술 개발과 핵심 설비 제조
④ 인공지능 기술과 제품	④ 초감각 영화관, 혼합 현실 엔터테인먼트, 라디오-영화-TV 융합 매체 제작 및 방송 등 장비와 플랫폼 연구개발 및 제조
⑤ 스마트 센서, M2M 마이크로칩, RFID 태그, NB-IoT(모바일 인터넷) 네트워크 설비 등	⑤ 디지털(정보) 수자원 보호 기술 개발 및 응용
⑥ 마이크로 나노 회로의 3D 프린팅	⑥ 홍수 예방 조기 경보 시스템
⑦ 차세대 이동통신(5G 이상) 핵심 설비 연구 개발 및 제조	
⑧ 고속철도, 지하철 및 고속도로 등 전용 기지, 차량 라우터, 전용 테스트 장비	

자료: 광둥성 상무청 (2019). 광둥성 투자유치 홍보자료 재구성.

| 선전이 5G 기지국 건설을 서두르는 이유 |

중국은 2019년 5G 상용화를 시작한 이래로 전국에 5G 기지국 설치를 본격 추진하여 그해 말에는 그 수가 약 12.6만 개에 이르렀다. 또한 2019년 12월 베이징에서 개최된 '전국 공업정보화 공작회의'에서는 5G 네트워크 확대를 더욱 강조하여 전국의 모든 시에 5G 기지국 건설을 가속화하도록 했다. 그리하여 2020년 6월까지 41만 개를 건설했고, 2020년 말에는 당초 목표인 50만 개를 넘어 누계 60만 개의 5G 기지국이 세워졌다. 향후 2030년에는 기지국 수가 1,500만 개에 달할 것으로 전망된다. 중국은 한국이나 미국 등 다른 국가보다 뒤늦게 5G 상

용 서비스를 시작했지만, 14억 인구를 바탕으로 세계에서 가장 거대한 5G 시장을 구축하고 있다.

광둥성에서 5G 네트워크를 건설하는 데 가장 적극적인 도시는 선전이다. 선전은 2019년 2월부터 12월까지 불과 11개월 만에 1.5만 개의 기지국을 설치했고, 선선 경제특구 성립 40주년인 2020년에는 누계 4.6만 개의 기지국을 설치해 기지국 밀집도가 전 세계 1위를 기록했다. 특히 선전은 2019년 9월 〈5G 인프라시설 선도적 전체 보급 및 높은 수준의 5G 산업 발전 촉진을 위한 조치 공개에 관한 선전시 인민정부 통지〉[31] 등을 발표하면서 기지국 건설 사업 추진에 더욱 속도를 내고 있다. 그리고 같은 달 차이나텔레콤(China Telecom, 中国电信), 차이나모바일(China Mobile, 中国移动), 차이나유니콤(China Unicom, 中国联通) 등 주요 통신사들과 〈5G 기지국 건설 협력 MOU〉[32]를 체결하는 등 정책적으로 5G 기지국 건설을 강하게 지원하고 있다.

선전시의 언론 《선전특구보(深圳特区报)》와 《선전상보(深圳商报)》 등에서 수시로 보도되는 내용을 보면, 선전 정부가 5G 응용산업 부문에 많은 투자를 하고 있음을 알 수 있다. 예를 들어, 5G를 적용한 스마트 학원·스마트 파출소·스마트 공항·스마트 공원·스마트 쇼핑센터 등이 보도되는데, 이 가운데 스마트 학원의 경우 선전 직업기술 학원에서 5G가 적용된 가상현실 기술을 활용하여 캠퍼스 간 원거리 생방송 강의를 실시했다. 그 외에도, 드론 안전순찰과 선전바오안국제공항의 국내선 안면인식 게이트 그리고 샹미공원(香蜜公园) 5G 체험 활동과 5G 체험 숍 및 고객서비스 로봇 등 다양한 실험이 시도되고 있다.

5G는 차량인터넷과 사물인터넷(IoT, Internet of Things) 그리고 산업 인터넷(Industrial Internet)을 가능하게 하는 핵심 인프라다. 하지만 기지국을 건설하여 5G 네트워크를 확대하는 프로젝트는 그 투자규모가 커서 막대한 비용이 든다. 그렇기 때문에 이러한 대형 프로젝트는 중국 정부의 적극적 주도 아래 관련 기업들의 상호 협력을 통해 이뤄지고 있다.

선전은 화웨이 본사가 위치한 곳으로, 선전은 화웨이와 협조해 5G 기지국 건설 및 다양한 응용 산업 육성을 위해 많은 노력을 기울이고 있다. 전 세계 어느 곳보다 앞서서 5G 시대로 본격 진입하고자 한창 날갯짓을 하고 있는 것이다.

| 5G 산업발전을 선도하기 위한 광둥성 행동계획 |

광둥성은 2019년 5월 〈광둥성 5G 산업발전 가속화 행동계획 공개에 관한 광둥성 인민정부 판공청 통지〉[33]를 발표하면서 5G 산업발전 전략을 공개했다. 이 문건에서는 2020년 말 주강삼각주 지역을 중심으로 5G 상용화 실현을 위한 5만 개의 기지국 건립, 400만 명의 사용자 확보 등에 관한 내용을 명시하고 있다. 이어 2022년에는 기지국을 17만 개 건설하고 사용자를 4,000만 명으로 대폭 확대하여 주강삼각주 지역을 완전한 '5G 광대역 도시군'으로 만들겠다는 목표도 설정해놓았다. 이를 산업 가치로 따져보면 1조 위안 규모의 시장이 형성될 것으로 전망된다.

5G 네트워크 확대는 우선 광저우와 선전을 중심으로 기지국을 설치

하고, 이어 주강삼각주 주요 도시로 확대한 후, 광둥성 동부·서부·북부 지역 도시로 이어지도록 추진한다. 이후 2022년 말에는 농촌 지역까지 아우를 수 있는 네트워크 시스템을 갖출 계획이다. 기지국을 건립할 때도 하나의 타워를 다용도로 활용할 수 있는 다기능 스마트 타워로 전환하도록 했다.

5G 핵심기술을 획득하기 위해 대학교에 5G 기술 과정을 설치하고 창업 공간(인큐베이터, 액셀러레이터) 등 공공 플랫폼을 만들어 5G 관련 스타트업 기업을 지원하도록 했다. 2022년 말까지 신형 네트워크 기술과 고효율 전송 기술 그리고 첨단 통신칩 개발에서 가시적 성과가 나타나도록 하고, 이러한 5G 기술을 바탕으로 6G 기술에 대한 연구를 선도적으로 추진하겠다는 점도 명시하고 있다.

또한 광둥성은 세계적인 5G 산업 클러스터 건설을 위해 8개의 산업단지를 형성하도록 하는 내용도 담고 있다. 주강삼각주 지역에는 5G 안테나·네트워크·단말기 부품 등 핵심 산업을 육성하고, 연해안 지역에는 재료·설비·스마트 단말기 등의 산업을 발전시키도록 했다. 5G 산업발전 대회와 5G 혁신 대회 등을 개최하여 국내외 핵심인력이 광둥성에서 교류할 수 있는 장(場)도 마련한다.

여기에서 명시하고 있는 응용 분야는 8가지로, 제조업·농수산업·초고화질 방송·교육·의료·교통·행정·도시 등 다양한 분야를 망라한다. 농수산업 분야에서는 장먼에 '5G 스마트 농업 과학혁신원'을 건설하고, 광저우 쩡청(广州增城)에는 '5G 스마트 농업 시범지구'를 건설한다. 잔장에는 '5G 스마트 해양수산 시범응용단지'를 건설한다. 초고화질 방송(4K/8K)의 경우 광저우와 선전 그리고 후이저우와 중산에 우선적으로 '5G 초고화질 방송 시범 프로젝트'를 추진한다. 증강현실과 가상현실을 기반으로 스마트 교육을 실시하고, 대형 병원을 중심으로 원격의료 및 원격로봇기술을 활용하는 스마트 의료를 시범 실시한다. 광저우·선전·주하이·사오관(韶关)·중산에 5G를 활용한 드론·자율주행 자동차·자율주행 선박 등이 운행하는 시범지역을 건설한다. 5G를 종합적으로 활용한 '스마트시티'를 광저우 개발구(广州开发区)와 선전 푸톈(深圳福田) 그리고 후이저우 중카이(惠州仲恺)에 우선 건설한다. 2022년 말까지 광둥성의 모든 도시는 스마트 시범지역을 최소한 1개 이상 만들어야 한다.

한편, 이 내용을 작성한 광둥성 '공업정보화청'은 "당 중앙과 국무원 그리고 광둥성 공산당위원회 및 광둥성 정부의 요구를 실행하기 위해 서둘러 작성했다(紧锣密鼓着手)"라고 밝히고 있다. 2019년 5월은 미중 무역분쟁으로 화훼이가 어려움에 직면했던 시기다. 곤경에 처한 화웨이를 지원하기 위해 서둘러 마련되었음을 간접적으로 알 수 있다.

| 인공지능산업의 융합 성장을 위한 광둥성 발전계획 |

인공지능산업은 차세대 성장엔진으로서 중요한 역할을 담당하게 될 것이다. 광둥성은 인공지능산업의 융합적 성격을 고려하여 개방형 혁신 플랫폼을 구축하고 기존 제조업 생태계를 활용한 다양한 시범적용 분야를 선정하는 등 관련 산업을 육성하고자 하는 노력을 다각도로 진행하고 있다. 2018년 8월 발표한 〈광둥성 차세대 인공지능 발전계획

공개에 관한 광둥성 인민정부 통지〉³⁴는 그러한 노력을 종합적으로 관리하고 지원하려는 정부의 의지를 잘 담아낸 것이다.

광둥성은 시기별로 3단계 발전계획을 수립했다. 우선 2020년까지 인공지능산업의 규모를 500억 위안 이상으로 끌어올리고, 2025년까지는 인공지능 기초 이론과 기술 응용연구에서 세계적인 수준에 도달하는 것을 목표로 하고 있다. 핵심 산업규모를 1,500억 위안, 관련 산업규모를 1조 8,000억 위안에 이르도록 한다. 인공지능 기술의 제조·응용 및 서비스 분야에서 300개 이상의 선도기업을 육성하고, 15개 이상의 인공지능 핵심 산업단지, 10개 이상의 인공지능 타운을 만들기로 했다. 2030년까지는 인공지능 관련 기초연구·기술개발·응용 등 전체 밸류체인을 완비한다는 목표를 설정했다.

세부적 중요 사항으로는 개방형 혁신 플랫폼 구성 및 시범적용이다. 의료·음성·무인 시스템·스마트 제조·스마트 하우스 등의 분야에서 개방적이고 협동적인 혁신 플랫폼 조성을 추진한다는 내용이다. 특히 텐센트(Tencent, 腾讯)로 하여금 의료영상 관련 차세대 인공지능 플랫폼을 만들도록 하고, 아이플라이테크(iFlytek, 科大讯飞)를 지원하여 차세대 음성인식 인공지능 플랫폼을 구축하도록 했다.

인공지능을 시범 적용할 15개 분야는 ① 스마트 로봇, ② 스마트 단말기 제품, ③ 스마트 웨어러블 기기, ④ 스마트 무인 운반 설비, ⑤ 스마트 제조, ⑥ 스마트 정부, ⑦ 스마트 물류, ⑧ 스마트 교육, ⑨ 스마트 하우스, ⑩ 스마트 의료, ⑪ 스마트 교통, ⑫ 스마트 금융, ⑬ 스마트 보안, ⑭ 스마트 농업, ⑮ 군민(軍民) 융합 등이다. 여기서 군민 융합이란

아이플라이테크 화남지역본부.

스마트로봇·무인선박·드론 등 군용설비를 민용으로 전환하여 응용하는 것을 말한다.

 인공지능산업단지를 지역별로 조성하여 인공지능산업의 집약적 발전을 촉진하되 각각의 특색을 갖춘 인공지능 생태계를 만들 것을 규정하고 있다. 광저우 지역의 경우 난사에 국제 인공지능 혁신단지와 황푸에 스마트 장비 혁신단지 그리고 판위에 스마트 인터넷 신재생에너지자동차 혁신단지를 건설한다. 선전 지역에는 룽화(龙华) 인공지능산업 핵심단지와 선전만 과학기술생태원을 조성한다. 주하이에는 무인선박 과학기술항과 해상시험장 및 주하이 스마트 산업단지 그리고 국가기술로봇과학기술원 등을 건설한다. 둥관에는 숭산후 첨단기술산업단지·빈하이만 신구·징둥 인공지능 뉴타운을 조성하고, 포산에는 찬난

샨 혁신 클러스터, 산웨이에는 산웨이 첨단기술단지, 자오칭에는 자오칭 첨단기술단지와 자오칭 신구를 만든다.

❖ 중국 최대의 휴대폰 생산 지역, 광둥성 ❖

현재 중국은 세계 최대의 휴대폰 소비국인 동시에 생산국이다. 그중 생산을 대표하는 지역이 바로 광둥성이다. 1990년대 말부터 시작된 중국의 휴대폰 생산을 살펴보면, OEM 생산(代工生产)에서 출발해 짝퉁휴대폰(山寨机) 생산 단계를 거쳐 자체 브랜드 생산 단계로 넘어가는 후발주자의 전형적 추격 전략을 보여준다.

중국 전체의 휴대폰 생산규모를 보면 1996년 417만 대 생산에서 1년 만인 1997년 5,164만 대로 급증했고, 2001년에는 1억 2,057만 대로 1억 대를 돌파했다. 2010년에는 11억 2,970만 대로 10억 대를 넘어섰고, 2015년에는 20억 5,167만 대로 정점을 찍었다. 한편, 2016년 18억 9,211만 대로 처음 마이너스 성장을 보인 후 지속적으로 감소하여 2020년에는 14억 8,857만 대를 생산했다. 휴대폰 생산량이 2016년부터 계속 하락하는 모습은 중국 시장에서 양적 성장의 여지는 더 이상 없다는 사실을 보여준다.

휴대폰 생산을 지역적으로 구분해서 보면 1996년에 생산된 417만 대 중 톈진에서 207만 대, 베이징에서 103만 대가 생산되어 톈진과 베이징이 이 시기 휴대폰 생산의 중심 지역이었음을 확인할 수 있다. 당시 광둥성 생산은 32만 대에 불과했다. 이후 상하이, 광둥성, 저장성, 장쑤성 등지에서 생산이 급격히 증가했고, 2008년에는 광둥성이 중국 전체 생산량 6억 8,191만 대 중 2억 4,182만 대를 생산하면서 35.5%를 기록해 1위를 차지한 이후 현재까지 계속해서 1위 자리를 지키고 있다.

휴대폰 생산이 최고점에 달했던 2015년에는 20억 5,167만 대 중 광둥성이 9억 4,852만 대를 생산해 46.2%를 차지했고, 2020년에도 14억 8,857만 대 중 6억 1,979만 대를 생산해 41.6%를 차지했다. 중국 휴대폰 전체 생산량의 절반 가까이를 광둥성이 감당하고 있음을 알 수 있다. 그렇다면 이처럼 광둥성이 휴대폰 생산에서 절대적 위치를 차지하게 된 비결은 무엇일까?

생산 방식과 생산 지역 변화의 추이를 살펴보면 그 단서를 찾을 수 있다. 초기 OEM 생산 방식에서는 톈진과 베이징이 대부분을 생산했다. 하지만 이른바 짝퉁휴대폰 단계인 2008년부터는 광둥성이 1위로 올라선다. 여기에는 중국 정부의 정책 변경과 선전 화창베이의 역할이 컸던 것으로 알려져 있다. 이에 관해 좀 더 구체적으로 살펴보자.

2007년은 글로벌 휴대폰산업에서 매우 중요한 해다. 그 전까지만 해도 중국 휴대폰은 노키아 같은 선두기업과 비교하면 도저히 따라잡을 수 없는 부족함이 분명 있었다. 하지만 2007년 구글이 안드로이드 운영체제를 내놓았고, 여기에 아이폰(iPhone)이 터치스크린과 앱갤러리 등을 통해 휴대폰의 새 장을 열게 된다(사실 이 시기의 휴대폰부터 스마트폰이라는 표현을 써야 하지만 여기서는 휴대폰으로 통일해서 표현한다). 중국 휴대폰 업계에서도 2007년은 기회의 해였다. 소프트웨어 기술과 새로운 하드웨어 측면에서 세계적 브랜드와 동일선상에서 출발할 수 있는 기회를 얻게 되었으니 말이다. 그동안 글로벌 휴대폰 업체가 누려온 기술적 우위가 사라졌다는 말이다.

2007년 9월에는 중국 정부가 휴대폰 제조공장 설립 요건을 전격적으로 완화했다. 그 이전까지는 휴대폰을 제조하려면 2억 위안 이상의 자본금과 2년 이상의 계속경영 그리고 연구개발 능력과 환경보호 인증이 필요했기 때문에 주로 외국 브랜드가 중국 시장을 점유할 수 있었다. 그러나 설립허가 요건을 철폐하면서 소규모 휴대폰 제조업체가 우후죽순 생겨났고 짝퉁휴대폰이 대량으로 생산되기 시작했다. 이 시기 짝퉁휴대폰 생산에서 첨병 역할을 한 곳이 광둥성이다.

광둥성에서도 특히 중국전자제일거리(中国电子第一街)로 불리는 화창베이가 짝퉁휴대폰 생산에서 주된 역할을 했다. 전자산업이 잘 발달해 숙련된 인력이 많았고, 타이완과 거리가 멀지 않아 타이완 기업들로부터 휴대폰 생산에 필요한 핵심부품을 저렴하게 공급받을 수 있었던 덕분이다. 그중에서도 특히 칩셋 업체인 미디어텍(Media Tek)에서 턴키 솔루션(Turn-Key Solution)을 대량으로 공급받을 수 있었다. 턴키 솔루션은 휴대폰 구동에 핵심적인 소프트웨어를 탑재한 어셈블리 수준의 반제품을 말한다. 휴대폰 생산업체는 외관 부품을 구매해 조립만 하면 되었기 때문에 휴대폰을 보다 싸고 빠르게 생산할 수 있었다. 여기에 글로벌 시장과 폭넓게 연결된 홍콩이 바로 인접해 있다는 지역적 이점까지 결합되면서 화창베이는 짝퉁휴대폰 생산의 메카가 될 수 있었다.

그리하여 2008년부터 광둥성은 중국 제일의 휴대폰 생산기지로 부상했다. 실제로 2008년부터 2013년까지의 성장률을 보면 휴대폰시장 성장률이 4.4%인 데 비해 짝퉁휴대폰시장 성장률은 11.7%를 기록한 것을 확인할 수 있다. 인도, 러시아, 브라질, 남아프리카공화국 등에서 가성비 좋은 짝퉁휴대폰이 크게 인기를 끌었다.

한편, 이러한 짝퉁휴대폰시장의 급속한 성장은 중국의 자체 브랜드 휴대폰이 발전할 수 있도록 기본 토양을 형성했다. 중국 자체 휴대폰이 본격 생산을 시작한 것은 2011년이다. 2010년까지만 해도 중국 휴대폰시장을 석권하던 주된 기업은 노키아, LG, 삼성, 모토롤라 등 외국계였다. 그러나 2011년에는 소니, LG, 노키아, 모토롤라, 블랙베리 등의 점유율이 하락하고 그 자리를 중싱(ZTE), 화웨이, HTC, 애플 등이 대체해나갔다.

또한 2011년에는 3G 보급이 크게 확대되기 시작한 해인데, 통신사들이 3G 사용자를 확보하기 위해 단말기 보조금 지급을 크게 늘린 것이 휴대폰시장의 판도를 바꾼 주요 원인 중 하나가 됐다. 2011년 12월 말 중국 3대 통신사(차이나유니콤, 차이나모바일, 차이나텔레콤)이 지급한 휴대폰 단말기 보조금 총액은 600억 위안을 넘었다. 이 시기 중국 4대 휴대폰 제조사인 중싱, 화웨이, 쿨패드(Coolpad, 酷派), 레노버(联想)는 적극적 물량 공세를 벌였고, 중국 휴대폰은 저장용량, 사진 촬영 및 충전 기능 등에서 뛰어난 가성비를 보이며 경쟁력을 구축해나갔다.

4대 휴대폰 제조사 가운데 중싱, 화웨이, 쿨패드 3개사가 광둥성 선전시에 본부를 두었고, 이후 휴대폰시장의 새로운 강자로 떠오른 오포(Oppo)와 비보(Vivo)가 각각 2008년과 2011년에 광둥성 둥관시에 자리를 잡았다. 이는 광둥성이 휴대폰시장에서 차지하는 중요성을 보여준다.

이처럼 중국 자체 브랜드 휴대폰이 자리를 잡아가면서 더는 양적 성장만 추진할 수 없는, 다시 말해 질적 성장으로 방향을 전환하지 않을 수 없는 시점이 도래하고 있다. 양적 성장의 시기에는 해외에 의존한 핵심 부품과 운영체제로 성장할 수 있었으나 질적 성장의 시기에는 과거와 같은 의존성이 발전의 장애가 될 수밖에 없다.

2021년 현재 중국 휴대폰시장은 화웨이가 주춤하면서 오포와 비보 그리고 샤오미가 3강 체제를 형성하고 있다. 그러나 모든 중국 휴대폰 생산 업체는 특히 운영체제와 AP 등 핵심부품에서 세계적 수준과는 아무래도 차이가 있는 게 사실이다. 자체적 연구개발의 중요성을 인식하고 이에 매진하고는 있으나 가야 할 길이 아직 멀다는 평가다.

자료: 당펑 (2020. 5. 1). 《휴대폰의 역사》. 중국경제출판사.

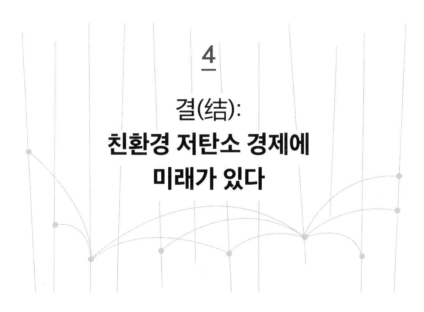

4

결(结):
친환경 저탄소 경제에
미래가 있다

2011년 필자는 베이징에서 유학을 하고 있었는데, 당시 많은 서민이 전기 모터 자전거를 생업을 위해, 또는 이동수단으로 이용하는 것을 볼 수 있었다. 그 후 2017년부터 광저우에서 근무하게 되었는데, 이 시기에는 서민들이 주로 이용하는 중소형 자동차들이 전기자동차로 바뀌는 모습을 확인했다. 전기 동력을 이용하는 교통수단을 기준으로만 본다면 소득이 낮은 사람들부터 그 이용이 확대되는 추세다. 물론 고소득자들도 테슬라 자동차를 세컨드 차량으로 이용하고는 한다.

이른바 '중국판 우버'라 할 수 있는 자동차 호출앱 띠디추싱(滴滴出行)을 보면, 고급 차량인 좐처(专车)는 휘발유 차량이 많고 일반 차량인 콰이처(快车)는 전기 차량이다. 택시는 빠르게 전기 차량으로 전환되고 있고, 광저우와 선전의 시내버스는 이미 전기 차량으로 전환이 완료됐다. 즉, 교통수단 측면에서 친환경 저탄소 정책은 일반 대중의 삶에 이미 뿌리내린 보편적 현실이라 할 수 있다.

| 광둥성은 중국 최대의 자동차 생산기지 |

광둥성은 중국 제일의 자동차 생산기지다. 자동차산업은 제조업의 근간이며 전후방 밸류체인과 산업기술이 집약적으로 뭉쳐진 구심체로 한 나라의 경제수준과 기술능력을 반영하는 지표산업이다. 광둥성이 신재생에너지자동차산업에서 두각을 보일 수 있었던 것은 중국 최대의 자동차 생산기지로서 탄탄한 기초체력을 갖춘 덕분이다. 실제로 2020년 성시별(省市別) 자동차 생산량을 살펴보면, 광둥성이 313만 대를 생산하여 1위이며, 지린성(吉林省)과 상하이 그리고 후베이성이 뒤를 잇고 있다.

광둥성의 자동차 제조업은 견고한 산업 클러스터를 구성하고 있다. 광치그룹(广汽集团, 광저우자동차유한공사, GAC Motor), 비야디(BYD, 比亚迪), 둥펑닛산(东风日产) 등 주요 기업을 포함하여 800여 개의 자동차 관련 제조기업이 소재하고 있다.

광둥성 내의 주요 자동차 생산 도시는 광저우와 선전 그리고 포산이다. 광둥성의 자동차산업을 대표하는 기업은 광치그룹이다. 광치그룹은 혼다 어코드와 오디세이 그리고 도요타 캠리 등 일본계 자동차를 합자 생산하고 있으며 완성차 및 부품 제조, 연구개발 그리고 보험서비스 등을 아우르는 거대기업이다. 《포천》 선정 글로벌 500대 기업으로 2019년 완성차 판매량이 206만 대에 달해 중국 5위를 차지했고 영업

● 중국의 성시별 자동차 생산량

(단위: 만 대)

순위	지역	2019년 생산량	2020년 생산량
1위	광둥	311.7	313.2
2위	지린	288.9	265.5
3위	상하이	274.9	264.7
4위	후베이	223.9	209.5
5위	광시	183.0	174.5
6위	베이징	164.0	166.0

자료: 마이스틸닷컴 (2021. 1. 22.). 〈2020년 각 성시별 자동차 생산량 순위〉.

수입은 3,551억 위안을 기록했다.

그런데 최근 광둥성의 자동차 생산량이 변동성을 보이며 하락하는 모습이다. 2013년에는 254만 대를 생산했으나 2014년 220만 대로 하락했고, 이후 2017년 321만 대로 증가했다가 2018년에는 전년과 유사한 수준인 322만 대 생산에 그쳤다. 급기야 2019년에는 처음으로 마이너스 성장을 기록하여, 전년 대비 2.8% 하락한 312만 대를 생산했다. 2020년에는 코로나19의 충격에도 불구하고 0.49% 성장한 313만 대를 생산하면서 아직은 광둥성의 자동차 생산량이 4년 연속 중국 내 1위를 유지하고 있다.

| 광둥성 신재생에너지자동차 시장 현황 |

2019년 말 중국 유망산업연구원(前瞻产业研究院)에서 〈2019년도 광둥성 신재생에너지자동차 시장 분석〉[35]을 발표했다. 중국 전체 신재생에너지자동차 현황과 특히 광둥성 신재생에너지자동차의 생산·판매·

보급·충전 관련 현황을 비교적 종합적으로 보여주는 자료다. 이후 서술하는 내용은 이 보고서의 내용을 참고해 정리한 것이다.

우선, 신재생에너지자동차의 생산량을 살펴보자. 2018년 중국 전체 생산량 127만 대 중 광둥성이 13.3만 대를 생산하여 점유 비중이 10.4%이다. 또한 신재생에너지사동차의 판매량 또한 광둥성에서 높은 수준을 보이고 있다. 중국 신재생에너지자동차의 8분의 1 이상이 광둥성에서 판매되고 있는 것이다. 이 보고서에는 2017년과 2018년의 경우 선전과 광저우의 데이터만 공개됐는데, 2018년 두 도시의 판매량은 14.7만 대로 전국 판매량의 11.7%를 차지했다. 또 2018년 중국 신재생에너지자동차 판매량 순위를 살펴보면, 10위 이내에 포함된 도시에서 달성한 판매량이 전체 판매량의 54.7%를 차지한다. 이 가운데 4대 일선도시가 전국 신재생에너지자동차 판매량 상위 4위에 랭크되어 있다. 선전과 광저우는 각각 8.42만 대와 6.27만 대로 1위와 3위를 차지했다.

● **2018년 중국 신재생에너지자동차 판매량 상위 도시** (단위: 만 대)

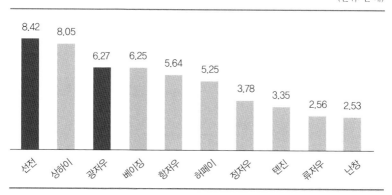

자료: 유망산업연구원 (2019). 〈2019년도 광둥성 신재생에너지자동차 시장 분석〉.

신재생에너지자동차 판매 상황을 기업별로 보자면, 2018년에는 비야디가 24만 대를 판매하여 1위를 차지했다. 2019년에는 보조금 축소 등 시장 여건 악화로 판매량이 감소했지만 21.9만 대로 연속하여 1위를 유지하였으며 시장점유율은 20.7%였다. 그 뒤를 베이징전기차와 상하이승용차가 잇고 있다. 참고로 글로벌 판매량은 테슬라가 36.8만 대로 1위를 차지하고 이어서 중국의 비야디, 베이징전기차, 상하이승용차가 뒤를 추격하고 있다.

한편, 신재생에너지자동차가 전국적으로 보급됨에 따라 충전시설도 빠르게 확대되고 있는데, 광둥성은 충전 인프라가 비교적 양호한 편이다. 2019년 8월까지의 현황을 보자면, 광둥성의 공공 충전시설은 5.3만 개로 중국에서 세 번째로 많다. 장쑤성이 5.4만 개로 전체 11.9%를 점유하여 1위를 차지했으며, 베이징(2위)과 광둥성(3위) 그리고 상하이(4위) 순이다. 2019년 8월을 기준으로 충전시설을 5만 대 이상 설치한 곳은 이렇게 네 곳으로 알려져 있다.

중국자동차협회(中汽协)의 발표에 따르면, 중국은 2019년 신재생에

● **2019년 신재생에너지자동차 판매량 상위 5대 기업**　　　　　　(단위: 만 대)

순위	기업명	판매량
1위	비야디	21.9
2위	베이징전기차	15.0
3위	상하이승용차	13.1
4위	지리(吉利)자동차	7.1
5위	체리자동차	4.7

자료: 제일전동연구원 (2020. 1). 〈2019년 신재생에너지자동차 판매량 순위 공개〉.

너지자동차를 총 124만 대 생산하여 전년보다 2.3% 감소했다. 또한 총 121만 대가 판매되어 전년 대비 4.0% 줄어들었다. 이 가운데 순(純) 전기자동차는 102만 대를 생산하여 3.4% 증가했으나 판매량은 97만 대로 1.2% 감소했다. 플러그인 하이브리드 차량은 22만 대를 생산하여 22.5% 감소했고, 판매 또한 23만 대에 그쳐 14.5% 감소를 보였다. 신재생에너지자동차 중 플러그인 하이브리드 차량의 감소폭이 크다는 점을 확인할 수 있다. 수소연료전지자동차는 2,833대 생산하여 85.5% 증가, 판매는 2,737대로 79.2% 감소했다. 중국자동차협회의 천스화(陳士华) 부비서장은 2019년 정부 보조금이 대폭 감소함에 따라 자동차 생산 기업이 손실을 면하기 어려웠음을 지적했다. 보조금의 지속적 지급이 어렵다면 세제 정책이나 환경보호 정책을 통한 지원이라도 꼭 필요한 상황이라며, 2020년 이후에도 신재생에너지자동차의 시장 상황은 낙관적이지 못하다고 전망했다.

　그러나 글로벌 신재생에너지자동차의 시장 자체를 놓고 전 세계의 현황을 비교해보자면 그중 중국의 발전이 가장 빠르다는 것은 분명하다. 현재 중국의 신재생에너지자동차 시장은 도입기를 지나 성장기를 향해 나아가는 중이며 시장의 발전 잠재력 또한 거대하다. 2020년 11월 중국 국무원에서 발표한 〈신재생에너지자동차산업 발전계획(2021-2035년)〉[36]을 보면 중국에서 바라보는 신재생에너지자동차 시장은 공공교통 영역에서 시작해 화물운수 영역을 거쳐 상업 운영과 개인 승용의 영역으로 점점 더 확장하고 있다. 공공교통 영역의 신재생에너지자동차 수요는 50만~80만 대 규모로 2020년경에 이미 대부분 전환이 완료됐다. 교체 수요가 이어지겠지만 대규모 신규 수요는 마무리된 셈이다. 화물운수 분야에서는 300만~500만 대의 수요가 존재하며 2025년까지 신재생에너지자동차로 지속적 전환이 이루어질 것으로 보인다. 상업 운영 부문이 3,000만~5,000만 대로 수요가 가장 크다. 현재도 신재생에너지자동차로 전환이 이뤄지고 있으며 그 수요가 워낙 크기 때문에 2030년은 되어야 전환이 일단락될 것으로 보고 있다. 개인 승용 부문은 2030년경 가장 수요가 클 것으로 예상되며 상업 운영 수요의 절반 수준인 1,700만 대 수준의 시장수요를 형성할 것으로 내다보고 있다.

| '신재생에너지자동차산업' 육성을 위한 핵심 전략 |

광둥성은 신재생에너지자동차(순전기자동차, 수소연료전지자동차, 하이브리드자동차 등 포함)산업의 발전을 촉진하기 위해 〈신재생에너지자동차산업 혁신 발전 가속화에 관한 광둥성 인민정부 의견〉[37]을 2018년 6월에 발표했다. 이 정책은 산업의 규모 확대, R&D 강화, 신재생에너지자동차 보급 확대, 충전 인프라 확충, 품질 보장 시스템 완비, 인재 유치 등을 담은 종합 계획이다.

우선 광둥성 정부는 신재생에너지자동차산업의 규모 확대를 위해 인터넷과 전자정보 등 다양한 분야의 기업이 신재생에너지자동차산업에 참여할 수 있도록 지원하며 장려하고 있다. 기존의 자동차 기업이 신재생에너지자동차산업으로 전환하는 것을 촉진하고자 더블 포인트(双积分) 제도를 강화했다. 더블 포인트 제도는 일반 자동차 기업이 판매하는 차량의 평균 연료 소모량을 마이너스 포인트로 부여하고 이를 신재생에너지자동차 생산 시 부여받는 플러스 포인트로 상쇄하도록 하는 것인데, 기존 자동차 기업이 신재생에너지자동차 생산을 늘리도록 전환시키는 데 효과적이다.

그리고 신재생에너지자동차산업 분야에서 누리고 있는 광둥성의 선도적 지위를 지속적으로 유지하기 위해 연구 및 혁신 능력을 강화하고 있다. 이에 따라 광둥성은 동력전지·전동기·전기제어·스마트 단말기 등 핵심부품에 대한 연구개발을 추진 중이다. 수소연료전지자동차산업과 관련해 수소연료전지 시스템 및 핵심부품과 관련된 연구개발을 장려하고, 수소연료전지자동차의 상업 운영 시범지역을 지정해 공공교통과 물류 분야 등에서 우선적으로 시범운영을 실시하도록 했다.

아울러 충전 인프라 건설과 신재생에너지자동차 보급에서는 사회주의 국가다운 강력한 정책 드라이브를 확인할 수 있다.

우선, 시를 순환하는 노선과 자동차 전용도로를 제외한 모든 광둥성 간선 고속도로의 휴게소들은 충전시설 설치를 위해 기본적인 투자를 실시해야 한다. 즉, 난팡전력공사(南方电力公司)는 고속도로 휴게소와 함께 충전시설을 운영할 책임이 있으며 고속도로 휴게소의 운영주체는 충전시설을 설치하는 데 필요한 용지를 즉시 제공해야 한다. 또한 새로 건설되는 고속도로 휴게소는 주차 가능 총수의 50% 이상에 급속충전시설을 마련해놓아야 한다. 공공교통·택시·환경·위생·물류 등의 기업은 자신이 보유한 주차장 등을 활용해 충전시설을 건설할 수 있으며, 새로이 건설되는 공공 주차장과 유료 주차구역은 주차 가능 총수의 30% 이상에 급속 충전시설을 설치해야 한다.

충전 인프라 설비에 관한 이러한 정책적 강제는 도로에 국한되지 않는다. 이제 광둥성에서 신규로 건설되는 주택은 반드시 주차장의 100% 비율로 급속 또는 완속 충전시설을 설치하거나 사후에 설치할 수 있도록 미리 공간을 확보해두어야 한다. 이런 요건을 충족시키지 못하면 준공허가를 받을 수 없다. 아울러 모든 공공 충전시설은 반드시 충전시설 정보서비스 플랫폼에 등록되어야 하며 실시간 운영 정보를 제공해 이용자가 손쉽게 충전시설을 찾을 수 있도록 하고 있다.

수소 주입시설 설계와 건설 및 운영 등의 표준도 조속히 완비하도록 했다. 수소연료전지차 시범도시로 지정된 각 시는 수소 주입시설을 건설하고, 수소 주입시설 시범지역 건설 계획 등을 마련하여 시범운영에 필요한 요건을 충족시켜야 한다. 광둥성 정부는 주유소와 수소 주입시설을 함께 운영하는 합영점 건설을 장려하고, 기존의 주유소 용지를 이용할 경우에는 부지 선정 계획과 토지사용 등에서 우대 혜택을 부여하기로 했다.

광둥성은 또한 시내버스 등 공공교통을 신재생에너지자동차(수소연료전지차 포함)로 신속히 전환했다. 선전은 2017년, 광저우와 주하이는 2018년 말까지 시내버스를 신재생에너지자동차로 모두 전환했고, 주강삼각주의 또 다른 도시들도 2020년까지 공공교통 분야에서 신재생에너지자동차가 85% 이상이 되도록 했다.

택시·환경·위생·물류 등의 영역에서도 광둥성은 신재생에너지자동차 사용을 대폭 확대하는 정책을 펴고 있다. 2018년부터 주강삼각주 지역은 매년 갱신되거나 순증되는 택시·통근·물류 등의 차량은 전부 신재생에너지자동차를 사용해야 한다. 그리하여 2020년까지 신재생에너지자동차의 점유 비율이 90% 이상이 되도록 했다.

이 밖에도 광둥성은 신재생에너지자동차 전용 차량 번호판 제도를 전면 실시함으로써 신재생에너지자동차의 사용 확대를 유도하고 있다. 구체적으로는, 신재생에너지를 이용하는 차량에 대해서는 차량 번호판 발급 및 통행에서 제한을 없애주고(다른 지역 번호판을 부착한 차량이 혼잡시간에 차량을 운행하려면 허가를 받아야 하는데 그런 제한을 없앤 것이다), 도시에서 신재생에너지 차량이 야간에 주차할 수 있는 전용구역을 만들도록 한 것이다. 광저우나 선전은 일반 자동차의 차량 번호판 발급을 제한하고 있기 때문에 신재생에너지자동차 차량 번호판 발급 제한을 없앤 이 제도는 신재생에너지자동차의 보급 확대에 매우 효과적이다.

또한 신재생에너지자동차를 폐기할 경우 이를 회수하고 관리하는 기업이 필요한데, 이들 기업이 관련 사업을 시작할 때 관할 관청이 심사 및 허가 수속을 간소화하도록 했다. 중소기업뿐 아니라 기술과 자금력이 있는 기업이 신재생에너지자동차 폐기와 관련된 사업에 참여하는 것도 장려한다. 이와 함께 광둥성에서 판매되는 신재생에너지자동차를 생산하는 기업이라면 광둥성 내의 도시마다 1개 이상의 배터리 회수 서비스 시설을 완비하도록 방침을 세워놓고 있다. 이처럼 광둥성은 신재생에너지자동차의 라이프 사이클 전 과정에 걸친 종합 계획을 수립, 시행하고 있다.

여기에 더해 광둥성 정부가 신재생에너지자동차 관련 분야에서 고

● 광둥성 신재생에너지자동차산업 육성을 위한 주요 방안 요약

항목	주요 내용
적용 대상	• 순전기자동차, 수소연료전지자동차, 하이브리드자동차 등
산업 규모 확대	• 신재생에너지자동차산업 규모 확대 및 가솔린 자동차 기업의 업종 전환 • 수소연료전지자동차의 산업화 추진
연구 혁신능력 강화	• 핵심기술 연구개발 강화 • 산업혁신 플랫폼 건설과 기업, 고등교육기관, 과학 연구기관의 협력
충전 인프라 건설	• 신규 고속도로 휴게소는 주차 총수의 50%에 급속 충전시설 설치 • 신규 도시 공공 주차시설은 주차 총수의 30%에 급속 충전시설 설치 • 신규 건설 주택은 주차 총수의 100%에 충전시설(유보지) 설치 • 충전시설 관련 공공 정보 서비스 플랫폼 구축 • 수소 주입 인프라 건설 계획 마련
신재생에너지 자동차 보급 확대	• 공공교통 신재생에너지자동차화(선전 2017년, 광저우/주하이 2018년 완료) • 택시, 환경, 위생, 물류, 통근 등에 신재생에너지자동차 활용 • 신재생에너지자동차 보조금의 30%를 수소 분야에 투자 • 차량 번호판, 도시 간 운영, 야간 주차구역 등 우대 조치를 실시 • 폐기자동차 해체 및 회수 시스템 완비
신재생에너지 자동차산업 집적 발전	• 광둥성 동부와 서부 지역에 신재생에너지자동차산업기지 건설 • 완성차 산업의 대규모화, 핵심부품 산업의 집적화 유도 • 신재생에너지산업단지 구성
품질보장 시스템 완비	• 품질향상 계획 실시, 검사인증 시스템 완비, 표준화 시스템 수립 등
고급인재 유치 및 양성	• 청년 과학기술 인재가 신재생에너지자동차 기업에서 일하는 것을 장려 • 광둥성 전체 이공과 대학에 신재생에너지자동차 전공 설치

자료: 〈신재생에너지자동차산업 혁신 발전 가속화에 관한 광둥성 인민정부 의견〉을 정리하여 재구성.

급인재를 육성하여 장기적으로 지속가능한 경쟁력을 확보하고자 노력하고 있는 점도 주목된다. 핵심부품, 특히 차세대 연료전지(연료의 화학에너지를 직접 전기에너지로 변환시키는 발전장치를 말한다)와 자동차용 각종 스마트 장치 등을 중점 발전 방향으로 지정하고 그에 따라 필요한 핵심인재를 적극 유치하고 있다. 이를테면 광둥성 내 고등교육기관 등

의 청년 과학기술 인재가 신재생에너지자동차 관련 현장에서 다양한 경험을 쌓도록 장려하고 있다. 또한 광둥성은 성 내의 모든 이공계 대학이 신재생에너지자동차 관련 전공학과를 설치하도록 규정하여 완성차, 연료전지, 전기 모터, 자동차용 스마트 장치 등 중요 부품과 관련된 기술인재를 육성하도록 했다.

❊ 일반 자동차 번호판 발급 제한 ❊

차량 번호판 발급을 제한하지 않는 방법으로 신재생에너지자동차 보급을 확대한다는 광둥성의 정책은 중국의 차량 번호판 발급 제도가 우리나라와는 다른 특징이 있기 때문에 가능한 이야기다. 그렇다면 중국에서 차량 번호판 발급을 제한하는 제도란 대체 무엇일까? 독자들의 이해를 돕기 위해 실제 발생했던 사례를 소개한다.

선전에 거주하는 한국인 A씨는 2017년 기존 차량을 처분하고 새로 자동차를 구입했으나 번호판을 발급받지 못했다. A씨는 과거 선전에서 취득한 기존의 번호판을 신규 차량에 부착하고자 한 경우였다. A씨는 "선전에서 사드 사태를 이유로 부당하게 한국인에게 자동차 번호판 발급을 하지 않고 있다"라며 문제 해결을 요청했다. 총영사관은 자문변호사 등과 함께 팀을 구성하고 관련 내용을 분석했다. 사드 사태로 인한 불이익 조치라면 엄중하게 다루어야 하는 사안이었기 때문이다. 우선 관련 법규 검토부터 시작했다.

중국 주요 도시의 자동차 번호판 취득 방법

교통체증을 완화하고 환경오염을 방지하기 위해 중국의 주요 도시는 자동차 번호판 발급을 제한하여 자동차 수량의 증가를 일정 수준으로 통제하는 제도, 즉 번호판 등록 제한 제도를 실시하고 있다. 광저우는 2012년 7월부터 〈광저우시 중소형 자동차 총량 조정 관리 방법(广州市中小客车总量调控管理办法)〉 그리고 선전은 2014년 12월부터 〈선전시 소형 자동차 증량 조정 관리 실시 세칙(深圳市小汽车增量调控管理实施细则)〉을 발표하고 실행 중이다. 여기서 소형차는 9인승 이하의 자동차를 말하며, 중형차는 10인승에서 19인승 자동차를 말한다.

이러한 규정에 따르면, 광저우나 선전에서 자동차를 구입하기 위해서는 먼저 '지표(指标)'를 신청하여 취득해야 한다. 지표란 자동차 번호판을 확보할 수 있는 자격을 가리키는 것으로, 3가지로 구분된다. 첫 번째 '증량지표'는 신차 구입을 위해 처음으로 번호판을 취득하는 경우에 발급해주는 것이다. 광저우에서는 2,500cc 차량을 기준으로 그보다 작은 차량이면 추첨 방식으로, 초과하면 경매 절차를 거쳐 발급해준다. 선전은 모두 추첨 방식이다. 두 번째는 '갱신지표'로 기존 번호판을 신차에 등록하는 경우에 발급해주는 것이다. 동급의 자동차로 바꾸는 경우에만 갱신지표로 기존 번호판을 등록할 수 있다. 세 번째는 '기타지표'로 외국 영사관과 소방서 그리고 학교 등에서 쓰는 차량일 경우 자동으로 번호판을 발급해주는 예외적인 경우다.

개인의 경우 일반적으로 증량지표를 얻는 것이 중요한데, 1인당 1개의 지표만 신청할 수 있으며 운 좋게 지표를 확보한 경우라도 이를 타인에게 양도할 수 없다. 확보한 지표의 유효기간은 1년이며 기한 내 사용하지 않을 경우 효력을 상실하고 향후 2년간 재신청도 금지된다. 따라서 개인적인 사정으로 자동차를 구매하기 어렵게 되면 지표 신청을 철회하는 것이 유리하다. 이러한 지표 가격은 매우 비싼 것으로 알려져 있는데 2021년 4월 《선전신문망(深圳新聞网)》 보도에 따르면 선전 자동차 번호판 지표의 가격이 개인 차량의 경우 6만 위안(약 1,000만 원), 회사 차량의 경우 8만 위안(약 1,400만 원)을 기록했다.

A씨가 자동차 번호판을 발급받지 못한 이유

A씨는 '갱신지표'에 해당하기에 손쉽게 번호판을 확보할 수 있을 것으로 예상했다. 하지만 A씨는 지표를 받을 수 없는 다른 사정이 있었다. 2014년 12월부터 시작한 〈선전시 소형 자동차 증량 조정 관리 실시 세칙〉에는, 거주지가 선전이며 유효한 신분증명을 소지할 것과 선전에서 비자를 취득하였거나 체류허가를 2년 이상 취득하고 매년 9개월 이상 선전에 거주해야 한다는 규정이 있다. A씨는 시안(西安)에서 체류허가를 얻고 2014년 이전에 선전으로 이주한 경우로 이주 당시에는 번호판 등록 제한 제도가 없어 선전에서 자동차 번호판을 취득한 경우였던 것이다. 2017년에도 여전히 시안에서 체류허가를 취득한 상태였기 때문에, 2014년부터 적용되기 시작한 규정에 따라 선전에서 번호판을 등록하는 것이 불가능한 상황이 된 것이다.

선전에는 A씨와 비슷한 사례가 많다. 가장 대표적인 사례는 인접한 홍콩에서 일자리를 찾아 선전으로 이주한 의사 등 고소득 전문가들이다. 이들은 홍콩 주민 자격을 그대로 유지하려는 개인적 선호 때문에 '지표'를 취득하지 못한 경우다. 가장 손쉬운 해결 방법은 렌터카 회사에서 차량을 장기 렌트하거나 번호판 발급 제한 제도를 실시하지 않는 다른 도시에서 번호판을 획득하는 것이다. 후자는 혼잡시간 운행제한 등 불편함을 감수해야 한다.

2017년 말은 사드 사태로 인한 영향이 여전하던 때였기 때문에 중국 측으로부터 불이익을 당하면 부당한 차별을 받았다고 오해하기 쉬웠다. 하지만 엄밀히 살펴보면 그렇지 않은 경우도 많다. A씨의 사례가 그에 해당한다고 볼 수 있다. 혹자는 사드 사태 이전이었다면 금지 규정이 있더라도 번호판을 등록할 수 있었을 것이라며 중국 측의 조치가 과도하다고 주장하기도 했다. 물론 그런 느낌을 가질 법하지만, 필자가 보기에 사드 사태를 기점으로 중국은 이른바 '꽌시(关系)의 시기'에서 '법률과 계약의 시기'로 이행한 것으로 판단된다. 그러나 상대방의 체면을 고려해 계약서에 세부 내용을 명시하지 않아 나중에 어려움을 겪는 사례를 많이 접할 수 있었다. 중국과의 관계에서 법률과 계약의 중요성은 아무리 강조해도 지나치지 않다.

| 광둥성 에너지산업: 신재생에너지 비중을 높여라 |

화룬(华润)발전소를 비롯하여 광둥성 내 화력발전소들이 최근 들어 석탄을 조달하는 데 어려움을 겪고 있다. 이전에는 인도네시아에서 저렴한 저열량 석탄을 수입해 사용했는데 광둥성의 환경규제가 강화되면서 저열량 석탄 사용이 힘들게 된 것이다. 광둥성은 화력발전 비율을 점차 낮추는 추세이며, 화력발전을 하더라도 산시성이나 동북 3성의 고품질 석탄을 사용하도록 유도하고자 인도네시아산 석탄 수입을 통제하고 있다. 사실 광둥성은 가격과 운송거리 등을 고려할 때 인도네시아에서 석탄을 수입하는 것이 유리하다.

에너지산업은 친환경·저탄소 산업 분야에서 매우 중요한 비중을 차지하기 때문에 필자는 관계자 면담을 통해 관련 산업 분야의 의견을 듣기 위해 노력했다. 2018년 11월에 만난 화룬발전소의 총경리는 "중국의 경제성장 부진으로 주요 하역항에 석탄 재고가 증가해 석탄 단가가 계속 떨어지고 있다"라며 경제 상황에 대해 우려하기도 했다. 광둥성 통계국에서 2020년 4월에 발간한 〈광둥 에너지 개발 이용 현황, 문제 및 대책 건의〉[38]와 2018년 12월에 발표된 〈광둥성 푸른하늘 보위전 승리 실시 방안(广东省打赢蓝天保卫战实施方案 2018-2020年)〉을 참고해서 광둥성 에너지 현실을 들여다보자.

광둥성에서는 이미 석탄 생산이 퇴출됐다. 그 대신 석유와 천연가스가 일부 생산된다. 1949년 광둥성에서는 석탄이 7.2만 톤 수준으로 생산되었으나 열량이 매우 낮고 채굴 과정의 안전성 문제가 대두되면서 2005년부터는 석탄 채광업을 완전히 퇴출시켰다. 원유 채굴은 비교적 늦게 시작되어 1963년 처음으로 마오밍에서 오일 셰일을 0.13만 톤 채굴했다. 1986년 8월에는 남중국해에서 석유 채굴을 시작해 원유를 15.6만 톤 생산했다. 그 후 원유 생산량이 지속적으로 확대되어 2018년에는 1,393.5만 톤을 생산했고 천연가스도 102.5억㎥를 생산했다.

광둥성에서 비록 석탄을 채굴하지는 않지만 전통적인 화석연료의 사용 비중은 여전히 높은 반면, 신재생에너지 사용 비중은 낮다. 2018년 석탄과 석유 그리고 천연가스 등 화석연료 소비량이 전체 에너지 소비량에서 차지하는 비중이 70% 이상이다. 그리고 선전과 후이저우가 접하는 따야만에는 중국에서 가장 큰 원자력발전소가 1994년부터 운영 중이다. 이곳에서 생산된 전력의 80%가 홍콩에 공급되는 것으로 알려져 있다.

광둥성은 경제수준이 높은 만큼 전력 소비도 중국에서 가장 많다. 2018년 광둥성은 6,323억kWh의 전력을 사용하여 중국 전체 사용량의

(단위 : %)

	2013년	2018년
석탄	45.9	37.5
석유	26.6	28.3
천연가스	5.7	7.5
기타	21.8	26.7

자료: 광둥성 통계국 (2020). 〈광둥 에너지 개발 이용 현황, 문제 및 대책 건의〉.

9.2%를 차지하면서 1위를 기록했다. 반면, 광둥성 내 발전량은 4,716억kWh로 중국 전체에서 4위를 차지했다. 부족한 전력은 주변 지역에서 수입하고 있다. 2017년 말까지 서부에서 생산된 전력을 동부로 이송하기 위한 프로젝트로 17개의 송전 선로 건설이 이뤄졌고 그 송전 용량은 3,500만kW가 넘는다. 2018년 광둥성이 외부로부터 구매한 전력량은 1,930억kWh로, 전력 순구매가 광둥성 전력 소비량에서 차지하는 비중은 30.5% 수준이다. 중국 서부 지역으로부터 수송되는 전력은 광둥성의 전력 부족 상황을 해소하는 데 큰 도움이 되고 있다.

광둥성의 에너지산업이 지닌 문제점으로는 환경문제, 높은 대외의존도, 저조한 이용효율이 꼽힌다. 아무래도 그중 가장 먼저 지적되는 것은 심각한 환경문제다. 오랫동안 광둥성의 에너지 소비는 석탄 위주였고, 그로 인해 오염물질 배출이 많고 환경에도 악영향을 주었다. 2017년 광둥성의 오염물질 배출량은 4조 1,268억㎥, 이산화황은 28만 톤이었다. 다만 광둥성의 석탄 소비 비중이 하락세를 보이는 것은 긍정적으로 평가된다.

두 번째는 에너지 자원이 부족함에 따라 대외의존도가 높다는 점이다. 중화인민공화국 건국 초기, 에너지 소비량이 적을 때는 광둥성의 에너지 생산 능력이 낮아도 에너지 자급이 가능했거나 국내시장에서 해결할 수 있었다. 그러나 경제발전으로 에너지 소비량이 대폭 증가함에 따라 공급이 수요를 충족시키기 어렵게 됐다. 그리하여 2018년 광둥성의 에너지 대외의존도는 79.3%까지 치솟았다. 현재 광둥성은 석탄은 100%, 석유는 80%, 천연가스는 45.4%, 전력은 25.2%를 외국에서 수입해오거나 다른 지역에서 구입해오는 상황이다.

마지막으로, 저조한 에너지 이용효율 또한 에너지산업이 가진 문제점으로 지적되고 있다. 전력·열에너지·가스 등 서로 다른 에너지 공급 시스템의 상호 보완 수준이 낮고, 전력·천연가스에 대한 체계적 피크타임 조절 능력도 부족하다. 공급 능력이 최대부하 수준에 맞추어 설계되어, 설비 이용률이 낮다는 문제까지 발생하고 있다.

광둥성은 2021년부터 2025년까지 '제14차 5개년 개발 계획(十四五規划)'을 실천하는 과정에서 보다 안전하고 경제적이며 친환경적인 에너지 공급 시스템을 건립할 예정이다. 먼저, 원유 정제 및 가공 산업은 광둥성이 집중 육성하는 산업 중 하나로, 광둥성의 원유 정제 능력은 2018년 6,370만 톤인데 정제 능력을 지속적으로 확대하고 있어 2025년경에는 1억 톤을 돌파할 것으로 전망된다. 앞으로 마오밍·후이저우·제양·잔장에 베네수엘라와의 합자로 '광둥 석유화학 중유 가공 프로젝트'를 실행하는 것을 비롯해, '엑슨모빌 후이저우 프로젝트'와 '바스프 잔장 프로젝트' 등을 통해 세계적인 기업들과 손잡고 석유화학산업단지를 구성하게 된다.

특히 친환경적인 에너지 공급을 보다 늘리기 위해 2025년까지 신재생에너지 비중을 더 높인다는 계획도 실천에 옮기고 있다. 광둥성은 2020년 말 환경보호, 에너지 효율, 안전 등의 기준에 미치지 못한 30만kW 이하의 소규모 노후 화력발전소들을 퇴역시켜 총 324만kW를 이미 감축했다. 앞으로 2025년이면 광둥성의 발전 용량은 1.89억kW에 달할 전망인데, 석탄 발전은 이러한 감축 과정을 거쳐 7,345만kW로 억제될 예정이다. 원자력 발전과 수력 발전은 2025년에도 2020년과 같은 1,614만kW와 968만kW를 각각 유지할 전망이다. 한편, 천연가스 발전과 신재생에너지 발전은 크게 끌어올리게 된다. 천연가스 발전은 2020년 2,838만kW에서 2025년 4,966만kW로 늘어나며, 신재생에너지 발전은 1,637만kW에서 4,055만kW로 늘어날 것으로 예상하고 있다. 이 중 신재생에너지 발전은 풍력이 2,450만kW, 태양광이 1,200만kW, 바이오가 405만kW로 분담된다. 한편, 서부 지역에서 수입하는 전력 규모는 4,500만kW가 될 전망이다.

광둥성 남부 지역에서는 천연가스를 운송하는 다양한 시스템을 건설 중이다. 광둥성 액화천연가스(LNG) 산업은 전국 1위 규모로, 2018년 광둥성의 LNG 수입량은 1,068만 톤이다. 현재 천연가스 파이프라인의 길이는 약 2,200km에 달한다. 여기에 더해 서부의 가스를 동부로 운송하는 관로를 광둥성 내에서도 건설 중인데, 이것이 완공되면 광둥성의 21개 지급시에 천연가스를 공급하는 3,200km의 관로를 완성하게 된다. 아울러, 광둥성 전체에는 13개에 달하는 LNG 비축기지가 건설되고 있기도 하다. 산터우와 후이저우에 LNG 인수기지를 설치하고 있으며, 양장과 광저우 난사 및 주하이 가오란다오(高柆島)와 둥관 리샤다오(立沙島) 등에 천연가스의 수요 변동에 맞춰 가스 공급 시 압력을 일정하게 유지시키는 피크타임 조절 시설이 설치된다.

❈ 광둥성의 수소경제 추진 현황 ❈

광둥성은 광저우와 선전 그리고 포산과 마오밍 등을 중심으로 중국의 수소경제를 이끌고 있다. 특히 포산은 인프라 설치와 수소자동차 생산에서 가장 적극적이다. 충전소 설치 관련 보조금이 중국 전체에서 최고 수준인 것으로 평가받고 있다. 구체적으로 보자면, 포산에서는 충전소 건설의 경우 일일 충전능력과 건설연한에 따라 200만~800만 위안까지 보조금을 차등 지원한다. 현재 시노펙(SINOPEC)이 석유·수소 합영점을 포산에 건설했다. 또한 70량의 수소버스가 정식 운행 중이며, 포산시 난하이구(南海区)에 추진 중인 창장자동차(长江汽车) 프로젝트가 완료되면 수소자동차를 포함하여 신재생에너지자동차를 연간 6만 대 이상 생산할 수 있을 것으로 예상된다.

광저우는 황푸구(黃浦区)를 수소자동차 상업운영지구로 지정했으며, 황푸구는 2019년 9월 〈수소에너지 10조(氢能10条)〉를 발표하는 등 수소 관련 산업을 전략적으로 육성 중이다. 충전소 설치에 최고 600만 위안, 수소 관련 중요 고정자산 투자에 최고 1억 위안 그리고 수소 관련 핵심기술 R&D

센터에 1,000만을 지급한다는 내용 등이 포함되어 있다. 여기에 2021년 6월 에는 〈수소에너지 10조 수정판〉을 발표하면서 수소에너지 프로젝트에 최고 1억 위안의 보조금을 지원한다는 내용도 추가됐다.

광둥성 정부의 수소 관련 정책지원 확대와 함께 한국과 광둥성 간의 수소산 업 협력이 긴밀히 진행되고 있다. 마싱루이 성장은 2019년 4월 서울에서 개 최된 제8회 한·광둥 발전포럼을 계기로 경기도 화성에 있는 현대기아자동 차 남양기술연구소를 방문하는 등 수소자동차에 큰 관심을 보였다. 또한 같 은 해 12월에는 현대자동차 정의선 부회장이 광저우를 방문하여 마싱루이 성 장을 만나고 광둥성과 현대자동차 간의 협력 방안을 논의했다. 2020년 7월에

광저우 위안빌딩(圓大廈). 2013년 완공된 건물로 광저우 시내 중심부에서 남쪽으로 떨어진 곳에 위치 해 있다. 지상 33층, 지하 2층으로 주변에 높은 건물이 없어 독특한 모양이 더 두드러져 보이며 '동전빌 딩'이라는 별칭도 있다. 내몽고에서 광물 개발 사업을 하는 훙다홍업유한공사 본사가 이곳에 소재해 있다. 훙다홍업유한공사는 최근 수소경제 발전에 발맞춰 부생수소 사업에 본격적 투자를 시작했다.
자료: Wikimedia Commons(Author: Midip).

는 현대자동차 직원들이 코로나19 상황에도 불구하고 광저우에 출장을 와서 시장조사를 포함한 다양한 업무를 수행했다. 주광저우총영사관도 광저우에 상주하는 현대자동차 주재원과 함께 홍다흥업유한공사(鸿达兴业有限公司) 회장을 만나 양사의 수소 분야 협력 가능성을 심도 있게 모색한 바 있다. 이러한 다각석 노력을 거쳐 2021년 3월 2일에는 광저우에서 현대자동차의 수소연료전지 생산법인 기공식이 개최됐다.

· 4장 ·

차이나 실리콘밸리의
주역들

이 장은 필자가 직접 방문한 기업들 중에서 광둥성 혁신기업의 모습을 잘 보여주는 사례를 선별하여 담고자 하였다. 기업 방문 시 확보한 자료와 중국 사회과학출판사에서 출간한 《광둥 민영기업 40년》[39] 등을 활용해 객관성과 전문성을 높이고자 노력했다. 공유경제와 관련된 내용 또한 직접 체험한 사실과 다양하게 나와 있는 분석 자료를 바탕으로 했다. 공식 발표된 자료를 가지고 상세한 설명이 가능한 기업만을 수록하느라 미처 소개하지 못한 기업들이 많다. 이 부분은 향후 추가 보완이 필요하리라 본다.

이 밖에 주광저우총영사관에서 2018년 말부터 야심차게 추진한 '신성장정책교류회' 결과도 함께 실었다. 필자는 중국에서 근무할 때 수많은 중국 기업을 방문하였고 관련 보고서를 작성하였다. 그러나 기술적 전문성이라는 측면에서 한계를 느낄 수밖에 없었다. 이러한 한계를 조금이나마 극복하여 보다 입체적이고 객관적인 양질의 정보를 발굴하고자 하는 취지에서 신성장정책교류회를 개최했다. 한국에서 관련 분야 전문가를 초청하여 그들이 광둥성 내의 산업 현장을 직접 살펴 그곳의 기업 및 기술 수준에 대해 객관적인 평가를 하고, 또 한국과 비교해 장단점이 무엇인지 파악하여 협력 분야를 모색해보도록 한 것이다. 이 행사는 자율주행차와 드론산업 그리고 인공지능산업이라는 주제로 세 차례 진행한 바 있으며, 2020년에는 수소산업과 디지털 금융산업을 주제로 행사를 개최할 예정이었으나 코로나19로 인해 아쉽게도 취소되고 말았다.

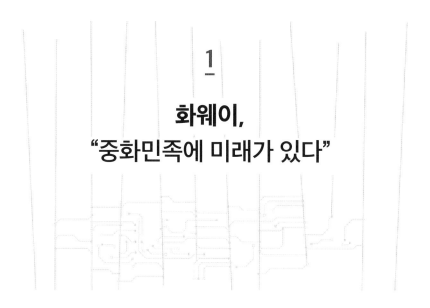

1

화웨이,
"중화민족에 미래가 있다"

    화웨이는 외국 고위급 인사들의 기업 방문을 매우 중요하게 생각한다. 한국에서 주요 인사가 화웨이를 방문하면 서울에 있는 화웨이 코리아 임직원들이 선전으로 출장을 와서 친절하게 설명을 해주는 등 긍정적 인상을 남기려 애쓰는 모습을 보인다. 화웨이 측은 고위급 인사의 광둥성 방문을 사전에 확인하고 방문 일정에 화웨이를 포함시켜줄 것을 요청하기도 했다. 화웨이는 세계 각국의 대학생들을 선발하여 화웨이에 초대하는 CSR 프로그램인 '씨드 포 더 퓨처(Seeds For The Future, 미래를 위한 씨앗)'에도 각별히 정성을 기울인다. 이를 미국의 화웨이 제재와 관련해 우군을 만들기 위한 노력의 일환으로 보기도 하지만 사실 이것은 화웨이가 오래전부터 보여온 모습이다.

| '늑대정신'으로 무장하고 세계로 진출하다 |

화웨이기술유한공사(华为技术有限公司)는 1987년 선전에서 설립됐다. 전화교환기(PBX) 판매 대리상으로 시작해 지금은 글로벌 정보통신기술(ICT) 선도기업으로 눈부신 성장을 구가하고 있다. 화웨이는 18만 명의 직원이 전 세계 170여 개 나라와 지역에서 업무를 수행하고 있으며, 전 세계 3분의 1 이상의 인구에 서비스를 제공하고 있다.

2019년 화웨이의 매출액은 8,588억 위안으로 2018년보다 19.1% 증가했다. 영업수입은 778억 위안, 순이익은 627억 위안이었다. 2019년 매출액 기준으로 사업 분야를 구분해보면 스마트폰·PC 등 일반 소비자를 대상으로 한 매출이 4,673억 위안으로 54.4%를 점유하여 그 비중이 가장 크고, 통신중계기 등 통신 분야 기업을 대상으로 한 매출이 2,967억 위안으로 34.5%를 차지한다. 나머지 기타 부분은 948억 위안 수준이다. 지역별 매출 비중을 보면 중국 59%, 유럽·중동·아프리카 24%, 아시아·태평양 8%, 아메리카 대륙 6% 등이다.

화웨이는 한국의 주요 교역 상대 기업으로 반도체·디스플레이·카메라 모듈 등 스마트폰 부품과 제조장비를 연간 12조~13조 원어치나 한국에서 수입한다. 그리하여 한국의 대중국 수출 총액의 6.6% 정도의 비중을 화웨이가 차지하고 있다. 반면, 한국은 통신장비·스마트폰·태블릿 PC와 B2B 사업으로 연 2,000억~4,000억 원 규모를 화웨이로부터 수입한다. 2002년 '한국 화웨이'가 설립되었고 이후 2007년 화웨이 기술법인으로 정식 등록했다. 2021년 현재 한국 화웨이는 약 200명의 직원을 고용 중이며, 평창동계올림픽 공식 네트워크 장비를 제공하는 후원사 역할을 했다.

화웨이의 주목할 만한 성공은 기업문화와 불가분의 관계가 있다고 알려져 있다. 화웨이 기업문화의 특징으로 많은 사람이 언급하는 것이 '늑대문화(狼文化)'다. 늑대문화는 1990년대 초기 런정페이(任正非) 회장이 미국에서 컨설팅 기업과 회담할 때 처음 언급됐다. 그는 "다국적 기업을 코끼리라고 하면 화웨이는 생쥐에 불과하다. 생쥐가 코끼리를 이길 수 없기 때문에 경쟁의식·단체협력·희생정신이라는 늑대정신으로 무장해야 한다"라고 말했는데, 이로부터 늑대문화가 비롯됐다.[40]

| 화웨이 기본법과 덩샤오핑 사상 그리고 화웨이 문사철 |

화웨이는 1987년 설립 후 정부의 주요 사업을 독점 수주하면서 성장했다. 창립 5년 만인 1992년부터는 농촌에 디지털 교환기를 보급하기 시작해 1995년 매출액이 15억 위안에 이를 정도였는데, 대부분의 수익이 농촌에서 창출됐다. 매출이 늘면서 화웨이는 무엇보다 먼저 우수한 영업인력을 신속히 양성했고 연구개발 조직 육성에도 힘썼다. 이러한 성장을 바탕으로 1997년 3월에는 화웨이 기업문화를 대표하는 〈화웨이 기본법(华为基本法)〉을 발표하게 된다. 〈화웨이 기본법〉은 강한 집단정신, 애국·애민정신, 개방과 타협문화 등 3가지를 중심 내용으로 하고 있다.

화웨이는 향후 글로벌 시장을 개척하고 세계로 진출하려면 글로벌 시장의 규칙을 이해하고 글로벌 기업의 경영방식을 배워야만 한다고 판단했다. 이에 따라 1997년 런정페이는 고위 관리자들과 함께 미국을 방문했으며, 70여 명의 IBM 고문을 화웨이로 영입했다. 이어서 1998년 8월, 런정페이는 IBM과 함께 'IT 책략과 계획(IT策略与规划)'이라는 명칭의 프로젝트를 시작했다. 이 프로젝트는 화웨이가 앞으로 세계적인 기업으로 성장해나가는 데 필요한 '관리혁신'을 포함했다. 이러한 '관리혁신 프로젝트'는 2007년 IBM에서 영입한 마지막 컨설턴트가 떠날 때까지 무려 10년에 걸쳐 진행됐다. 이 밖에도 외부 컨설팅 회사와의 협력 및 학습을 계속 이어갔으며, 서구의 선진적 관리체계를 배우고 국제규범을 따르는 기업운영 문화를 조성했다.

2008년 이후 화웨이는 보다 다양한 문화를 갖추게 된다. 2009년 덩샤오핑 탄생 100주년을 맞아 '덩샤오핑 사상'을 모든 직원이 학습하도록 함으로써 중도 정치철학을 이해하도록 했다. 이어 2011년에는 고위 임원 구성원이 CEO 역할을 돌아가며 맡도록 하여 장기 경영에서 초래되는 문제점을 피하는 새로운 시도를 시작했다. 아울러 '화웨이 문사철(华为文史哲)'이라는 이름의 강좌를 개설해 철학·종교·예술·문학·의학 등 다양한 사상을 화웨이의 문화와 접목시키고자 노력했다.

하지만 21세기로 접어들면서 화웨이 문화는 새로운 도전에 직면하고 있다. 인터넷과 IoT 그리고 빅데이터와 인공지능 기술이 비약적으로 발전하고, 자아표현이 분명한 신세대 청년들이 화웨이 직원으로 대거 입사했기 때문이다. 화웨이 문화를 상징하던 늑대정신, 화웨이 기본법, 덩샤오핑 사상, 화웨이 문사철 강좌 등 기존 사상과 신세대의 사고방식이 조화를 이루는 일이 현재 화웨이에 만만찮은 과제가 된 것이다.

│ 신흥시장의 성공을 기반으로 이뤄낸 화웨이의 글로벌화 │

1996년 화웨이는 홍콩의 허치슨전신(合记电信)과 협력하여 전화교환기를 제공했는데, 홍콩에 인접했다는 지리적 이점을 활용해 홍콩에서 점유율을 빠르게 늘렸다. 이어 화웨이는 개발도상국을 새로운 시장으로 개척해나갔다. 1997년 브라질과 아프리카에 사무소를 열고 현지에서 통신시장을 개척하는 사업을 펼쳤다. 당시 이들 국가는 통신설비가 낙후되고 자금이 부족해 선진국의 다국적기업들은 별로 관심을 갖지 않았다. 화웨이는 이러한 틈새시장에 진출하여, 진출국 통신회사들과의 네트워크를 형성했다. 같은 해 러시아에도 진출해 합자기업 베토-화웨이(Beto-Huawei)를 설립하기도 했다.

2001년 화웨이는 3G 기술 연구개발에 집중했고, 이듬해인 2002년에는 통신기술 및 관련 시장이 가장 발달한 미국에 본격적으로 진출했다. 당시 미국의 통신시장을 선도하는 기업은 시스코(Cisco)였는데, 화웨이는 동일한 서비스를 제공하면서 30%나 가격을 낮추었다. 이러한 공격적인(侵略性) 진입 방식은 시스코의 반발을 불러일으켰고, 급기야 시스코는 화웨이가 지식재산권을 침해했다며 소송을 제기한다. 화웨이 또한 반소(反诉)를 제기하면서 대응했지만 결국 미국 시장에서 화웨이 브랜드를 사용할 수 없게 됐다.

미국 시장과는 다르게 신흥시장에서 화웨이는 확실한 성공을 거두었다. 저가 전략을 앞세워 예산이 부족한 수많은 통신사업자를 고객으로 확보했다. 2000년에는 태국의 2대 이동통신사인 어드밴스드 인포 서비스(AIS, Advanced Infor Service)를 위해 스마트 네트워크를 설치했

	2000년	2001년	2002년	2003년	2004년	2005년	2006년	2007년	2008년
해외	1.2	3.3	5.5	10.5	22.8	46.6	59.6	122.4	174.8
중국	24.5	27.5	21.1	27.7	32.9	33.6	31.6	47.6	58.3
판매 총액	25.7	30.8	26.6	38.2	55.7	80.2	91.2	170.0	233.1
해외 비중(%)	4.67	10.71	20.68	27.49	40.93	58.10	65.35	72.00	74.99

자료:《광둥 민영기업 40년》(2018), 중국사회과학출판사.

고, 2003년에는 아랍에미리트에서 WCDMA 상용 네트워크를 건설했다. 2003년 12월에는 에티오피아국영통신공사(ETC, Ethio Telecom)와 2,000만 달러가 넘는 계약을 체결했고, 2004년에는 브라질 엠브라텔(Embratel)의 차세대 네트워크를 구축했다. 2008년 화웨이의 매출액은 233억 달러까지 증가해, 이 시기 국외시장 판매 비율이 역사상 최대인 74.9%까지 수직 상승했다.

일대일로 정책도 화웨이가 글로벌 기업으로 도약하는 데 많은 기여를 했다. 중국과 국경을 맞댄 동남아시아부터 중동과 아프리카를 거쳐 유럽에 이르기까지 일대일로 프로젝트에 참여하는 많은 지역과 국가가 중국과 경제협력을 맺을 때 화웨이 통신 네트워크를 설치하고 스마트폰을 써 이것이 그대로 화웨이의 매출로 이어졌다. 2019년 화웨이 매출에서 유럽·중동·아프리카 비중이 24%를 차지한 이유다.

| 베일에 싸인 지배구조와 '위장 스파이 기업' 의혹 |

화웨이는 창업자와 기업명 그리고 슬로건과 성장 과정 등에서 국수주의와 중화주의의 색채가 짙다. '화웨이'라는 기업명은 '중화민족에 미래가 있다(中华有为)'를 줄인 말이다. 집단주의와 도전정신을 강조하는 '늑대문화'는 젊은 시절 인민해방군 장교로 복무한 런정페이의 경험과 무관하지 않은 것으로 보인다. 더욱이 1997년 3월 발표한 〈화웨이 기본법〉은 애국·애민정신을 핵심 내용으로 삼을 정도로 창업 초기부터 직원들에게 "마음으로부터 조국을 생각하라"라고 독려했다.

지배구조와 운영방식 또한 잘 알려져 있지 않다. 세계적인 공룡기업이 되었지만 세계 어느 증권시장에도 상장을 하지 않았기 때문이다. 화웨이는 주식을 상장하면 단기적 이익에 집중하게 되어 R&D 투자가 줄어들 수 있다는 우려 때문이라고 이야기한다. 실제로 화웨이의 R&D 투자규모는 매출액의 10~15% 수준인 것으로 알려져 있다. 지배구조가 투명하지 않다는 견해에 대해 화웨이 측은 모든 직원이 주식을 소유하게 하여 직원의 적극적 참여와 노력을 이끌어내고 있다고 밝히고 있다. 성과가 우수한 직원은 주식 배당으로 연봉의 몇 배를 받기도 한다는 것이다. 창업자 런정페이의 지분은 1.4%에 불과하고, 직원들이 나머지 지분을 가지고 있다는 주장이다. 그러나 베일에 싸인 화웨이의 진짜 주인은 군대와 공산당 그리고 지방정부의 고위 관계자라는 지적도 있다.

전화교환기 시장 점유 과정에서 보았듯 농촌에서 시작해 도시를 포위하는 전략은 중국공산당이 즐겨 쓰던 전형적 방식이라는 이야기도 있다. 글로벌 시장에서 통신설비를 보급하는 과정도 이와 흡사하여, 먼저 신흥 시장에서 시작해 선진국 시장으로 나아갔다. 물론 어느 기업이든 시장에 진출할 때 신흥시장부터 공략하는 것이 당연한데 너무 곡해하여 해석한다는 반론도 있다. 또한 미국 시장에 진출할 때 보았 듯 파격적인 가격 정책으로 상품을 공급하는 식으로 공격적 특징을 드 러내는 것도 많이 지적되는 문제다.

무엇보다 미국이 화웨이를 견제하는 가장 핵심적인 이유는 이른바 '위장 스파이 기업' 의혹 때문이다. 미국은 화웨이가 민간기업 간판을 달고 있으나 실제로는 중국을 위해 활동하는 정보기관이라고 본다. 화 웨이가 각국 통신망에 교묘하게 숨겨놓은 '백도어(backdoor)'를 통해 전 세계 기밀정보를 빼내 중국공산당에 제공한다는 의미다. 2011년 미 국 국방부는 "화웨이가 중국 인민해방군과 밀접한 관계가 있다"라고 지적했고, 다음해인 2012년 하원 정보위원회는 "화웨이 등 중국에서 공급하는 통신장비가 중국의 스파이 행위와 사이버 전쟁에 이용될 가 능성이 있다"라면서 중국산 통신장비 구입 금지를 권고했다. 미국 의 회는 2018년 화웨이 등 중국 기업의 통신장비를 사용하지 못하도록 명 시한 〈국방수권법(National Defense Authorization Act)〉을 통과시켰다.[41]

미국은 국영기업에 대한 정부 보조금, 중국에 진출하는 미국 기업에 대한 기술이전 강요, 허술한 지식재산권 보호 정책 등을 지적하며 중 국의 기술굴기를 견제하고 있다. 그리고 이러한 견제는 미래 핵심기술 영역에서 중국 기업들을 이끄는 화웨이에 정조준되어 있다.

| 안드로이드OS 사용 금지와 하모니OS 성공 여부 |

화웨이의 CEO 리처드 유(위청둥, 余承东)는 2019년 8월 중국 둥관 숭

화웨이는 2019년 화웨이 개발자대회에서 자체 개발한 '하모니OS'를 처음 공개했다.
자료: Huawei Launches New Distributed Operating System, HarmonyOS (2019. 8. 9). 화웨이
홈페이지.

산후 옥스혼 캠퍼스(东莞松山湖基地)에서 개최된 '화웨이 개발자대회
(HDC 2019)'에서 자체적으로 개발해온 '하모니OS'를 공개했다. 하모니
OS는 사물인터넷 시대를 맞아 스마트폰 말고도 태블릿·TV·인공지능
스피커·자동차 등에 다양하게 쓰이는 범용 OS다. 중국 명칭으로는 '홍
멍(鴻蒙)'이다.

미중 무역분쟁으로 미국 정부가 화웨이 제재에 나서면서 구글이 안
드로이드OS 기술 지원을 중단함에 따라 화웨이는 자체 OS가 매우 필
요한 상황이었다. 구글이 지원을 중단한 안드로이드OS는 오픈소스로
모두에게 개방된 안드로이드(AOSP, Android Open Source Project)가 아
닌 GMS(Google Mobile Service) 안드로이드다. GMS 안드로이드에서
만 플레이스토어, G메일, 유튜브, 캘린더, 구글지도 등을 사용할 수 있
다. GMS 안드로이드를 사용하려면 호환성 테스트를 거쳐 구글 라이선

스를 획득해야만 한다. 화웨이가 GMS 안드로이드를 대체할 수 있는 OS 및 앱을 제공하지 못하는 경우 구글 서비스가 보편화되어 있는 유럽·남미·아시아 시장을 잃어버릴 가능성이 크다.

하모니OS는 미국 정부의 화웨이 제재 조치 후 스마트폰용 OS로 주목받고 있다. 원래는 사물인터넷으로 연결되는 다양한 기기 용도로 개발 중인 것으로 알려졌는데, OS의 적용 범위를 스마트폰으로 확대한 것이다. 화웨이는 하모니OS가 성공하려면 앱 생태계를 만드는 것이 핵심이라는 판단에 따라 중국 시장을 시작으로 점차 출시 지역을 넓혀가며 하모니OS를 오픈소스 플랫폼으로 개방할 계획인 것으로 보인다. 거대한 중국 시장을 기반으로 80만 명 이상의 개발자가 화웨이 앱 생태계에 참여하고 있다는 것이 하모니OS의 강점이다.

그러나 화웨이가 독자적으로 모바일 앱 생태계를 완성하기란 쉽지 않다. 이를테면 구글 플레이스토어는 2020년 상반기에만 매출액이 173억 달러를 기록했고 등록 앱은 256만 개에 달한다. 반면, 화웨이의 앱갤러리에 등록된 앱은 4만여 개 수준이다. 앱 생태계에서 글로벌 시장을 대체하기에는 아직 무리라는 뜻이다. 또한 다양한 기기에 대응하는 사물인터넷용 OS는 기기마다 다른 특성에 신속하게 대응하기가 어려운 탓에 효용성이 떨어질 수밖에 없다. 전문가들은 비록 중국이라는 거대한 시장을 배경으로 시작한다 하더라도 세계적으로 인정받는 데 필요한 앱 개발 및 개발자 확보가 결코 용이하지는 않으리라는 점을 지적하고 있다. 과거 마이크로소프트와 삼성전자도 '윈도 모바일'과 '타이젠' 등 모바일OS를 개발했다가 실패한 경험이 있다. 많은 유인책과 돈을 투자했던 마이크로소프트조차 모바일 앱 생태계를 만들지 못한 전례가 하모니OS의 성공 전망을 더욱 어둡게 하고 있다. 이 때문에 리처드 유는 "하모니OS를 당장 스마트폰에 사용할 수도 있지만, 앱 개발자들을 지원한다는 측면에서 안드로이드OS를 계속 쓸 수 있기를 희망한다"라고 밝혔다.

만약 중국이 바라는 대로 하모니OS가 만족할 만한 성능을 발휘하고 이용자들의 요구를 충족할 정도의 앱 생태계 구축에 성공한다면, 안드로이드와 iOS만 존재하던 시장에 신선한 자극이 될 수 있다. 현재 글로벌 시장은 구글 75%, 애플 25%로 양분되어 있다. 화웨이 스마트폰이 유럽과 동남아시아 시장에서 높은 점유율을 보이고 있기 때문에 구글은 유럽과 동남아시아 시장을 상실하여 대규모 손실이 발생할 수 있다. 또 '화웨이와 하모니OS', '애플과 iOS', '삼성과 구글 안드로이드OS' 체제가 형성되면 구글의 삼성 의존도가 높아질 가능성도 크다. 시장지배력이 약화된 구글이 삼성과 보다 긴밀한 전략적 파트너십을 형성할 수 있는 것이다.

반대로 하모니OS가 앱 생태계 구축에 실패한다면 어떤 일이 벌어질까? 유럽과 동남아시아 시장에서 화웨이 스마트폰이 퇴출되고, 안드로이드OS를 탑재한 삼성과 다른 브랜드의 스마트폰이 해당 시장을 대체할 가능성이 높다. 하모니OS를 탑재한 화웨이 스마트폰은 중국 시장에서만 사용 가능한 스마트폰으로 위상이 축소될 것이다.

여기서 주목할 점은 하모니OS의 성공 여부와 관계없이 중국 정부의 전략적 지원으로 자국 시장에서 화웨이 스마트폰의 비시장적 경쟁력이 강화되면 삼성 스마트폰을 포함한 외국 제품의 시장점유율이 더 하락할 수 있다는 점이다. 중국 정부는 화웨이가 하모니OS와 앱 생태계 구축을 위해서는 안정적인 중국 시장을 확보하는 것에서 시작해야 한다는 사실을 잘 알기 때문이다.

| 거래를 중단당한 화웨이, 강화된 '기술굴기' 행보 |

미국은 수출관리규정(EAR, Export Administration Regulations)을 개정하여 화웨이에 대한 반도체 공급을 차단하는 방식으로 화웨이 공급망을 통제해왔다. 미국이 화웨이 제재와 관련하여 EAR을 개정한 것은 세 차례로 그 수위를 단계적으로 높여왔다.[42]

먼저 2019년 5월 화웨이 및 해외 계열사 68개를 엔티티 리스트(Entity List)에 등재했다. 미국의 국가안보와 관련된 기술 또는 상품을 엔티티 리스트에 등재된 기업에 수출할 경우에는 미국 상무부의 임시 일반 허가(TGL, Temporary General License)를 받아야 한다. 미국 기술 및 소프트웨어가 일정 비율 이상 사용된 제품을 화웨이로 수출하는 것에 대해 사실상 제한을 둔 것이다.

2020년 5월 미국은 두 번째로 EAR을 개정하여 미국의 특정 기술과 소프트웨어를 사용하여 미국 밖에서 생산된 제품이 미국에 위험이 되는 국가, 단체, 개인에게 수출되는 것을 제한했다. 이 때문에 화웨이는 자회사 하이실리콘(HiSilicon, 海思半导体)이 설계하고 타이완의 TSMC가 위탁 생산하던 반도체를 공급받지 못하게 됐다. 미국의 지적재산권을 통해 화웨이 자회사가 설계, 제조한 제품이지만 화웨이로 수출되는 것을 제한한 것이다.

세 번째 조치는 2020년 8월에 취해졌다. 거래가 제한되는 범위를 화웨이가 구매자, 중개인, 사용자로 참여한 모든 거래로 크게 확대하는 조치였다. 이로 인해 화웨이는 타이완의 미디어텍(Media Tek)이 설계하고 생산한 AP를 확보할 수 없게 됐다.

이처럼 미국이 화웨이의 반도체 공급망에 대한 통제를 단계적으로 높여가면서 화웨이는 반도체 확보에 큰 어려움을 겪게 됐다. OS 사용 금지보다 훨씬 더 강력한 제재로 스마트폰 생산 자체를 불가능하게 만든 형국이다. 화웨이는 반도체 공급 제한으로 스마트폰과 통신장비 생산에 큰 타격을 입고 있으며, 자칫하면 회사의 존립 자체가 위태로워질 수 있다.

실제로 화웨이는 스마트폰 생산이 위축되면서 해외 시장을 상실하고 있다. 동남아 시장에서는 현지 생산과 유통망을 강화한 샤오미·비보·오포 등이 수혜를 받았으며, 국경 분쟁으로 현지 반중 정서가 심화된 인도에서는 삼성전자와 현지 브랜드 기업들이 화웨이 물량을 대부분 대체했다. 유럽과 미주에서는 경쟁사들이 고르게 반사이익을 얻고 있는 상황이다.

미국의 '화웨이 제재'는 양국의 기술패권과 관련된 것이라서 단기간 내에 정리될 문제는 아닌 듯 보인다. 중국 광따증권(光大证券)이 2020년 5월에 분석한 화웨이의 3단계 대응 시나리오를 보면, 디커플링(decoupling) 시대를 맞아 미국 의존도를 줄이고 기술 자립으로 나아가겠다는 방향을 잡았음을 분명하게 드러낸다.[43]

광따증권이 언급한 1단계 단기 대응 방안은 물량 비축이다. 화웨이 제품 생산에 필요한 주요 부품은 단기적으로 중국 내 자급이 불가능하다. 즉, 당분간은 대부분을 해외에서 공급받을 수밖에 없다. 따라서 물량 비축만이 단기적으로 취할 수 있는 유일한 방안이다. 이러한 전략에 따라 2020년 6월 말 이전까지 화웨이는 TSMC를 독려하여 수천만 개의 AP를 만들 수 있는 웨이퍼를 미리 생산하여 재고를 축적했으나, 이마저도 2021년 1분기 말에 이르러 사실상 재고가 소진되면서 화웨이의 AP(Kirin AP)를 탑재한 스마트폰은 더 이상 명맥을 이어갈 수 없게 됐다.

그다음 2단계 중기 대응 방안은 치킨게임(博弈)이다. 《환구시보(环球时报)》는 미국의 반도체 공급 중단에 대해 중국이 강력하게 대응할 수 있다면서 퀄컴과 시스코 및 애플에 대한 제재와 보잉 항공기 구입 중단을 시사한 바 있다.[44] 이어서 중국 상무부는 2020년 9월 중국 기업의 정당한 권익을 침해하는 외국 기업을 대상으로 '신뢰할 수 없는 기업 명단(不可靠实体清单)'을 지정할 계획을 밝혔다. 이는 중국 내에서 활동하고 있는 미국 기업들을 압박하기 위한 것으로 중국의 국가주권이나 안보를 해치거나 중국 기업과 개인의 이익을 해치는 외국 기업 및 개인의 경제활동을 제한하는 조치다. 중국은 세계 최대의 반도체 고객이기 때문에 미중 갈등은 두 국가 모두에 타격을 입히는 치킨게임 양상으로 치닫게 될 수 있다.

마지막 3단계 대응 방안은 장기적으로 반도체 생산을 중국산으로 대체하는 것이다. 현재 반도체 글로벌 밸류체인에서 중국이 미국의 제재하에서 필요한 반도체 기술을 획득할 방법은 거의 없다. 따라서 중국은 자체 기술개발 노력을 기울일 수밖에 없는 상황이고, 미국의 제재 조치가 중국산 제품으로의 대체를 가속화할 것이다. 미국의 화웨이 제재 사례는 최첨단기술 영역에 있어 미국 의존도를 줄이고 기술 자립을 높이려는 중국의 이른바 '기술굴기' 필요성을 더 강하고 절실한 것으로 만들었다.

만약 중국이 반도체 자급을 실현한다면 이는 한국의 반도체 업계에 악재가 될 수 있다. 반도체는 한국의 주력 수출품이며 중국과 홍콩에 대한 수출이 전체 반도체 수출의 절반 이상을 차지하고 있어 한국 입장에서는 수출시장이 축소되는 어려움에 직면할 것이기 때문이다. 미국의 제재로 중국은 필사적으로 반도체 제조에 매달려야만 하는 상황이 되었고, 중국의 반도체 굴기는 그 속도가 빨라질 것이다. 실제로 중국 광따증권은 3단계 대응 방안인 장기 전략을 강조하면서 투자자들에게 중국의 반도체 산업과 관련된 다양한 부문의 선도기업에 투자할 것을 권고하고 있다.

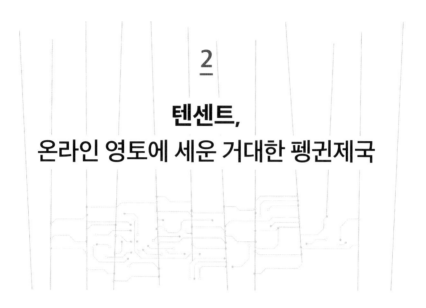

2

텐센트,
온라인 영토에 세운 거대한 펭귄제국

텐센트는 화웨이와 달리 외국 정부 측 인사가 방문하는 것을 썩 반기지 않는다. 중국의 4차 산업혁명과 디지털 혁신의 현장을 좀 더 가까이에서 보고자 광둥성을 찾는 한국의 고위 인사들은 텐센트 방문을 원하는 경우가 많지만 일정을 잡기 어려워 난감할 때가 많았다. 공식적으로 방문 신청을 하더라도 수개월 전에 예약을 해야 한다는 답변을 듣기 일쑤고, 선전 정부와 텐센트 내부 인사 등 인적 네트워크를 통해 도움을 요청해도 긍정적 반응을 얻어내기가 쉽지 않다. 반면, 기업과 기업이 만나는 비즈니스 미팅에는 상당히 우호적인 편이다. '정부'보다는 '기업'이 자신들의 비즈니스 활동에 도움이 된다고 생각하는 텐센트의 시각을 보여준다.

그런데 2020년 상반기부터는 텐센트도 다소 달라진 모습을 보였다.

대외 전담 부서를 새롭게 만들었고, 주광저우총영사관을 찾아와 긴밀한 협조를 요청하기도 했다. 정부 인사의 기업 방문도 이제는 적극적으로 지원하겠다는 입장을 밝혔다. 어째서 이러한 변화가 나타난 것일까? 아마도 중국 정부가 게임 판호(版号), 즉 게임 서비스에 대한 영업 허가권 발급을 제한하면서 내수시장 확대가 한계에 직면했고, 이를 극복하기 위해 한국을 포함한 글로벌 시장 진출에 이전보다 더 큰 관심을 가질 수밖에 없기 때문인 것으로 보인다.

| 펭귄제국, 모방에서 출발해 창조로 나아가다 |

현재 위챗과 QQ는 중국의 인터넷 시대를 상징하는 용어다. 위챗과 QQ를 운영하는 텐센트는 중국 최대의 인터넷 종합 서비스 공급회사로 중국에서 서비스 이용자가 가장 많은 인터넷 기업이다. 1998년 설립된 텐센트는 초기에는 실시간 메시지 전달 서비스에서 시작해 점차 소셜네트워크·쌍방향 엔터테인먼트·네트워크 미디어·전자상거래 등의 영역으로 사업범위를 넓혀갔다. 빠르게 성장하는 인터넷 시대에 모방에서 창조로 나아가는 텐센트의 발전 모습은 중국 인터넷 기업의 눈부신 성장세를 전형적으로, 그리고 압축적으로 보여준다.

텐센트 창시자 마화텅(马化腾)은 1971년생으로, 광둥성 산터우가 고향이다. 1984년 13세일 때 선전으로 이사를 했는데, 당시 선전은 경제특구 실험이 시작된 지 얼마 안 되어 희망과 기회가 충만한 도시였다. 마화텅은 1993년 선전대학교 컴퓨터학과 졸업 후 선전 룬쉰통신발전유한공사(润迅通信发展有限公司)에 소프트웨어 기술자로 입사했다. 5년 만인 1998년 룬쉰공사를 퇴사한 마화텅은 장즈둥(张志东), 천이단(陈一丹), 쉬천예(许晨晔), 쩡리칭(曾李青) 등과 함께 텐센트를 창업했고, 초기에는 무선 네트워크 호출 시스템에 뉴스와 이메일 기능을 부가한 프로그램으로 시장에 등장했다.

텐센트가 설립된 1998년은 중국 인터넷 시대의 원년으로 새로 생기는 인터넷 회사가 많았다. 6월에는 류창둥(刘强东)이 중관촌에서 이커머스 플랫폼 '징둥(京东)'을 세웠고, 10월에는 저우훙이(周鸿祎)가 인터넷 보안 업체 '3721'의 웹사이트를 열었다. 1999년 3월에는 마윈(马云)이 '알리바바'를 설립했고, 6월에는 선난펑(沈南鹏)과 량젠장(梁建章)이 여행 사이트인 '씨트립(携程)'을 만들었다. 11월에는 리궈칭(李国庆)이 도서 판매망인 '당당왕(当当网)'을 열었고, 연말에는 리옌훙(李彦宏)이 미국에서 돌아와 중국판 구글 '바이두(百度)'를 설립했다. 1998년부터 1999년까지 이후 글로벌 기업으로 발돋움할 인터넷 회사들이 줄줄이 창업하면서 중국 인터넷 경제의 방향을 크게 바꾸었다.

그런데 1998년 이후 모바일 통신이 보급되면서 무선 네트워크 호출 시스템은 시장경쟁력을 잃기 시작했다. 텐센트는 재빨리 변신을 시도했다. 이 무렵 이스라엘 회사 미라빌리스(Mirabilis)가 개발한 메신저 프로그램인 ICQ를 모방하여 OICQ 소프트웨어를 만들었는데 사용자로부터 예상 밖의 호평을 받았다. 당시 시장에는 PICQ·TICQ·GICQ·Sina 호출·야후통신 등 비슷한 유형의 인스턴트 메시징 서비스 회사가 범람했지만, 텐센트는 사용자 자료 서버 보관과 오프라인 뉴스 발송 그리고 비밀 로그인 등 혁신적 서비스를 제공하며 두각을 나타냈다. 1999년

텐센트 본사 사옥. 선전 웨하이제다오에
위치했다.
자료: Wikimedia Commons(Author:
Josephua).

2월 OICQ가 처음 출시된 후 2개월 만에 가입자가 20만 명을 돌파하고 11월에는 100만 명을 달성했다. 2001년 ICQ와 지식재산권 소송을 벌이는 와중에 명칭을 QQ로 바꾸었을 때는 사용자가 5,000만 명을 넘어섰다.

한편, 사용자가 크게 늘었지만 이 시기 텐센트는 이를 수익과 연결시키지 못했고 늘어난 고객을 관리하느라 많은 비용이 소요되어 투자 전망도 그리 밝지 않았다. 이때 ICQ가 미국의 포털 사이트 업체 AOL에 4억 달러라는 고가에 매각되자, ICQ와 유사한 서비스를 제공하는 QQ에서 수익 가능성을 발견한 미국 소재 국제투자회사인 인터내셔널 데이터 그룹(IDG)이 텐센트에 220만 달러를 투자했다. 이어서 2001년

남아프리카공화국의 글로벌 투자 전문기업인 네스퍼스(Naspers)가 전략적으로 텐센트 주식을 매입하는 투자를 단행하여 텐센트는 기사회생의 기회를 잡았다. 네스퍼스는 지금도 텐센트 지분을 30% 이상 보유한 대주주다.

거의 모든 인터넷 회사가 초기에는 무료 서비스로 고객을 유인했고 이 모델은 비교적 성공적이었다. 그러나 이후 중요한 것은 유인한 고객을 어떻게 이윤으로 바꾸느냐였고, 거기에 인터넷 회사의 생존이 걸려 있었다. 2000년 12월 차이나모바일에서 PC메신저와 문자 서비스를 연동한 몬터넷(Monternet, 梦网) 플랫폼을 만들고, 텐센트가 여기에 협력업체로 참여하면서 수익이 나기 시작했다. 차이나모바일은 많은 협력업체의 참여를 유도하기 위해 이익 배분을 실시했는데, 그중 QQ가 빠르게 시장을 점유하면서 2001년에 2,908만 위안, 2002년에는 2억 위안의 수입을 달성했다.

텐센트는 모방을 넘어 끊임없는 개선과 혁신을 이루어나갔다. QQ 업그레이드판을 출시하며 QQ그룹·QQ공간 등 새로운 기능을 추가했다. 이러한 기능이 개인적 연결을 중시하는 중국 젊은이들의 취향에 부합하면서 큰 환영을 받았다. QQ는 소셜 네트워크 플랫폼으로 신속히 발전했다.

2004년 4월은 텐센트 이용자가 3억을 돌파한 해로, 텐센트는 홍콩 증권시장에 상장하여, 홍콩 증시 최초의 중국 인터넷 기업이라는 타이틀을 얻었다. 텐센트의 주요 수입원은 3가지이다. 첫째는 모바일대화·음성대화·문자알림 등으로 구성된 모바일 통신 부가 서비스이고, 둘

텐센트의 대표적인 서비스 QQ와 모바일 메신저 위챗의 로고.

째는 회원 서비스·커뮤니티 서비스·게임 서비스를 제공하는 인터넷 부가 서비스이며, 셋째는 네트워크 광고 서비스다. 홍콩 증시 상장 후 텐센트는 제2의 창업에 나서, QQ와 QQ닷컴이라는 양대 플랫폼을 핵심으로 모바일 통신 부가 서비스와 인터넷 부가 서비스 그리고 쌍방향 엔터테인먼트와 네트워크 서비스 등을 융합했다. 전통적인 오프라인 생활을 온라인으로 옮겨놓으며 온라인 영토에 거대한 '펭귄제국'을 세운 것이다.

| 모방은 있으나 혁신은 없다? |

홍콩 증시 상장 후 텐센트는 거대한 규모의 QQ 이용자와 고객충성도에 힘입어 더 다양한 영역으로 서비스를 확대하는 전략을 펼쳤다. 채널 이용의 편리성, 브랜드 효과, 이용자들의 양호한 평가 등을 바탕으로 텐센트 서비스들은 매우 빠른 속도로 시장점유율을 넓혀갔다.

우선, 2005년 출시한 QQ공간은 블로그(博客)와 유사한 기능으로 가상 이미지·음악·꾸미기 등을 통해 공간을 개성적으로 만들 수 있게 했다. QQ공간은 이용자 수가 가볍게 1억 명을 넘으면서 청소년들이 가장 좋아하는 소셜 네트워크로 자리매김했다.

네트워크 게임 영역에서도 텐센트는 빠르게 성장했다. 2008년에 출시된 크로스파이어(穿越火线)와 던전앤파이터(地下城与勇士)가 흥행에 성공하면서 놀랄 만한 수익을 얻었다. 게임 분야에서 거둬들이는 수익은 다른 분야로 진출할 때 필요한 자금을 조달하는 중요한 원천이 되어주었다.

이뿐만이 아니었다. 텐센트는 검색 서비스 제공과 전자상거래 영역에도 진출했다. 검색 서비스를 제공하는 SOSO(搜搜)를 통해 바이두에 대항했고, 전자상거래의 경우 알리바바와 유사한 파이파이왕(拍拍网)을 만들어 시장점유율 경쟁을 벌였다. 그러나 진출 시기가 늦었고 너무나 강력한 경쟁자를 상대로 했다는 등의 요인이 작용해 성공을 거두지는 못했다.

이처럼 텐센트는 실시간 메시지, 뉴스 포털, 온라인 게임, 쌍방향 엔터테인먼트 등을 모두 제공하는 인터넷 기업으로 성장했다. 중국의 많은 인터넷 기업이 다양한 서비스를 제공하지만, 텐센트처럼 여러 업무 영역에서 동시에 선두를 유지하는 기업은 그 전까지는 없었다.

그러나 텐센트가 그 자리에 오르기까지 감수해야 할 비난도 적지 않았다. "모방은 있으나 혁신은 없다", "천하를 적으로 돌린다", "개방을 거절한다"라는 지적을 피할 수 없었던 것이다. 특히 텐센트가 기존의 분야가 아닌 새로운 분야로 진출할 때 "시장의 동향을 면밀히 살펴, 가장 빠른 방식으로 성공자의 모델을 복사한 후 QQ 사용자 우세를 이용하여 추월"하는 전략을 쓰는 것에 대한 비판이 강했다.

| 3Q 대전: '치후 360'과 '펭귄제국'의 일대 격돌이 남긴 것 |

마침내 텐센트는 구글과 아마존에 이어 글로벌 3대 인터넷 회사로 발돋움하게 되지만, 펭귄제국에도 위기는 찾아왔다. 2010년 9월부터 11월까지 진행된 '3Q 대전'이 그것이다. 여기서 3Q란 백신 회사 치후 360의 '3'과 QQ의 'Q'를 조합한 것이다.

저우훙이가 설립한 치후 360(Qihoo 360, 奇虎)은 2006년 7월 '360 보안경비(360 Security guards)'라는 무료 백신 소프트웨어를 출시하여, 1년 만에 데스크톱 백신시장을 대부분 점유했다. 텐센트도 관련 시장의 중요성을 인식하고, 2010년 5월 'QQ 컴퓨터 관리자(QQ电脑管家)'라는 이름으로 데스크톱 백신시장에 진출했다. 이것은 트로이목마 제거 및 플러그인 정리 등의 기능을 포함했는데, '360 보안경비'의 기능과 거의 중복됐다. 텐센트가 뛰어난 기술과 거대한 이용자를 기반으로 백신시장에 참여하자 치후 360은 위기의식을 느끼지 않을 수 없었다.

2010년 9월 치후 360은 텐센트에 대항하기 위해 QQ가 채팅 프로그램을 실시간으로 모니터링하고 이용자의 허가 없이 개인정보를 무단으로 사용했다고 폭로했다. 또 그다음 달인 10월에 치후 360은 '360 보디가드' 소프트웨어를 출시하면서 QQ의 광고 서비스를 배제할 수 있는 기능을 추가했다. 비록 이용자가 원하는 경우에만 배제할 수 있도록 했지만, QQ는 텐센트의 주력 소프트웨어이기 때문에 치후 360의

QQ 광고 서비스 배제 기능은 텐센트에 대한 명백한 도발 행위였다.

이에 분노한 텐센트는 2010년 11월 치후 360 소프트웨어가 설치된 컴퓨터에는 QQ 소프트웨어 사용을 금지하고, 치후 360 소프트웨어를 제거해야만 QQ를 사용할 수 있도록 했다. 이러한 두 회사 사이의 분쟁이 이른바 '3Q 대전'이다. 이 갈등은 2010년 11월 중국 공업정보화부(中國工業和信息化部)와 인터넷협회의 개입과 조정을 통해 마무리된다.

이후 텐센트는 치후 360에 소송을 제기하였고 승소해 손해 배상을 받았다. 하지만 당시 텐센트의 각종 카피 행위에 대한 책임과 치후 360이 상대적으로 약자라는 점에서 사회 여론은 대체로 치후 360에 좀 더 호의적이었다.

어쨌거나 3Q 대전은 텐센트가 플랫폼 책략과 미래 전략을 다시 설계하게 만드는 극적 계기가 됐다. 이후 텐센트는 폐쇄적이고 고립적인 펭귄제국에서 개방·혁신·협력·공유의 시스템으로 대대적 전환을 단행해, 전문가들은 3Q 대전을 통해 텐센트가 더 넓은 미래로 나아가는 문을 열었다는 평가를 내놓았다. 하지만 한편에서는 텐센트가 통렬한 자기반성을 하고 극적 변신을 이루어냈다는 데 의문을 제기하는 시각도 있다. '자기반성'에서 비롯한 변화라기보다는 기업의 운영 방향을 전환하라는 보이지 않는 압력이 있었을 가능성이 더 크다는 의혹도 있는 것이다.

2011년 텐센트는 '개방 플랫폼 전략'을 수립하여, 개방적이고 상호 공유가 가능한 인터넷 생태계를 위해 '텐센트 산업공동 발전기금'을 만들었다. 바로 이 시기에 텐센트는 또 하나의 획기적 제품을 출시하는데 그

위챗 연구소와 TIT 창업원. 주광저우총영사관과 인접한 TIT창업원(创业园)에는 텐센트의 위챗연구소가 있다. TIT창업원은 과거 방직공장 지역이었으나 도시재생 사업을 통해 공원화됐다. 위챗연구소는 과거 공장 건물을 그대로 활용하고 있어 고색창연한 느낌을 준다.

것이 위챗(微信, WeChat)이다. 레이쥔(雷军)의 샤오미(小米)가 개발한 실시간 메시지 미챠오(米聊, Michao)에 대응하기 위해 2010년부터 장샤오룽(张小龙)의 책임 아래 위챗을 개발한 것이다.

2011년 1월 위챗이 출시되었고 이후 433일 만에 이용자 1억 명을 돌파하면서 위챗은 인터넷 역사상 가장 빠르게 이용자를 확보한 온라인 통신도구로 자리매김했다. 1억 명 이용자를 확보하기까지 QQ는 10년, 페이스북(Facebook)은 5년 반, 트위터(Twitter)는 4년이 필요했다.

이후 위챗은 충전·자금관리(理财通)·외출(出行)·생활요금 납부·영화표 구입·용돈(微信红包)·외식오락(吃喝玩乐)·여행(同程旅游) 등 다양한 방면에서 생활 서비스를 제공했다. 여러 차례에 걸친 업그레이드로 위챗은 단순한 통신도구를 넘어 모바일 인터넷 시대의 생활방식으로 자리 잡았다.

2013년 11월, 텐센트 창립 15주년에 마화텅은 주제 강연을 통해 '모든 것의 연결(连接一切)'과 '인터넷 플러스'라는 새 전략을 내놓았다. 텐센트는 검색 기능과 전자상거래 등의 영역에서 선도기업과 전략적 협력을 추진한다는 내용의 '연결' 전략에 집중했다. 직접 이용자들에게 서비스를 제공하기보다는, 이용자와 공급자를 연결하고 지속적으로 플랫폼을 완비하는 자신들의 핵심 업무로 회귀한 것이다.

2015년 마화텅은 '협력사에 보내는 편지(给合作伙伴的一封信)'를 통해 텐센트가 기존의 '모방과 복사 그리고 시장확대'라는 발전전략에서 협력사와 '공존공영'하고 '성장 진화'하는 생태형 조직이 되기 바란다는 점을 분명히 했다. 그는 다음과 같이 강조했다.

"기업은 규모가 아무리 크더라도 능력은 제한적입니다. 그러나 업종은 매우 전문적입니다. 따라서 개방적 협력만이 윈윈하는 미래를 만들어낼 수 있습니다. (…) 텐센트가 보유한 위챗과 QQ 등 우수한 플랫폼을 이용해 창의적인 협력사가 혁신적인 서비스를 제공하고 발전할 수 있기를 바랍니다."

| **현지화 전략과 경쟁, 그리고 개방이 일궈낸 성공 신화** |

《광둥 민영기업 40년》은 텐센트의 발전 및 성공 전략을 다음 3가지로 요약한다. 첫째는 사용자의 수요를 정확히 파악하고 현지화된 혁신 전략을 취했다는 점이다. 중국의 인터넷 사용자에게는 미국 등 서구권

사용자와는 비슷한 듯 다른 특성이 있다. 텐센트는 중국 사용자들만이 갖는 독특한 니즈를 정확히 파악하여 응용 프로그램을 현지화하는 혁신을 진행했다. 또한 인터넷 상품이 처음에는 어느 정도 불완전하다는 점을 인정하고, 고객의 피드백을 받아 연구개발을 통해 신속히 개선하는 전략을 취했다.

둘째는 내부경쟁 시스템이다. 텐센트 역사에서 가장 성공적인 QQ공간이나 위챗 등을 통해 이루어낸 제품 혁신은 최고위층이 단번에 결정해서 얻어낸 결과가 아니라 중간 및 하급 단계에서 자발적으로 노력한 덕분에 일구어낸 성과물이었다. 이를테면 위챗도 텐센트 내부의 여러 조직이 스마트폰에 기초한 소프트웨어를 동시에 연구개발하는 과정에서 탄생한 것이었다. 다만 그 가운데 '위챗'이 더 많은 고객으로부터 환영을 받았기에 경쟁 소프트웨어를 물리치고 선택된 것이다.

마지막으로는 연결·개방·협력·공유라는 키워드에서 텐센트의 성공 비결을 찾을 수 있다. '3Q 대전' 이후 텐센트는 이러한 4원칙을 강화했고, 주식투자와 엔젤투자 형식으로 수많은 악성 경쟁을 협조형 혁신으로 전환시켰다. 이미 보유한 플랫폼의 우위를 바탕으로 협력사와 수직적 혹은 수평적 협력관계를 광범위하게 진행했으며, 이를 통해 인터넷 시대에 맞는 생태계를 구성했다. 텐센트가 운영하는 인큐베이터에는 많은 스타트업 기업이 입주해 있고 텐센트는 이들의 아이디어를 공유하거나 새로운 혁신을 함께 추진하고 있다.

한국콘텐츠진흥원도 텐센트 인큐베이터의 일부 공간을 확보하여 한국 스타트업 업체를 입주시키고 있다. 한국콘텐츠진흥원은 매년 엄격한 심사를 통해 경쟁력 있는 문화 관련 스타트업을 선정하고 있다. 필자가 직접 만나본 문화 관련 스타트업 관계자들은 텐센트 인큐베이터에 입주한 장점으로 "명함에 텐센트 로고를 새길 수 있다. 이것만으로도 중국에서 다른 기업과 교류하는 데 큰 도움을 받는다"라고 이야기했다.

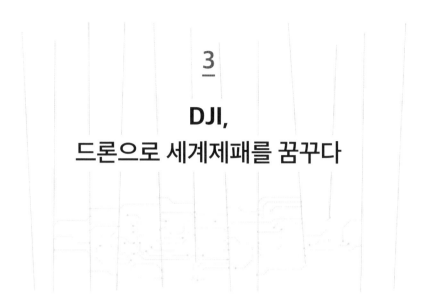

3

DJI,
드론으로 세계제패를 꿈꾸다

　DJI는 중국 신세대 유니콘 기업 중에 특히 주목받는 기업이다. 이 회사의 성장 과정 역시 의심할 여지 없이 창업 기업의 모범을 보이고 있다. DJI는 일찌감치 사업기회를 포착해 블루오션을 개척했다. 구체적으로 말하자면, 짐벌(gimbal)과 카메라 그리고 사진 전송 설비를 통합하여 일체형 드론을 처음 만들어 이전에 없던 새로운 소비시장을 창조했으며, 독보적 위치를 확보했다. 그런 의미에서 DJI를 글로벌 과학기술 혁신을 대표하는 상징적 기업으로 꼽을 수 있다. DJI는 연구개발에 집중해 기술적 우위를 선점했고, 그 기술적 우위를 바탕으로 끊임없이 혁신했다. 창립 초기부터 기술을 가장 우선시하는 전략을 추구했으며, 그렇게 확보한 기술적 우위는 특허권으로 철저히 보호했다.

| 드론산업의 유니콘기업이 되기까지 핵심은 '기술력' |

DJI는 드론산업의 유니콘기업이다. 'The Future of Possible'이 이 기업의 모토다. 드론 비행 통제 시스템에서 강점을 가진 드론 연구개발 및 생산 기업이다. 처음 20여 명으로 출발해 현재는 1만 2,000여 명의 직원이 있고, 창고에서 사업을 시작했으나 현재는 전 세계 7개국에 17개 해외 분사를 두었으며, 100여 개 국가에 판매망을 구축했다. 2017년 DJI는 매출액 180억 위안에, 전 세계 레저용 드론 시장의 70%를 점유했다. DJI 수익의 70%는 아시아 이외 지역에서 발생할 만큼 국제적인 기업으로 발돋움했다.

DJI의 창시자 왕타오(汪滔)는 1980년에 태어나 항저우에서 자랐다. 어려서부터 모형 비행기에 관심이 많았던 왕타오는 상하이사범대학교에 진학했으나 3년 만에 그만두고 홍콩과학기술대학교 전자컴퓨터 엔지니어학과에 입학한다. 2005년 대학 졸업논문의 연구 방향을 '원격조정 헬기 컨트롤 시스템'으로 정했고, 많은 시행착오를 거쳐 2006년 첫 번째 시제품을 만들었다.

왕타오의 지도교수는 로봇 기술을 연구하는 리저샹(李泽湘) 교수였다. 리저샹 교수는 왕타오의 창업에 큰 역할을 했다고 알려졌는데, 초기 DJI의 고문 겸 투자자였으며, 후에 DJI 이사회 의장으로 10%의 지분을 소유하게 된다. 2006년 왕타오는 졸업과제를 같이 수행하던 두 친구와 함께 200만 홍콩달러로 선전에 DJI를 설립하고, 헬기 컨트롤 시스템 연구개발과 생산을 시작했다. 초기에는 사업의 미래가 불투명하고 왕타오의 완벽주의적 성향과 자금 부족 등으로 회사 내 갈등이 많았던 것으로 전해진다.

　창업 초기 DJI는 주로 헬기 컨트롤 시스템에 집중해 2007년 'XP2.0'
이라는 비행 컨트롤 시스템을 개발했다. 2008년에는 비행 컨트롤과 사
진 전송 핵심기술을 완성했다. 2009년에는 자동 무인 헬리콥터 EH-1
을 개발했고, 3세대 비행 컨트롤 시스템 'XP3.0'과 공중에서 자동으로
일정한 고도를 유지하면서 정지해 있는 호버링(hovering) 기술을 실현
했다. 2010년에는 고정 위치 호버링과 고정밀 비행 컨트롤 그리고 반
자동 이착륙과 컨트롤 상실 보호 시스템 등의 기능을 보유한 헬기 비행
컨트롤 시스템 'ACE ONE'을 발표했다. DJI는 ACE ONE을 계기로 판
매량이 늘어나면서 국제적으로 이름을 알리기 시작했다.

| 일체형 멀티콥터 드론으로 세계시장을 석권하다 |

　초기에 드론은 주로 군사용으로 쓰였고, 상업용 드론 시장은 사실상
공백 상태였다. 2008년을 전후해 전지·모터·비행 컨트롤·센서 기술이
빠르게 발전하고, 주요 부품의 원가가 하락하면서 상업용 드론 시장이
성장하기 시작했다. 왕타오는 드론의 안정성과 영상의 선명도 그리고
전송거리라는 3가지 기술 문제에 집중해 연구했다. 이후 DJI의 기술적
우위는 짐벌과 비행 촬영 그리고 전송 시스템에서 부각됐다. 기체가
흔들리더라도 카메라는 언제나 수평을 유지하는 짐벌 기능을 통해 비
행 중에도 안정적인 촬영 화면을 얻었다.

　한편, DJI는 짐벌 구매자의 90% 이상이 멀티콥터형 드론에 짐벌을
설치한다는 사실을 파악했다. 이에 따라 DJI는 짐벌 등 제품 생산에서

한 걸음 더 나아가 멀티콥터형 드론에 짐벌 기능을 탑재한, 보다 완성된 형태의 일체형 드론을 생산하는 것으로 방향을 전환했고, 이후 DJI는 급속도의 발전을 구가하게 된다.

2012년 DJI는 소프트웨어, 프로펠러, 밸런스링, 리모콘 등에서 기술적으로 중요한 진보를 이룬다. 2013년 초 DJI는 완전히 새로운 드론 제품인 '팬텀1(Phantom1)'을 발표했고, 곧이어 2013년 말에는 '팬텀2'를 출시했다. 팬텀2는 구매자가 드론을 구입한 후 그 어떤 추가 조치 없이 바로 비행할 수 있는 완전한 일체형 드론이다.

팬텀 시리즈는 비전문가도 드론을 조정할 수 있도록 만든 것으로, 새로운 드론 시장을 개척했다는 평가를 받으며 DJI는 판매실적이 수직 상승했다. 팬텀 시리즈 및 후속 제품은 전 세계에서 인기리에 판매되고 있으며, 미국·유럽·아시아가 각각 30%의 비중을 차지하고 있다. 나머지 10%는 남미와 아프리카에서 판매되고 있다.

DJI는 기술혁신을 중시하는 기업으로, 2013년 드론 '팬텀'의 출시와 성공을 기점으로 특허출원이 급격히 증가했다. 2009년부터 2018년까지 총 3,600여 건의 특허신청을 한 것으로 나타난다. 이 특허는 드론의 각 부분 구조 설계, 회로 시스템, 비행 안정성, 무선통신 및 통제 시스템 등 다양한 분야를 아우르고 있다.

멀티콥터형 드론 영역에서 DJI는 제품의 '고급화'나 '전문화'보다는 '대중화'를 지향했다. DJI는 일체형 드론을 통해 사용자의 범위를 대폭 확대했다. 또한 고가의 탄소섬유를 대체할 만한 공업 플라스틱을 개발하고 대량생산을 통해 드론 가격을 수천 달러에서 수백 달러 수준으로 낮췄다. DJI는 보통 사람도 구매 가능한 가격으로 업계 제일의 비행 컨트롤 시스템과 안정성 그리고 편리한 조정 기능까지 갖춘 드론을 만들어 소비층을 확대하면서 빠르게 시장점유율을 늘려갔다.

한편, DJI는 온라인과 오프라인을 통해 광고 공세도 적극 펼쳤다. DJI는 공식 웹사이트는 물론이고 온라인 마켓인 타오바오(淘宝)와 징둥에서 판매 채널을 열었고, 각종 엔터테인먼트와 체육 행사에 DJI 드론을 빈번히 등장시켜 언론의 관심을 받게끔 했다. 무엇보다도 DJI는 이용자의 체험을 중시했고 소중하게 여겨, 선전과 상하이 그리고 홍콩과 서울의 DJI 플래그십 스토어에 오프라인 체험관을 만들었고, 유럽과 미국에서는 화려한 로드쇼를 진행했다.

| 산업용 드론 시장, 뜨거운 경쟁이 시작되다! |

DJI가 고속 발전 단계에 들어서자 왕타오는 드론산업의 생태계를 어떤 방식으로 구성해나가야 할지 고민하기 시작했다. 단순히 드론을 생산하는 기업에 머물러서는 안 됐다. 거기서 한발 더 나아가 다양한 업종에 드론 비행 플랫폼을 제공하는 회사로 거듭나야 했다. 이러한 판단에 따라 자연스럽게 회사의 미래와 방향이 잡혔다. 이에 따라 DJI는 이해당사자에게 기회와 무대를 제공하고, DJI의 경험과 혁신 성과를 공유하며, 드론 개발자와 보통의 사용자 그리고 잠재적 창업자에게 다양한 지원을 제공해주는 플랫폼 기업으로 변신하고 있다.

DJI는 혁신을 이어가며 매년 신상품을 출시하고 있다. 2015년에는 '엘프3(Elf3)'을 출시했는데, 이 제품은 고화질 디지털 사진전송 시스템

선전 DJI 본사 전시관. DJI는 중국 과학기술 창업 기업의 모범을 보여준다.

을 갖추어 2㎞ 거리에서도 사진을 전송할 수 있고, GPS가 없는 환경에서도 정확한 정지 호버링과 안정적 비행을 할 수 있다. 2017년에는 '스파크(Spark)' 시리즈를 출시했는데, 이는 사용자의 손 움직임을 인식해 비행하는 소형 촬영 드론이다. DJI 본사를 방문하면 스파크 시리즈의 드론을 직접 움직여볼 기회가 주어지기도 한다. 2018년 출시한 '매빅 에어(Mavic Air)'는 4K 고화질 촬영이 가능하다.

DJI는 현재 레저용 드론 영역에서 절대적 우세를 보이고 있으나 발전 잠재력이 많은 새로운 시장을 탐색하는 데도 적극적이다. 점점 더 치열해지는 드론업계의 경쟁 환경, 안전 및 보안 측면에서 엄격함이 더해가는 드론 관리 환경 등은 DJI로 하여금 산업용 드론이라는 새로운 영역에 진입하도록 이끌었다. 2016년 3월 DJI는 중국·일본·한국에서 농업용 드론 '아그라스(AGRAS MG-1)'의 판매를 시작했다.

농업대국으로서 경지 면적이 광활한 중국은 농업용 드론의 시장 가능성이 매우 높아, 시장규모가 200억 위안에서 800억 위안에 달할 것으로 예상된다. 중국은 스마트 농업을 추진 중이기 때문에 정부의 지원하에 큰 수익을 올릴 수 있을 것으로 전망된다. 따라서 DJI는 농업용 드론 개발을 서두르며 농업용 드론 생태계를 조성하고 있다. 다만 농업용 드론 시장은 광저우에 소재한 지페이(极飞, XAG)가 이미 세계시장을 석권하고 있기 때문에 여기서도 쉽지 않은 경쟁이 예상된다.

현재 세계적으로 500여 개의 드론 제조사가 있고 경쟁은 치열하다. 산업용 드론 시장은 전망이 밝지만 시장이 무르익은 건 아니다. 레저용 드론 시장에서는 미국의 3D로보틱스(3D Robotics)와 프랑스의 패럿(Parrot)이 호시탐탐 업계 1위를 노리고 있고, 중국 내에서도 샤오미와 텐센트가 드론 시장에 참여하려고 노력 중이다. 따라서 경쟁은 앞으로 더 치열할 것이다. DJI가 혁신적인 제품을 계속 생산해 현재의 경쟁우위를 유지할 수 있을지, 그리고 산업용 드론 영역에서도 뛰어난 성과를 만들어낼 수 있을지가 관전 포인트다.

4

비야디,
워런 버핏이 선택한
신재생에너지자동차 기업

비야디(BYD)는 한국에서 온 방문단과 함께 필자가 자주 찾았던 회사 중 하나다. 자동차 제조기업이라 전시관에 볼거리가 많고 시험운행 중인 모노레일 탑승도 할 수 있어서다. 비야디 측에서도 방문단이 찾아오는 것에 호의적이었다. 하지만 방문단의 일정을 관리해야 하는 입장에서 마냥 달갑지만은 않았는데, 선전 동쪽 끄트머리에 있어 다녀오는 데 상당한 시간이 소요되었기 때문이다. 특히 고속도로에 진입하고 나서 정체 상황이 발생하면 예상을 훨씬 초과하는 시간이 걸린다. 짧은 일정으로 찾아오는 방문단 입장에서도 기업 한 곳을 방문하느라 하루를 모조리 써버린다면 아무래도 아쉬울 터다. 그럼에도 불구하고 비야디를 자주 찾을 수밖에 없었던 것은 중국 제일의 신재생에너지자동차 생산 기업이기 때문이다.

필자는 비야디의 창업자 왕촨푸(王传福) 회장과 면담을 한 적이 있다. 그때 그는 신재생에너지자동차산업 분야에서 가장 신경 쓰이는 경쟁 기업이 어디냐 하는 질문에 대해 이렇게 대답했다.

"저는 신재생에너지자동차 기업 간에는 경쟁 관계가 없다고 생각합니다. 비야디는 어떠한 신재생에너지자동차 기업과도 협력할 수 있습니다. 경쟁은 내연기관자동차와 신재생에너지자동차 사이에 있는 것이기 때문이죠. 신재생에너지자동차 제조업체들 간의 협력을 통해 전체 신재생에너지자동차 시장의 크기를 키울 필요가 있습니다."

이처럼 비야디는 신재생에너지자동차 시장에 대한 정확한 이해를 정립하고 있으며, 그 속에서 자신들이 어떤 위치를 점하는지에 대해서도 확고한 판단이 서 있다. 비야디가 자동차 시장에서 과감한 투자를 통해 빠르게 성장하고 있는 주요 배경이다.

| 세상을 바꾼 혁신기업 |

비야디는 1995년 광둥성 선전에서 설립됐다. 회사의 영문 표기인 BYD는 'Build Your Dreams'를 뜻하며 중국어로 '비야디(比亚迪)'라고 읽는다. 비야디는 IT와 자동차 그리고 신재생에너지 등 3대 산업 분야의 첨단기술을 갖춘 민영기업으로서 초기에는 배터리 분야에서 성장했고, 내연기관 자동차에 이어 신재생에너지자동차로 진출하면서 자리를 굳건히 잡았다. 광둥성·베이징·샨시성·상하이 등에 9개의 생산 기지가 있고, 미국·유럽·일본·한국·인도·타이완·홍콩 등에 자회사와 사무처가 있다. 현재 총 고용 인원은 20만 명에 이른다.

비야디가 주목을 받은 것은 투자의 귀재로 오마하의 현인이라 불리는 워런 버핏이 이 회사에 대한 투자를 단행하면서다. 2008년 워런 버핏은 비야디 지분 9.9%를 매입했는데, 주로 장기적으로 발전 가능성이 높은 기업에 투자를 단행하는 워런 버핏의 관심을 끌었다는 점에서 비야디는 향후 성장 가능성이 큰 기업으로 인정받으며 단숨에 시장의 이목을 집중시켰다. 《포천》이 선정한 '세상을 바꾼 혁신기업'에 이름을 올리기도 했다.

2018년 기준 비야디의 매출액은 1,300억 위안이고 순이익은 28억 위안이다. 신재생에너지자동차 구매 보조금이 고점에 달한 2015년에는 판매 호조에 힘입어 순이익이 크게 증가한 바 있으나 2017년부터 구매 보조금이 삭감됨에 따라 비야디의 순이익도 감소세로 전환했다. 2018년 비야디의 매출액 비중을 살펴보면, 자동차, 스마트폰 부품 그리고 배터리 사업이 각각 전체 매출의 54%, 38%, 8%를 차지했다. 신재생에너지자동차 매출은 전체 매출에서 차지하는 비중이 점차 증가하여 2018년에는 34%로 확대됐다. 2018년 비야디의 신재생에너지자동차 판매량은 24.8만 대로 비야디 전체 자동차 총판매량의 48%, 매출 기준으로는 63%를 차지했다.

| 배터리 기업에서 신재생에너지자동차 기업으로 변신 |

왕촨푸는 핸드폰용 배터리를 제조하면서 전지 기술을 축적했다. 중국에서 이동통신이 활성화됨에 따라 왕촨푸의 비야디도 빠른 성장을 기록했다. 비야디의 IT산업은 2차전지·충전기·음향 제품·커넥터·LCD·금속부품·회로기판·스마트폰 설계 및 조립 업무 등을 포괄한다. 초기에 비야디의 주요 고객은 노키아와 삼성 등 통신 분야의 글로벌 기업이었다.

비야디는 2002년 홍콩 증시에 상장했고, 이듬해인 2003년 새로운 사업 분야로의 진출을 표명했는데, 배터리 다음으로 찾은 성장 모델이 자동차 분야였다. 비야디는 광둥 자동차산업에서 본토 민영기업을 대표한다. 2003년 비야디는 시안의 국영기업 친촨자동차유한공사(秦川汽车有限公司)를 인수하면서 자동차 시장에 진입했고, 금형 개발·완성차 제조·차체 연구개발을 하나로 일원화했다. 기술 혁신을 위해 선전에 중앙연구원과 자동차엔지니어링연구원 그리고 전력과학연구원을 설립하여 첨단 과학기술제품 및 기술연구를 담당토록 했다.

비야디가 신재생에너지자동차 시장에 처음으로 제품을 내놓은 때는 2008년이었고, 이때 제품이 하이브리드 자동차 F3 DM이었다. 이후 2011년에는 순전기자동차 E6를 내놓으며 전기차 기술을 축적해나갔다. 비야디가 신재생에너지자동차 분야에서 두각을 나타낸 것은 2014년부터였다. 2014년 플러그인 하이브리드 자동차인 친(秦)을 통해 한 해 1.5만 대 판매고를 올리며 정상의 위치로 올라서는 데 성공했다. 비야디는 왕조 시리즈 친(秦), 탕(唐), 송(宋) 등을 연이어 출시했고, 2014년 이래 지금까지 중국 신재생에너지자동차 판매량 1위 자리를 꾸준히 지키고 있다. 비야디는 승용차 시장에서 순전기자동차보다는 하이브리드 자동차의 생산과 판매에 집중하고 있다.

이제 비야디의 신재생에너지자동차 사업은 단순히 배터리 기술력이

비야디 공장 전경과 시험운행 중인 모노레일. 비야디전시관이 자리 잡은 육각형 건물 앞쪽으로 시험
운행 중인 모노레일이 깔린 것을 볼 수 있다.
자료 : 비야디 홈페이지.

뛰어난 회사에 그치지 않고 자동차 본연의 기능을 갖춘다는 측면에서
도 차근차근 기술 수준을 높여가고 있다.

한편, 2016년부터는 전혀 새로운 모노레일 프로젝트를 시작했다. 이
어서 2018년에는 배터리 사업의 독립운영을 발표하면서 배터리 대외
공급을 시작해, 창안자동차(長安汽車)와 배터리 공급 계약을 체결하고
또 다른 주요 자동차 제조사와도 협상을 추진하고 있다. 2016년 이후
의 비야디는 새로운 사업 방향과 혁신을 모색하는 시기를 지나고 있다
고 할 수 있다.

| 스마트시티 대중교통 시스템으로 진출 모색 |

비야디는 중국 정부가 신재생에너지자동차를 집중적으로 지원하면

서 본격적인 성장의 궤도에 올라섰다. 중국은 장기적으로 환경보호 정책을 지속할 것이기 때문에 자체 기술을 축적한 비야디는 대내외적 성장요인을 두루 갖춘 셈이다. 이런 지원 정책에 힘입어 최근에는 전기시내버스 사업에서 비교적 높은 수익을 얻고 있는 것으로 알려졌다. 여기서 얻는 수익이 전기승용차 분야에서의 손실을 일부 메꿔주고 있다. 중국의 전기시내버스가 정부조달을 통해 공급된다는 점을 고려하면, 간접적 방식으로 비야디에 정부 지원이 이뤄지는 게 아닌가 추정해볼 수도 있다.

신재생에너지자동차 시장에서 비야디가 주목한 부분은 바로 '대중교통'이다. 비야디는 2015년 선전의 시후운수유한공사(西湖运输有限公司)에 처음으로 35대의 독자모델 E6 신재생에너지자동차를 택시로 공급하면서 빠르게 시장을 확대했다. 비야디는 선전의 정책 방향에 맞춰

비야디 택시 E6. 신재생에너지자동차 시장에서 비야디가 주목한 것은 '대중교통' 분야였다.

대중교통 수단인 시내버스와 택시 그리고 관용차에 신재생에너지자동차를 공급하여 성공적으로 시장에 안착한 모습이다.

광둥성은 2017년 선전을 시작으로 2018년 광저우와 주하이에 이어 주강삼각주 지역에서도 정책적으로 대중교통을 신재생에너지자동차로 의무 전환시키고 있다. 《포천》 선정 글로벌 500대 기업에 속하는 광치그룹과 비야디가 합작 생산한 광치·비야디 시내버스도 광저우에 보급되었다.

한편, 비야디가 뛰어든 '모노레일 시장' 역시 중국 정부의 중소도시 모노레일 건설 장려 정책에 힘입어 급성장 추세에 있다. 지방의 중소도시에는 지하철보다 경제적이고 실용적인 경전철과 모노레일을 건설하도록 정책적으로 장려되고 있는 것이다. 비야디의 모노레일 시장 진출에 대해 최근 다소 지지부진한 신재생에너지자동차 부문의 수익성을 보충하기 위한 노력이라는 지적도 있으나 스마트시티가 확대되는 추세에 맞춰 비야디가 보다 빠른 시장 개척에 나선 것이라는 분석도 있다. 즉, 도시 간과 도시 내 교통 시스템을 모노레일·경전철·전기시내버스·신재생에너지자동차로 일체화하는 스마트 교통체계 플랫폼을 구축하려는 전략적 노력이라는 판단이다.

5

메이디,
스마트팩토리를 향한 혁신

중국의 대표 가전기업 '美的'은 영문 표기는 'Midea'이지만, 중국어 발음을 따라 '메이디'로 많이 읽는다. 메이디는 비교적 오랜 역사를 가진 가전기업이지만 그동안은 저가·저품질의 제품을 생산한다는 평가가 일반적이었다. 하지만 최근의 기업 상황은 매우 달라졌으며 이 기업에 대한 인식이나 평판도 많이 바뀌었다. 메이디 제품도 이제는 품질 수준이 매우 향상되어 더는 무시할 수 없는 상대가 됐다는 이야기다. 특히 독일 쿠카그룹(KUKA) 인수를 계기로 메이디가 추진하는 '스마트팩토리'가 각광을 받으며 세간의 주목을 끌기 시작했다. 2020년 KOTRA 광저우무역관은 전자부품을 생산하는 한국의 중소기업을 메이디의 협력사로 연결해주기 위한 노력의 하나로 '글로벌파트너링(GP, Global Partnering)' 사업을 진행하기도 했다.

| 중국 최대의 가전기업 |

메이디는 1968년 중국 광둥성 포산시 순더구(顺德区)에 설립됐다. 세계적으로 약 200개 자회사와 60여 개 해외 기구가 있고, 2016년부터 독일의 산업용 로봇 제조회사인 쿠카그룹의 가장 중요한 주주(약 95%)이기도 하다. 소비 가전제품과 난방 겸용 에어컨 그리고 로봇 자동화 시스템과 스마트 물류 등 다양한 상품과 서비스를 제공하는 기술기업이다.

메이디는 주하이의 거리전기(格力电器, Gree Electric Appliances Inc.), 칭다오의 하이얼(海尔, Haier)과 함께 중국 3대 가전기업이다. 메이디의 매출은 에어컨 등 냉난방기기가 50%, 냉장고와 세탁기 등 가전제품이 41%, 나머지 9%는 로봇 및 자동화 시스템이 차지한다. 에어컨 시장에서는 거리전기와, 소비가전 시장에서는 하이얼과 치열한 경쟁을 벌이고 있다.

2019년 메이디는 매출과 순이익 면에서 역대 최대 규모의 실적을 기록하면서 중국 가전업계 1위를 차지했다. 매출액과 순이익이 각각 2,794억 위안과 253억 위안을 기록해 전년 대비 각각 6.7%와 16.8% 증가하면서 거리전기와 하이얼을 모두 제쳤다. R&D 지출은 100억 위안을 넘겼고 전체 임직원 중 연구인력이 차지하는 비중도 10%를 상회했다. 특허신청 건수는 2019년 기준 누적 14만 건에 달했다.

2020년에는 코로나19의 영향으로 실적이 다소 하락했지만, 1분기 순이익이 전년 동기 대비 21.5% 감소했음에도 동종 업계 다른 기업에 비해서는 상대적으로 부정적 영향이 적었던 것으로 분석된다. 같은 시

(단위: 억 위안, %)

	영업수입	증가율	순이익	증가율
메이디	2,794.00	6.70	253.00	16.80
하이얼	2,007.62	9.10	82.06	9.70
거리전기	2,005.08	0.24	246.97	−5.75

자료: "'백색가전의 왕' 메이디, 가전 스마트화 선도" (2020. 8). 뉴스핌.

기 하이얼과 거리전기는 코로나19로 인해 순이익이 전년 동기 대비 각 각 50.2%, 72.5% 감소하는 등 큰 타격을 입었기 때문이다.[45]

| 향촌기업에서 글로벌 기업으로 비약적 성장 |

1968년 봄 허샹젠(何享健)과 포산 베이쟈오(佛山北滘) 주민 23명이 5,000위안을 모아 '베이쟈오 플라스틱 생산팀(北滘街办塑料生产组)'을 만든 것이 메이디의 전신이다. 20㎡의 작은 공장에서 플라스틱 병뚜 껑·유리병·고무공 등을 생산했다.

1942년생인 허샹젠은 소학교 졸업 학력에 불과했지만 자기 사업을 영위해보겠다는 의욕으로 주민들과 이 베이쟈오 플라스틱 생산팀을 만들었다. 당시 광둥성은 산업 발전이 지체되어 일자리가 부족했다. 허샹젠이 꾸린 이 생산팀은 불법은 아니었으나 정식 허가를 얻지 못한 조직이었고, 당장 눈앞의 생계를 해결하기 위해 발 벗고 나선 것일 뿐 이었다. 그 시절 허샹젠은 플라스틱 병뚜껑을 팔기 위해 전국을 누비 고 다니며 시장 감각을 키웠다.

이윽고 개혁개방 정책이 실시되면서 이것이 베이쟈오 플라스틱 생산팀에 발전의 기회가 되었다. 베이쟈오 플라스틱 생산팀은 '플라스틱 금속 제품 공장', '자동차 부품 공장'으로 변모하면서 기술을 축적했다. 허 샹젠은 중국 전역을 두루 다니며 날카로운 감각으로 수요를 파악하고 공장으로 돌아와 생산 전략을 수요에 맞게 수정하면서 생산 품목이 수 시로 바뀌게 됐던 것이다.

1980년 '자동차 부품 공장'이 국영발전소에 선풍기 부품을 납품하면 서 가전제품을 처음 접했고, 자체 제작한 금속 선풍기 시제품 '밍주(明 珠)'를 생산하면서 가전제품 영역에 정식으로 첫발을 내디뎠다. 이어 1981년 공장 명칭을 메이디로 바꾸면서 '메이디'라는 상표가 처음 탄생 했다.[46]

이후 메이디는 가전제품 생산 회사로 줄곧 성장했다. 에어컨 설비 공 장을 설립해, 외국의 기술과 관리 경험을 학습했다. 수출입 권한을 취 득했고, 전국적으로 인재를 모집하며 회사를 키웠다. 드디어 1993년 겨울, 회사가 선전 증권교역소에 상장하며, 향촌기업이 중국 내 최대 가전기업의 하나로 탈바꿈했다. 1996년에는 영업수입이 25억 위안을 넘어섰다. 안후이성 우후(芜湖) 에어컨 공장과 허페이(合肥) 로얄스타 그리고 우시(无锡) 리틀스완(小天鹅) 등을 합병하는 등 규모를 끊임없이 확장해갔다. 2010년에는 주영업수입 1,000억 위안을 돌파했고, 베트 남·벨라루스·이집트·브라질·아르헨티나·인도 등에 다수의 생산기지 를 설립하면서 글로벌 기업으로 성장했다.

2012년 8월 설립자 허샹젠이 메이디 그룹 회장 지위를 전문경영인 팡홍보(方洪波)에게 넘겨주면서, 기업 창립자가 전문 경영인에게 경영

홍성욱 총영사(오른쪽에서 다섯 번째)와 필자(오른쪽에서 세 번째)가 메이디를 공식 방문했을 때의 모습이다.

권을 인계하는 현대적인 기업문화를 완성했다. 새 회장으로 부임한 팡 홍보는 새로운 기술혁신 시기에 직면해 메이디를 민첩한 조직으로 탈 바꿈시키기 위해 전면적 개혁을 실시했고, 2013년 9월 메이디 그룹 전 체를 선전 증권교역소에 상장시켰다.

2016년에는 세계 2위 산업용 로봇 기업인 쿠카 그룹을 인수해 중국 산업자동화 기기 제조업계의 리더로 성장했으며, 이 무렵 《포천》 선정 글로벌 500대 기업 중 하나로 이름을 올렸다. 이어 일본의 '도시바' 가 전 부문, 이탈리아 에어컨 제조사 '클리베(Clivet)', 이스라엘의 자동화 서비스 기업 '서보트로닉스(Servotronix)' 등 다수의 글로벌 기업을 인수 합병하며 기술력 확보와 해외 사업의 역량을 강화했다.

메이디는 기업이 생산하는 다양한 가전제품을 하나의 시스템에 통합 하여 종합 서비스를 제공함으로써 제조기업에 머물지 않고 서비스 기

업으로까지 영역을 확대하고 있다. 나아가 제품 생산과 서비스 제공뿐

아니라 관련 소프트웨어와 응용 프로그램 등을 지원하는 종합 솔루션

기업으로 변모하기 위한 노력을 진행하고 있다.

| 스마트팩토리를 향한 역량 강화 |

메이디는 로봇과 가전 분야 모두에서 경쟁우위를 갖고 있어 4차 산

업혁명을 통한 시장개편이 이루어지면 메이디의 위상이 더욱 강화될

것으로 예상된다. 특히 쿠카와의 합병을 통해 확보한 기술력은 메이디

가 '스마트팩토리'를 추진하는 데 있어 경쟁 기업들보다 뛰어난 성과를

거둘 수 있는 기반이 될 것이기 때문이다.

스마트팩토리는 공장 내 모든 설비와 기계 등 구성요소들의 데이터

가 실시간으로 수집·분석되어 수직적 그리고 수평적으로 통합·통신·

협업을 이루면서 스스로 제어가 가능한 공장을 말한다. 다시 말하면

지능화와 모듈화를 통해 한 생산 라인에서도 소비자 요구에 따라 다양

한 제품을 생산할 수 있는 유연한 시스템을 의미한다. 이를 위해서는

다양한 공정의 업무를 효율적으로 수행해야 하는데, 특히 근로자와의

협동을 통해 업무가 가능한 지능형 로봇 기술이 핵심이다.

현재 산업용 로봇 분야에서는 근로자와 업무를 같이 수행하는 '협동

로봇(cobot)' 개발을 위해 세계적으로 막대한 자본이 인공지능 개발에

투입되고 있으며 특히 머신러닝 영역에 집중되는 추세다. 산업용 로봇

시장을 이끄는 대표 업체로는 스위스의 ABB(Asea Brown Boveri), 독

일의 쿠카 로보틱스(KUKA Robotics), 일본의 야스카와 전기(Yaskawa

Electric Corporation) 등을 들 수 있다. 특히 쿠카는 미국 테슬라에 산업용 로봇을 제공하고 있으며, 인간 작업자와 협동이 가능한 자율주행 이동 로봇 솔루션을 제공하고 있다.[47]

2016년 쿠카를 합병할 때 메이디는 가동 중인 공장을 일정 기간 그대로 유지하고 일자리도 줄이지 않겠다고 약속했다. 당시 독일 내에서 중국 기업이 독일 기업을 인수 합병하는 것에 대한 많은 반대를 무마하기 위한 약속이었지만 그 약속 기한인 2023년이 벌써 성큼 눈앞에 다가왔다. 앞으로 진행될 디지털 혁신 시대에 메이디가 스마트팩토리 분야에서 얼마나 성장할 것인지 주목된다.

6

중국 공유경제의 실험,
실패에서 도전을 배우다

2018년 4월 중국의 공유자전거 회사 '모바이크(摩拜単车, Mobike)'가 배달업체 '메이투안(美团)'에 매각되고 최근에는 '오포(小黄车, ofo)'까지 파산하면서, 미래의 새로운 경제 형태로 주목받던 '공유경제'에 회의적 전망이 드리웠다. 공유경제는 기본적으로 타인과의 간접적 접촉을 전제로 하기 때문에 코로나19 팬데믹 상황이 닥치며 더 큰 어려움을 겪을 수밖에 없었다. 이러한 상황에서 공유경제의 독자적 수익모델에 대한 부정적 견해를 극복하고 미래의 새로운 경제모델로 자리매김할 수 있을지에 대해 관심이 모아지고 있다.

| 공유자전거 사업이 과열 경쟁으로 치닫게 된 까닭은? |

오포 창업자인 다이웨이(戴威)는 매우 간단한 수학 모형을 근거로 초기 공유자전거 수익모델을 만들었다. 자전거 원가를 300위안 수준으로 통제한 상황에서, 자전거를 한 차례 사용할 때 요금이 1위안이고 하루 평균 다섯 차례 이용된다면, 불과 60일 만에 원가를 회수할 수 있어 그 이후는 모두 수익이 되는 것이다.

다이웨이는 이 모델을 근거로 자전거 원가를 통제하고 고객 선점을 통한 시장 확보를 위해 대규모 융자와 자전거 대량 보급을 실시했다. 오포의 경우 2016년 10월 1.3억 달러, 2017년 3월 4.5억 달러, 2017년 7월 7억 달러에 이르는 자금을 조달했다. 2018년 3월에는 베이징·상하이·광저우 등의 공유자전거 대부분을 담보로 17.7억 위안을 융자받았고, 같은 달 8.7억 달러를 조달했는데 여기에는 알리바바와 앤트파이낸셜(Ant Financial, 蚂蚁金服) 등이 참여했다.

한편, 모바이크는 2015년 10월 수백만 달러를 융자받기 시작해 2016년 8월에는 그 규모가 수천만 달러로 급증하였고, 2017년 1월에는 2.15억 달러를 조달하여 융자규모가 누계 3억 달러에 달했다. 2017년 6월에 조달한 6억 달러는 텐센트를 중심으로 공상은행과 교통은행 등이 참여했다.

공유자전거 사업을 진행하는 과정에서 펼쳐진, 오포와 모바이크의 이 같은 과도한 시장확대 경쟁은 사실상 알리바바와 텐센트의 대리전과 다름없는 양상으로 진행된 모습이다. 문제는 애초 예상했던 것과는 수익모델의 결과가 매우 다르게 나타났다는 것이다. 어느 정도 기간이 지나면 이익만 발생하리라는 기대와 달리 현장에서는 손실이 발생했다. 2018년 3월 모바이크 매각 당시 밝혀진 매월 손실액은 5억~6억 위안 수준이었고, 오포도 매월 최소 6억 위안의 손실이 났던 것으로 밝혀졌다.

이유는 무엇이었을까? 공유자전거 운영에 소요되는 원가와 비용이 대폭 상승했고, 이에 따라 손익분기점에 도달하는 시간이 훨씬 더 많이 필요한 상황이 되었기 때문이다. 사실 공유자전거의 운영원가는 꽤 높았다. 제조 가격이 비싼 스마트 열쇠를 사용해야 하고 블루투스 기술을 적용할 뿐 아니라 스마트폰 어플리케이션과 GPS 연동 등의 기능을 장착해야 하기 때문이다. 거기에다 자전거 수리 및 운송 비용과 인건비 등도 올라갔다. 특히 차량정보 기록과 파손 상황 점검 그리고 차량 구역별 재조정 등 대부분의 자전거 관리를 사람이 맡아 해야 했기 때문에, 관리 지역이 넓고 이용자가 많을수록 운영비용이 증가했다. 이른바 '공유지의 비극'에 따른 문제도 나타나, 차량의 노후화가 너무 빨리 일어나 10년 연한의 자전거도 공유자전거 시장에서는 2년을 넘기지 못하고 폐기해야 하는 경우가 많았다. 반면, 마케팅에는 막대한 비용이 들었다. 모바이크의 경우, 스타 연예인 루한(鹿晗)을 모델로 기용해 광고비로 1,000만 위안을 썼다.

모바이크의 왕샤오펑(王曉峰) 고문은 공유자전거 운영만으로는 수익이 발생할 수 없는 구조였다고 다음처럼 고백했다.

"직간접 비용의 증가로 공유자전거 1대의 원가가 3,000위안까지 증가했죠. 일평균 5회 사용되고 1년 중 300일 운행된다고 보고 계산해보면 2년이 지나야만 겨우 원가를 회수할 수 있게 된 것입니다."

이러한 상황에서 2017년 말 오포와 모바이크가 합계 60억 위안의 고객 보증금을 자금 결손을 보충하는 데 유용했다는 언론의 폭로로 공유자전거 산업은 쇠퇴기에 접어들었다.

2018년 공유자전거 업체들은 원가 절감을 통해 이익 구조로 전환한다는 목표로 자전거에 대한 투자를 줄이고 관리 인력도 감축했다. 오포의 경우 일부 지방도시에서 기존 100명에 이르던 운영 인력을 3명 수준까지 대폭 줄인 예도 있다. 이와 함께 새로운 수익모델 발굴에도 힘썼다. 그리하여 2018년 4월 오포는 B2B 사업부를 신설하고 자전거를 광고 수단으로 쓰는 새로운 수익모델을 제시했다. 자전거 본체 광고와 차량 바퀴 광고 그리고 광고 깃발 부착 등을 활용하고, 구역별로 맞춤형 광고를 실시해 효과를 높이도록 했다. 하지만 베이징과 상하이 등 일부 대도시는 법규상 공유자전거에 광고를 부착하는 것이 허가되지 않아 이러한 수익모델로는 한계가 여전했다.

공유자전거 업계는 2014년부터 2017년까지, 다른 업계가 십 수 년에 걸쳐 경험한 발전 과정을 압축해서 겪었으며, 이는 중국식 혁신으로 평가되기도 한다. 그럼에도 이들이 독립적인 수익모델을 갖추지 못했다는 점에서 다른 공유경제 모델에 주는 시사점은 크다. 중국 경제 잡지《남풍창》은 비관적 시각으로 "중국에서 공유자전거가 지속가능하기 위해서는 중국 국민성 개조 또는 막대한 벌금 부과가 필요하다"라고 신랄하게 비판했다.

최근에는 다른 신기술과의 결합을 통해 활로를 모색하려는 추세다. 예를 들어, 메이투안에 매각된 모바이크는 생활서비스와 단거리 외출을 하나로 결합한 생태계 구성을 추진 중이다. 또한 알리바바와 텐센트

광저우 시내의 헬로바이크 공유자전거. 모바이크와 오포가 떠난 공유자전거 시장을 새롭게 대체하고 있다.

는 모바일을 통한 지불 시스템 확산과 빅데이터 구축을 통해 공유자전거가 새로운 가치를 창출할 수 있다고 보기도 한다. 공유자전거 사용자들의 취향과 소비 수준 및 패턴 등을 분석하면 고객을 더 잘 이해할 수 있게 되고 이를 통해 특정 산업의 매출을 증가시킬 수 있다는 것이다.

　공유자전거가 막 나왔을 때 대중교통 정류장이나 역에서 최종 목적지까지의 거리, 즉 라스트 마일(last mile) 문제를 친환경적으로 해결한 혁신적 방안으로 크게 환영받았다. 스마트폰만 있으면 언제 어디서나 자전거를 찾아 이용할 수 있고 잠금 장치만 작동시키면 아무 데서나 반납 처리가 되었기 때문에 이용자 입장에서 획기적 상품이라는 반응을 얻었다. 물론 소비자 편의성이라는 측면에서 보자면 공유자전거의 향후 발전 전망은 아직 유효한 것으로 보인다. 실제로 '헬로바이크(Hellobike, 哈罗单车)' 등 새로운 공유자전거 업체가 다시금 부상 중이다. 하지만 이들 역시 새로운 수익모델을 증명해야 한다는 과제를 안고 있다.

| 틈새시장을 공략한 공유배터리 사업 |

스마트폰은 이제 우리 생활에 '없어서는 안 될 필수품'이 된 지 오래다. 중국에서는 모바일 결제가 활성화되어 있어 대중교통 이용, 물건의 구매와 판매, 식당과 각종 서비스업 이용 시 모두 스마트폰을 이용한다. 필자도 따로 지갑을 가지고 다닐 필요성을 거의 느끼지 못했다. 그러다 보니 스마트폰 배터리가 방전되는 것에 모두들 민감하지 않을 수 없다. 하지만 충전케이블을 가지고 다니거나 보조배터리를 들고 다니는 건 무겁기도 하고 여간 번거로운 일이 아니다. 이용자의 이런 불편함과 수요를 파악하고 거기서 시작된 서비스가 바로 공유배터리 사업이다.

사용법은 다음과 같다. 가게나 사무실 등에서 공유배터리 기기를 찾아 QR코드로 공유배터리 앱에 등록하고 100위안을 선금으로 지불한다. 이후 배터리가 필요할 때 공유배터리 기기를 찾아 QR코드를 스캔하면 충전된 배터리가 툭 튀어나온다. 그때부터 사용 시간이 카운트되고 나중에 배터리를 기기에 반납하면 카운트가 종료된다. 동일한 공유배터리 기기라면 어느 곳에서나 반납이 가능하다. 그때까지 시간당 1위안으로 산정된 비용이 이미 적립한 100위안에서 차감되는 방식이다.

라이디엔커지의 공유배터리(왼쪽)와 대여기기(오른쪽).
자료 : 라이디엔커지 홈페이지.

《선전특구보》에 따르면 2021년 3월 기준으로 선전의 주요 공유배터리 기업은 샤오디엔커지(小电科技), 지에디엔커지(街电科技), 라이디엔커지 (来电科技), 몬스터충전(怪兽充电) 4개 업체이며 이들을 합쳐 '삼전일수 (三电一兽)'라고 부르기도 한다.

공유배터리 사업은 공유자전거 사업이 안고 있던 문제를 해결하는 방식으로 접근했다. 즉, 공유배터리를 기기에 반납해야만 사용이 종료되기 때문에 공유자전거처럼 사용 후 아무 데나 버려두는 문제가 발생하지 않았다. 그러다 보니 직접 사람이 수거하고 재분배해야 하는 수고를 덜 수 있고 그만큼 비용 발생 요인이 줄어들었다. 또한 급속충전이 가능하고 내장된 충전케이블을 견고하게 하는 데 많은 비용이 들지는 않았기 때문에 공유자전거처럼 비용이 급격히 상승하는 문제도 발생하지 않았다. 그 덕분에 공유배터리 사업은 원가를 줄여야 하는 사업자 입장에서는 크게 호평받으며 빠르게 시장이 확대됐다.

그렇지만 공유배터리 사업은 또 다른 측면에서 문제가 불거졌다. 공유자전거 사업에서 얻을 수 있는 장점이 공유배터리 사업에서는 발생할 수 없었던 것이다. 공유자전거 사업의 장점이란 역설적이게도 모바이크와 오포로 양분되다시피 한 독과점이다. 두 회사의 공유자전거가 전국 각지에 매우 보편적으로 보급되어 있어 이용자 입장에서는 언제 어디서나 사용이 가능했다. 모바이크와 오포의 치열한 경쟁으로 사용료도 매우 저렴했기 때문에 하나만 가입해도 혹은 둘 다 가입하더라도 이용자 입장에서는 큰 부담이 없었다.

반면, 공유배터리 산업은 진입장벽이 낮아 수많은 기업이 경쟁적으로 시장에 뛰어들었다. 그러다 보니 본인이 가입한 회사가 운영하는 공유배터리 기기를 찾기가 쉽지 않아 대여와 반납이 어려웠다. 필자도 그런 경험이 있다. 선전에서 교민들과 함께 행사를 하다가 교민 한 분이 급히 떠나며 배터리를 대신 반납해달라고 필자에게 부탁을 한 적이 있다. 필자는 일정상 곧바로 광저우로 복귀할 수밖에 없었는데, 광저우에서 해당 기기의 반납처를 찾을 수 없어 무척 난감한 일이 발생했다. 그동안 비용은 계속 늘어났고, 꽤 먼 곳을 다시 찾아가 반납을 해야 했다.

이런 불만이 잦다 보니 공유배터리 사업은 다른 영업 방식을 찾아 나서야 했다. 사용요금을 보증금이 아닌 후불제로 현장에서 지불하는 것으로 변경하고, 사용의 시작과 끝이 같은 장소에서 이루어지는 경우를 영업 대상으로 집중 공략한 것이다. 이 경우 동일한 브랜드의 배터리라도 비치된 장소에 따라 가격이 달라지는 가격차별이 가능해진다. 예를 들면, 사람들이 늦은 시간대에 장시간 체류하는 곳으로 주점이 있다. 늦은 시간이다 보니 배터리 용량이 부족할 때이고 장시간 한곳에 있다 보니 출입 시 공유배터리의 대여와 반납이 가능해진다. 이처럼 주점이나 음식점, 영화관 등에 공유배터리 대여 기기를 설치하면 앞서 말한 것과 같은 문제는 발생하지 않는다. 다만 주점과 영화관은 시간당 5위안, 관광지와 고속철도역 등은 시간당 8위안 등으로 장소에 따라 가격차별이 생긴다. 시장으로의 자유로운 진입과 경쟁이 서비스의 불편함을 초래하고 심지어 비용까지 높이는 역설적 결과를 낳게 된 셈이다.

한편, 여기서 살펴본 공유자전거와 공유배터리 산업은 모바일 결제 방식과 함께 독과점을 초래하는 플랫폼 경제의 자연스러운 경향을 보여주고 있다. 앞서 살펴본 바와 같이 플랫폼 경제에서는 독과점을 통해 얻을 수 있는 효율성 제고도 무시할 수 없으나, 지속가능한 사회적 편익의 관점에서 보면 독과점에 대한 신중한 고려가 더욱 중요하다 하겠다. 독과점 자체의 탄생을 방지하기 위한 노력도 필요하지만 독과점이 불가피할 경우 이를 견제할 새로운 사회적 힘을 제도화하는 방안을 같이 고민해봐야 할 이유다.

7

광둥성 혁신기업들의 현주소
'신성장정책교류회'의 전문가 평가 분석

| 자율주행 기업, '포니'와 '위라이드'의 가능성 |

주광저우총영사관은 2018년 12월 한국 내 자율주행 관련 전문가들과 함께 광둥성 내의 자율주행차 기업을 방문하고 기술 수준을 파악하는 동시에 한국과의 비교와 협력 가능성을 점검하는 제1차 신성장정책교류회를 개최했다. 자동차부품연구원, 현대모비스, 산업연구원 등 전문가와 국민경제자문회의, 4차산업혁명위원회, 기획재정부 혁신성장추진기획단 등 정책 담당자도 참석했다. 여기에 기술보증기금과 SV인베스트먼트 등 투자 담당자도 자리를 같이해 투자자의 시각에서 기업가치를 살펴보는 기회도 가졌다. 관련하여 서울경제신문사는 "中 첨단산업 굴기 현장을 가다"라는 제목으로 연속 기사를 내보냈다.[48]

광둥성의 양대 자율주행차 스타트업 기업은 포니(Pony.ai, 小马智

자율주행차 스타트업 포니ai의 자동차. 포니ai는 자율주행차 기업 4곳 중 기술력에서 가장 앞서 있다는 평가를 받는 곳이다.

行)와 위라이드(WeRide, 文远智行)다. 포니ai, 위라이드, 로드스타(Roadstar, 星行科技), 모멘타(Momenta) 등 중국 주요 자율주행차 기업 4곳 중 기술력에서 가장 앞서 있다는 평가를 받는 곳은 포니ai다. 바이두의 수석 개발자였던 포니ai의 CEO 펑쥔(彭军)은 2016년 12월 실리콘밸리에서 포니ai를 창업한 후 2017년 12월 광저우 난사로 글로벌 본사를 이전했으며 난사 전역에서 도로주행 테스트를 진행하고 있다.

포니ai와 더불어 광저우 양대 자율주행차 스타트업으로 꼽히는 위라이드 역시 바이두의 자율주행 부문 수석 연구원 출신인 한쉬(韩旭)가 2017년 4월 실리콘밸리에 본사를 세운 뒤 광저우 셩우다오(生物岛)로 글로벌 거점을 이전했다. 위라이드는 비교적 제한된 장소인 주강 지역 내의 섬인 셩우다오에서 주행 테스트를 진행하다가 광저우 시내로 테스트 지역을 확대했다.

두 스타트업 기업이 광둥성으로 글로벌 본사를 옮긴 배경에는 광둥

● 국제자동차기술자협회(SAE International)에서 분류한 6단계 자율주행

단계	내용
Level 0	(자동화 없음) 인간이 운전석에 앉아 직접 제어하는 방식 차선을 이탈하거나 앞차와의 간격이 좁을 때 경고음
Level 1	(운전 보조) 운전자 보조 시스템을 갖춘 차량, 크루즈 컨트롤 기능 횡 또는 종 방향에 경고음을 들려주는 것에서 벗어나 제동, 조향, 가감 속에 직간접적으로 개입
Level 2	(일부 자동화) 지능형 운전자 보조 시스템 제동, 조향, 가감속 기능의 복합적 자동화, 운전자의 지속적 확인 필요
Level 3	(조건적 자동화) 자동차가 직접 제동, 조향, 가감속을 스스로 하는 단계 운전자 감독하에 자율주행 및 운전자에 대한 주의 요청 가능
Level 4	(높은 자동화) 운전자의 감독이 없는 상황에서도 안전한 자율주행 비상 상황에 안전한 곳으로 이동 후 운전자의 주행 요청 가능
Level 5	(완전 자동화) 인간의 개입이 전혀 필요 없는 수준 자동차를 사무실, 여가 시설 등으로 활용 가능, 운전대와 페달이 불필요

자료: 심지원, 김바로 (2020). "자율주행자동차 논의에 있어서 인간의 자리: 자율주행자동차에 대한 논의의 특징과 한계".《인문사회21》, 아시아문화학술원.

성 정부의 전폭적 지원이 가장 크게 작용했다. 광둥성은 광저우와 난사 등에서 도로주행 테스트를 할 수 있도록 했고, 본사 및 기숙사 건물도 제공했다. 정책적으로는 2018년 〈광둥성 차세대 인공지능 발전계획 공개에 관한 광둥성 인민정부 통지〉를 발표하며 관련 기업에 대한 지원을 강화하고 있다.

한국의 전문가들은 중국의 자율주행차 기술 수준에 대해 다음과 같은 평가를 내놓았다. 우선 기업 담당자들의 설명과 현장 시승을 통해 살펴본 결과, 갑자기 나타나는 물체를 포함하여 작은 물체들도 식별해내며 유연하게 대처하는 능력을 보유하고 있다는 점에서 Level 4의 기

술 수준을 달성한 것으로 판단된다는 견해를 보였다.

전문가들은 먼저 중국의 자율주행 기술 수준이 예상보다 뛰어나다고 인정하면서 덧붙여 몇 가지 미흡한 점을 지적했다. 우선 많은 주행 거리를 통해 빅데이터를 축적해야 하는데 창업한 지 얼마 되지 않아 테스트 데이터가 부족한 상황이라는 이야기가 나왔다. 하지만 데이터 부족 문제는 광둥성 정부의 적극적 지원으로 머지않아 극복이 가능할 것으로 예상된다. 위라이드 관계자는 중국의 도로 환경이 다른 나라보다 열악한 상황임을 언급하며, 이러한 환경에 이미 적응한 시스템이기에 한국이나 미국과 같은 선진 도로 환경에서는 곧바로 활용이 가능하다며 자신감을 보였다.

다음으로, 현재 투자금으로만 운영되는 기업들인 탓에 향후 상업적 모델로 수익을 낼 수 있을지 장담할 수 없다는 점을 거론했다. 실제로 위라이드를 비롯한 대부분의 자율주행 스타트업은 아직 매출이 없다. 이들은 자동차를 직접 만들지 않고 인공지능 소프트웨어 개발에 주력하고 있기 때문에 완성차 업체를 제휴사로 확보하지 못하면 수익을 내기 힘든 사업구조를 가지고 있다. 포니ai와 위라이드는 완성차 업체와 협력관계를 구축하고 이후 택시 서비스를 제공하는 방법으로 상업 모델을 구축한다는 계획이다. 그러나 투자유치에 주력하고 향후 IPO를 최종 목표로 잡고 있다는 인상을 강하게 받았다.

자율주행 기술 자체에도 문제점은 있었다. 주차되어 있던 차량을 주행시키기까지는 보행자 안전을 고려해 운전자의 도움이 반드시 필요했고, 2차선에 불법주차 차량이 있는 경우 도로교통법을 준수해야 하는 알고리즘이 적용되어 중앙선을 넘지 못해 정차 시간이 길어지는 답답한 모습도 보였다. 긴 터널에서도 자율주행 테스트에 성공했다는 기업 관계자의 설명이 있었지만 터널에서는 GPS가 제대로 작동되지 않기 때문에 신뢰하기 어렵다는 이야기도 나왔다. 한편, 소비시장을 공략하기 위해서는 자동차 차체 외부로 노출되어 있는 각종 센서와 전선을 내재화하는 등 디자인 측면에서도 투자가 이뤄져야 한다는 언급이 있었다.

전문가들은 한국과 비교하자면 현대자동차가 상당한 수준으로 앞선 기술력을 보유하고 있다고 평가하면서도, 중국 정부의 전폭적 지원에 힘입어 수많은 시행착오를 거듭해가며 빅데이터가 축적되리라는 점을 고려하면 중국의 기업들이 조만간 한국의 기술 수준을 넘어설지도 모른다고 했다.

실제로 최근 《남방일보》는 포니ai가 2021년 3월 현재 누적 주행 450만㎞가 넘는 자율주행 테스트를 거쳤으며, 이를 통해 기술이 향상된 것은 물론 다양한 도로주행 데이터를 축적했다고 밝혔다. 아울러 2020년 12월 광저우시로부터 처음으로 자율주행 트럭 면허를 획득하여 승용차에 이어 트럭에 대한 자율주행 시험운행도 시작하는 등 발빠른 행보를 보이고 있다고 보도했다.[49] 또한 2021년 4월 《선전만보》의 보도에 따르면 선전에서도 자율주행 관련 기업이 자율주행버스를 시범운영하고 있으며, 시민을 상대로 자율주행 택시 시범운행도 시작했다.[50] 이처럼 광동성에서는 자율주행과 관련된 플랫폼 건설, 도로 테스트, 시범운행, 산업정책적 지원 등 다양한 노력이 진행되고 있다.

| 중국 드론 기업들의 전성시대, DJI와 지페이, 올테크과 이항 |

주광저우총영사관은 2019년 9월 한국 드론 분야 전문가팀을 구성하고 광둥성 드론 기업의 생존경쟁 현장을 찾았다. 제2차 신성장정책 교류회였다. 레저용 드론 제조회사 DJI, 농업용 드론 제조회사 지페이(极飞, XAG), 정부조달 분야 특수목적 드론을 생산하는 올테크(科卫泰, AllTech)와 유인드론 제조회사 이항(亿航, eHang)을 방문했다. 이항은 2020년 11월 서울 여의도 한강시민공원 일대에서 드론택시를 처음으로 시험운행한 기업이기도 하다.

이번 교류회에는 한국에서는 산업통상자원부 자동차항공과와 국토교통부 첨단항공과에서 참여했고 항공안전기술원, 한국교통연구원, 현대모비스, 코트라 등 민간 전문가, 그리고 서울경제신문사가 함께했다.[51]

DJI는 2006년 설립된 비상장 민영기업으로 전 세계 레저용 드론 시장의 70%를 점유하는 세계 최대의 드론 전문기업이다. DJI는 소프트웨어 솔루션 제공, 교육용 코딩, 농업용 드론 개발 등을 신성장 분야로 설정해 새로운 시장 발굴에 힘쓰고 있다.

올테크는 군사용·재난재해용·교통관리용 드론을 생산하는 업체로, 국가에서 인정한 하이테크 기업이다. 해마다 약 700대를 생산해 수량은 얼마 안 되지만 비교적 고가이며, 생산량의 90% 정도는 중국 정부에 납품하고 나머지 10%는 중동 및 동남아 시장에 공급한다. 이 회사의 제품은 사람이 접근하기 어려운 깊은 산악지대의 전력망 등 인프라 시설 점검과 지형·기후 관측 및 재난재해 지역 투입 그리고 보안 등에 주로 사용되기 때문에 보다 긴 비행시간과 비행거리 확보가 절대적으

올테크의 드론 전시관. 올테크는 생산량의 90%를 중국 정부에 납품하는 하이테크 기업이다.

로 중요하다. 이 때문에 드론의 운행시간을 늘리기 위해 한국의 두산 그룹과 협력하여 수소를 이용한 드론 개발에 나섰다. 올테크 관계자는 일반 드론은 20㎞ 정도를 비행할 수 있지만 두산의 수소배터리를 장착한 드론은 100㎞를 날 수 있다고 설명했다.

이항은 2016년 최초로 1인승 유인드론인 '이항(eHang) 184'를 출시한 기업이다. 미국 네바다주와 두바이 그리고 저장성 등에서 이항 184를 시험비행했다. 이항은 이제 기술 측면의 문제는 대부분 해결됐으며 현재 가장 필요한 것은 안전에 대한 일반 대중의 긍정적 인식이라고 밝혔다. 이항은 GPS가 아닌 이동통신망을 사용해 비행하는데, 4G 이동통신망이 5G 이동통신망으로 더 널리 교체·보급되면 유인드론의 안전성이 보다 강화될 것으로 기대하고 있다. 이항 측 전문가들은 지정된 항로를 운행하는 자율주행 드론택시가 지상의 자율주행차보다 오히려 환경 변수가 적어 상용화가 더 빠를 것으로 예상하고 있다.

지페이는 중국 농업용 드론 시장의 53%를 점유하고 있으며 한국과 일본, 호주 등에도 제품을 수출 중인 세계 최대의 농업용 드론 제조사다. 지페이는 아직 이름은 덜 알려져 있지만 농업용 드론 분야에서는 독보적인 회사로, 스마트 농업과학기술 기업으로 발전하는 것을 목표로 하고 있다. 지페이는 한국 시장 진출을 위해 드론 관련 법령을 분석하고 있는데, 농업용 드론의 대형화 추세를 고려할 때 중량 25㎏ 이상 기체에 대해 안전 관련 사전허가를 받도록 규정한 법령을 완화해줄 필요가 있다고 의견을 제시할 정도로 한국 시장에 대한 연구가 상당히 진전되어 있었다.

전문가들은 중국의 가격경쟁력이 워낙 우세해 기체 개발 측면에서는 중국과 경쟁하기가 어렵겠지만 기술 자체로는 한국과 중국 간에 차이가 없다고 평가했다. 드론산업이 요구하는 기술 수준이 그리 높지 않아 투자만 충분히 이루어진다면 빠르게 따라잡을 수 있다는 것이다. 다만, 한국은 드론산업이 중소기업 적합 업종으로 분류되어 있어 한계가 존재한다고 지적했다.

드론산업이 진출할 수 있는 새로운 시장으로 언급되는 택배·물류 분야에 대해서는 각 기업의 입장이 조금씩 다른데, 우선 DJI는 진입에 신중한 편이다. 지속적으로 강화되는 드론 관련 규제와 아파트 위주의 복잡한 거주환경 그리고 배터리의 한계 등을 고려할 때 택배시장에 대한 단기적 전망은 높지 않다고 판단한다.

반면, 이항은 물류산업의 전망을 밝게 보고 DHL 등과 물류 관련 드

지페이의 농업용 드론 기능 설명회. 지페이는 중국 농업용 드론 시장의 53%를 점유하고 있다.

론 시범사업을 진행 중이다. 현재 이항이 구상하는 개념은 드론이 공급지에서 지정된 수신타워까지 수송을 담당하고, 사람이 수신타워와 가정까지 나머지 구간을 배달하는 것이다. 전문가들은 이항이 추진하는 방법에 대해 현실적으로 실현 가능한 방법이지만 경쟁력을 가진 혁신적 방안으로 보기는 어렵다고 평가했다.

드론의 한계로 지적되는 배터리 문제에 대해서도 기업별 입장이 갈린다. 대다수는 배터리 효율과 성능을 개선해 비행 시간을 늘리는 것을 핵심 과제로서 중요시한다. 반면, 지페이는 배터리 효율을 그다지 중시하지 않는다. 농업용 드론을 예로 들어 말해보자면, 운행시간이 길어지면 농약 적재량이 많아져야 하고, 큰 무게를 들어올리려면 강력한 모터가 필요하다. 이때 아래로 향하는 풍압이 강해지는데 이로 인해 농작물이 상할 수 있고 농약을 원하는 장소에 제대로 뿌리기도 어렵게 된다.

안전 문제에 대해서는 사람을 태우고 도심을 운행하는 유인드론을 개발하는 이항이 가장 큰 관심을 갖는다. 반면, 지페이는 인적이 드문 농지 등에서 운용되기 때문에 안전 문제에 대한 관심도 상대적으로 낮다.

드론 기체에 대한 실시간 모니터링과 정보 유출에 대한 우려도 언급됐다. 전 세계에 보급된 DJI 기체를 실시간 모니터링할 수 있느냐는 질문에 대해 DJI 담당자는 사후적으로 사용자 요구에 따른 정보 파악만 가능할 뿐이라고 신중하게 답변했다. 지페이는 중국 전역에서 자사의 농업용 드론이 어떻게 운용되는지 실시간으로 모니터링하고 있다. 드론의 구입자와 작동 시 실시간 이동 현황 그리고 과거 운용 이력 등이 모두 빅데이터로 축적되고 있다. 이렇게 축적된 정보는 고객의 수요를 보다 정확히 파악해 고객맞춤형 드론 기술을 업그레이드하는 데 중요하게 활용된다.

지페이 전시관에서는 실시간으로 드론을 모니터링하는 대형 모니터가 시연되고 있다. 지페이 측은 중국 내 정보만 수집이 가능하다고 말하지만, 당장이라도 전 세계 모든 지역을 모니터링하는 게 적어도 기술적으로는 가능하지 않을까 하는 생각도 들었다. 전문가들은 중국 드론의 보안 문제에 대한 국제적 우려가 커지고 있는 만큼 이에 대한 대책 마련이 시급하다고 입을 모았다. 한편, 국제적 보안 우려를 적극적으로 활용하면 새로운 기회가 주어질 수 있다는 대안적 의견도 제시됐다. "하드웨어를 중국에서 조달하더라도 보안 관련 핵심부품을 한국에서

이항에서 만들고 있는 유인드론. 유인드론을 개발하는 이항은 안전 문제에 대한 관심이 높다.

제작한다면 글로벌 드론 시장에 돌파구가 생길 수 있다"라는 것이다.

전문가들은 "중국과 경쟁하기보다는 글로벌 밸류체인에서 한중 간 국제적 분업을 위해 적절한 역할을 모색하는 것이 필요하다"라고 지적했다. "단기적으로 완제품을 갖고 중국과 승부하는 것은 쉽지 않다"라면서 "배터리 등 핵심기술에 집중하며 한국 드론산업의 활로를 열어야한다"는 것이었다.

또한 전문가들은 유인드론의 경우 드론 이착륙 타워 그리고 이것과 연계되는 교통 시스템 등과 협업하여 생태계를 구성해야 하는데, 이항은 이에 대한 고려가 부족한 것으로 보인다고 언급하기도 했다. 기체 개발 외에 교통 측면 인프라와 플랫폼 그리고 기존 교통과의 연계 등을 고려하여 컨소시엄을 구성하는 등의 협력이 모색되어야 한다는 이야기다. 한국은 유인드론이 항공 분야로 분류되어 중소기업 적합 업종 규제에서 벗어나기 때문에 자본과 기술을 가진 기업들이 플랫폼 개발에 적극 참여하는 것이 바람직하다.

드론산업은 신규 시장이기 때문에 보험사가 새로운 상품을 개발할 수 있도록 드론과 금융산업 간의 유기적이고 지속적인 협력이 요구된다는 견해도 있었다. 이 밖에, 드론산업이 항공에 한정되지 않는다는 의견도 주목할 만하다. 즉, 수상 및 수중에도 적용이 가능하다는 전문가 평가가 있었다. 한국은 조선업에서 세계적 경쟁력을 가지고 있으므로 수상 및 수중에서 운용하는 드론산업에 투자하여 세계적 선도 산업으로 육성하는 것도 고려할 만하다.

중국의 거대한 내수시장은 탄탄한 성장 기반이자 글로벌 시장으로 뻗어가기 위한 테스트 베드 역할을 한다. 2019년 현재 광둥성 드론산업을 보면 시장은 포화상태인 반면 지원은 줄었다. 따라서 핵심기술을 갖고 있지 않은 기업은 도태되는 상황이다. 자신만의 핵심기술을 확보하는 것이 경쟁 환경에서 살아남을 최소한의 조건이 되고 있다.

| 중국 인공지능 굴기의 현장 |

제3차 신성장정책교류회는 2019년 12월에 진행됐다. 국민경제자문회의와 과학기술정보통신부가 참여했고, 민간에서는 한중시스템IC협력연구원, 현대모비스, 한글과컴퓨터, 정보통신산업진흥원, SK텔레콤, 이스트소프트, KOTRA, 보건산업진흥원 등 전문가가 참여했다. 언론에서는 동아일보사가 참석했다.[52]

전문가 팀은 인공지능 검색엔진 분야를 살피기 위해 바이두 화남지역본부를 찾았고, 이어서 안면 인식에 강점을 가진 센스타임(商汤科技, SenseTime)을 방문했다. 다양한 인공지능 플랫폼을 제공하는 화웨이와 인공지능 원격진료를 시행 중인 광둥성 제2인민병원 그리고 음성인식 분야에서 명성을 떨치고 있는 아이플라이테크(科大讯飞, iFlytek) 화남지역본부를 차례로 방문하고 기업 담당자들과 의견을 교환했다.

중국은 정부의 강력한 지원과 비교적 낮은 수준의 개인정보 보호 규제 등의 요인으로 빅데이터 축적과 인공지능 발전에 매우 적합한 환경을 갖추고 있다. 필자가 방문한 인공지능 기업의 한 관계자는 2004년 발행되기 시작한 차세대 신분증(第二代身份证)으로 방대한 개인정보가 축적되어 이를 활용할 수 있다는 점을 발전 요인으로 꼽았다.

기업 방문을 통해 확인한 바에 따르면, 인공지능산업 성장에 필수적 요인은 인력 양성과 빅데이터 축적 그리고 산업 간 융합이다. 첫 번째 전문인력 양성의 경우, 바이두는 매출의 15% 이상을 인공지능 부문에 투자하고 있으며 그 대부분을 전문가 관련 인건비로 지출한다. 바이두 직원 3만 명 가운데 1만 명이 인공지능 분야에서 일하고, 전 세계에 인공지능 개발 실험실이 7곳, R&D센터가 6곳에 이를 정도로 인공지능 R&D에 본격적으로 투자하고 있다. 화웨이는 인공지능 전문가를 양성하기 위해 자체적으로 트레이닝 시스템과 교재 등을 개발해 활용하고 있으며, 한국의 우수 대학들과 협업하여 인공지능 전문 인재를 육성하기를 희망한다며 한국과의 교류에 적극적인 모습을 보였다. 화웨이는 인공지능 산업에서 개발인력 100만 명을 키워내 소프트웨어 개발 파트너 3,000곳과 대학 및 연구 기관 1,000곳을 지원하겠다는 계획이다.

두 번째로 지적되는 것은 빅데이터 구축의 중요성이다. 국가가 주도적으로 관리하는 빅데이터는 중국 인공지능산업 발전을 가속화하는 또 다른 동력으로 언급된다. 중국 최초로 인공지능 원격진료 병원으로 지정받은 광둥성 제2인민병원은 다른 병원들과 협력하여 약 3억 개의 환자 관련 개인 진단 데이터를 수집·보유하고 있으며, 데이터 전송 오류를 극복하기 위해 사진과 청진기 관련 데이터 표준화 작업을 진행 중이다. 음성인식 분야만 집중적으로 개발하여 원천기술을 다수 보유하고 있는 아이플라이테크는 1999년부터 쌓아온 방대한 데이터가 장점이다. 바이두는 딥러닝 관련 대규모 데이터 처리 및 활용 등에서 구글에도 뒤지지 않는다고 자평할 정도다.

세 번째는 다양한 분야와의 건설적 협력을 강조하는 융합이다. '인공지능 플러스'는 인공지능과 다른 산업의 융합을 강조하는 표현으로, 중국은 인공지능 기술을 의료·교육·스마트시티·치안·제조업·소매업·금융·교통·고객서비스·엔터테인먼트·농업 등 광범위한 산업에 적극 활용하고 있다. 앞서 3장에서 살펴본 것처럼 광둥성은 차세대 인공지능 발전계획을 통해 인공지능 시범 적용 분야를 15개로 구체화하고 있다. 아이플라이테크는 인공지능을 활용한 맞춤형 학습 시스템을 개발했고 한국어와 중국어 간 직접번역 방식의 기술을 개발하기 위해 한컴그룹(Hancom)과 합작법인을 설립하고 협력을 진행 중이다. 바이두는 자율주행차를 비롯해 금융·농업 자동화·기상관측 등 다양한 산업에 인공지능 기술을 적용하고 있다. 광둥성 제2인민병원은 텐센트와 화웨이

선전에 자리 잡고 있는 바이두 화남지역본부의 입구.

그리고 차이나텔레콤 등 중국의 유명 기업과 협력해 시스템 개발을 진행하고 있다. 센스타임은 안면인식과 사물인식 기술을 활용한 신원조회와 의료영상 그리고 자율주행자동차와 스마트폰 카메라 어플리케이션 개발 등 다양한 분야에서 인공지능 기술을 활용하고 있다.

한편, 한국 측 전문가들은 중국의 개인정보 보호 문제에 대해 관심을 가지고 주의 깊게 살폈다. 중국 기업들은 인공지능 관련 개인정보 보호 문제에 대한 국제적 우려를 인식한 듯 신중한 모습을 보였다. 예컨대, 광둥성 제2인민병원은 시스템 알고리즘을 통해 개인의 민감 정보는 삭제하고 있다면서, 개인정보 보호를 고려하여 해당 데이터를 병원이 직접 관리하고 데이터 사용 또한 병원 내에서만 가능하다고 설명했다.

센스타임은 중국 공안과 협력사업을 진행하고 있다. 공안이 제공한

센스타임의 전시관 입구. 센스타임은 안면인식에 강점을 지닌 회사이다.

방대한 빅데이터를 활용해 도시의 치안을 효과적으로 관리할 수 있는 시스템을 개발 중이라는 것이다. CCTV를 통해 도시의 인구밀집 지역을 관리하고 분실물·절도물 탐지 및 범인 검색 등을 지원한다. 상하이 한 곳에서만 감시카메라 7만 대를 사용할 수 있고 범죄자 추적과 군중 밀집 지역의 유동 상황 등을 대형 화면으로 확인할 수 있었다. 하지만 이러한 안면인식 기술의 활용에 대해 과도한 통제와 감시 우려가 지적됐다.

한국에서 크게 논쟁이 되었던 원격진료 부분은 중국이 이미 상당히 앞선 모습을 보였다. 광둥성 제2인민병원은 인공지능 진단 시스템과 인터넷 진료를 결합한 방식의 무료 원격진료 서비스를 광둥성 내 2,277개 빈곤 농촌 지역 보건소에서 제공한다. 톈쥔장(田軍章) 제2인민병원장은 "인공지능 진단 시스템을 도입한 뒤 오진이 크게 줄어 광둥성 농촌의 보건소 진료 비율이 70%에서 85%로 높아졌다"라고 말했다. 이에 대해 중국 의사들이 반발하지 않는지 묻자, 톈쥔장 원장은 "농촌 지역에는 의사가 없는 곳이 많고, 설사 있다 하더라도 의료 수준이 너무 떨어져서 환자들이 지역 의사를 잘 믿지 않는다. 농민들이 인공지능을 통한 원격진료를 활용하는 의사를 신뢰하기 때문에 의사들은 오히려 인공지능 원격진료를 선호한다"라고 답변했다.

전문가들은 공립병원인 광둥성 제2인민병원이 원격진료와 같은 인공지능 프로젝트 개발 비용을 어떻게 마련하는지에도 관심을 보였다. 그런데 공립병원 성격상 정부 지원이 절대적 부분을 차지하리라는 예상과는 다르게, "오히려 기업이 기술 개발 비용을 제공한다. 우리가 축적한 빅데이터를 토대로 자신들의 인공지능 기술을 개발하고, 다른 산업으로 활용 범위를 넓혀 돈을 벌 수 있기 때문이다"라는 대답이 돌아왔다. 시장 규모가 큰 중국에서는 한쪽 시장에서는 비용을 지불하더라도 다른 시장에서 더 큰 이윤 창출 기회를 얻을 수 있기 때문이다.

한편, 전문가들은 미중 기술패권 경쟁의 한복판에 있는 화웨이 방문에 대해 큰 관심을 보였다. 화웨이 역시 한국 전문가들의 방문에 앞서 많은 준비를 했고, 화웨이 발전 전략을 '인공지능 발전 로드맵'으로 소개했다. 전문가들은 인공지능 발전 로드맵에 관심을 보이면서도 실현 가능성에 대해서는 판단을 유보하는 입장을 보였다.

화웨이는 2030년까지를 자율주행차와 스마트 의료 진단 및 언어 의미 분석 등을 실현할 수 있는 '범용 인공지능' 시대로 본다. 2030년 이후는 '슈퍼 인공지능' 시대로 규정하는데 이때가 되면 인공지능이 의식과 자각 능력을 갖추게 된다. 그러려면 인공지능 기술이 인간의 지능에 필적할 만한 정보와 역량을 담아낼 수 있도록 하는 칩 개발이 필수다. 이에 따라 화웨이는 아틀라스 900(Atlas 900) 트레이닝 클러스터 개발을 진행 중이며 경쟁사보다 앞서 있다는 자신감을 내보였다. 화웨이 관계자는 아틀라스 900은 전 세계에서 데이터 처리 속도가 가장 빠르다고 소개했다. 아틀라스 900은 2020년 2월 세계이동통신사업자연합회(GSMA)의 '글로벌 모바일 어워드'에서 미래기술상을 수상하기도 했다.

신성장정책교류회는 기업 방문을 마치고 중국과 한국의 기술 수준을 진단하는 솔직한 평가의 시간을 가지며 우리의 현주소를 객관적으로 살펴보았다. 간담회에 참석한 전문가들은 인재 양성의 중요성을 한목소리로 강조했다. 세계적으로 인공지능 관련 기술 전문인력이 부족한 상황이기 때문에 인공지능 관련학과의 대학원생과 연구원 대우를 개선할 필요가 있다고 했다. 특히 고급인재 한 명보다는 중상위 인재 다수를 육성하는 것이 유리하다고 입을 모았다. 그래야만 혁신적 조합이 형성되어 보다 빠른 혁신의 진화가 일어날 수 있기 때문이다.

빅데이터와 관련해서는 데이터의 표준화와 정형화가 절실한 상황이라고 진단했다. 현재 한국은 좋은 품질의 데이터를 어떻게 확보할지가 당면 과제이며, 결과값이 도출되더라도 그 도출 과정에 대한 설명을 제대로 하지 못하는 경우가 많다는 한계가 언급됐다. 아울러 전통 제조업 등의 분야에서는 데이터 표준화 자체가 힘들어 인공지능을 적용하는 데 어려움이 있다는 견해도 제시됐다.

화웨이는 자신들의 향후 발전 전략을 '인공지능 발전 로드맵'으로 소개했다.

　한편, '규제' 문제는 늘 지적되는 사안이다. 사실 중국에서 인공지능 기술과 기존 산업 간 융합이 활발한 것은 관련 규제가 거의 없어서다. 다만 한국은 법률과 제도가 이미 정비된 상태에서 이를 개선해야 하는 반면, 중국은 법제도가 마련되지 않은 상황에서 새로이 규제를 만들어 가는 입장이라 직접적 비교는 어렵다는 점에 모두가 공감을 표했다. 기업 방문 과정에서 만난 중국 관계자 중에는 한국의 규제를 우수한 제도라고 높게 평가한 경우도 있었다.

· 5장 ·

광둥성은
중국의 성장을
계속 선도할 수 있을까?

주광저우총영사관에 근무하면서 한국에서 광둥성을 찾아온 많은 방문단을 만났는데 그들은 공통적으로 이런 질문을 했다. "광둥성이 발전한 이유는 무엇입니까?" 그 질문에 대한 답변을 이 장에 담았다.

덩샤오핑의 개혁개방 정책과 홍콩·마카오와의 경제협력이 광둥성 발전의 기본 토대가 된 것은 분명한 사실이다. 그 토대 위에 구체적으로 다음 4가지 요소를 덧붙일 수 있다. 정부의 적극적 지원, 경제발전을 우선시하는 실용적 문화, 젊은이들에게 도전을 자극하는 성공 경험 그리고 홍콩과 마카오를 포함하는 거대한 시장이다. 필자는 이를 '광둥성 발전의 4원소'라고 이름 붙였다.

이제부터 광둥성 발전의 4원소가 실제로 어떻게 광둥성의 발전을 이끌었는지, 그리고 앞으로도 계속 광둥성 발전에 기여할 수 있을지 살펴보자. 이와 함께 한국의 경우 과연 정부의 적극적 지원 정책이 이뤄지고 있는지, 청년들의 모험적 도전정신은 어떤지, 새로운 것을 포용하는 개방성은 얼마나 되는지, 그리고 한국이 시장규모를 확대하려면 어떤 길을 걸어야 하는지 등을 생각해보는 시간을 가져도 좋을 것이다.

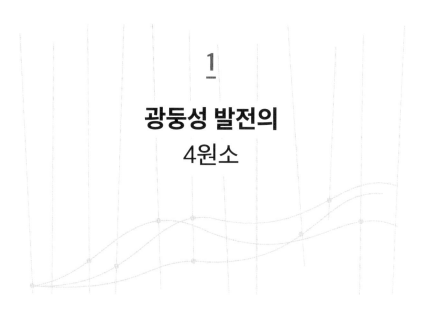

1

광둥성 발전의
4원소

| 발전의 1원소: 정부의 적극적 지원 |

　광둥성의 비약적 경제발전에 정부의 적극 지원이 매우 큰 역할을 했다는 것은 누구나 아는 사실이다. 엄청난 액수의 보조금 지급 및 산업단지 조성은 이미 앞에서 확인했고 굳이 반복해서 언급할 필요는 없을 것이다. 여기서는 필자가 경험한 사례를 소개한다.

　2019년 9월 중국의 기술 현황을 살피고 선전 정부와 경제협력 방안을 모색하기 위해 울산시가 중국 경제협력대표단을 구성하여 선전을 방문했다. 필자가 대표단 일행을 수행했는데, 하루는 오찬으로 예정된 비야디 회장과의 약속이 갑자기 미뤄지는 일이 발생했다. 천루구이(陳如桂) 당시 선전시장이 스케줄을 변경해 울산 대표단과 오전에 면담을 진행하고 이어서 오찬까지 초대했기 때문이다. 선전시장 측에서 먼저 이러한 제안을 한 경우는 그때까지 없었다. 불과 몇 개월 전인 5월에 제27차 '매경지식포럼'이 선전에서 개최되었을 때도 포럼의 주요 참석 자와 선전시장 간 한중 경제협력 논의의 장을 마련하고자 했는데, 당시 선전 측과 면담 일정을 잡는 것이 꽤 힘들었던 기억이 남아 있었다. 그래서 울산 대표단이 선전시장 면담을 추진할 때도 역시 쉽지 않을 것 으로 예상했다. 그런데 스케줄을 조정하면서까지 면담을 하고 선전시 장이 직접 초대하는 오찬 일정까지 잡은 것이니 매우 이례적이었다.

알고 보니 그 배경에는 울산에서 추진하는 경전철 프로젝트가 있었 다. 선전에 소재한 비야디는 새로운 핵심사업으로 모노레일 사업을 육 성하고 있어 울산에서 추진하려는 경전철 프로젝트에 참여할 방안을 찾는 중이었다. 그래서 비야디에 도움이 될 수 있도록 본인의 중요한 일정을 조정하면서 발 벗고 지원에 나선 것이다. 경제 담당 영사로서 필자 또한 늘 우리 기업을 도울 방법을 모색하는 입장이었기에 선전시 장의 판단과 조치를 충분히 이해할 수 있었다. 하지만 이전의 경험을 떠올리면 필요할 때만 적극적인 모습을 보이는 행동에 다소 입맛이 쓰 기도 했다.

이처럼 정부가 적극적으로 나서는 것 외에도 '규제를 없애는 것' 역시 정부의 중요한 기업 지원책의 하나로 흔히 언급된다. 특히 4차 산업혁 명 같은 신산업 분야는 새로이 형성되는 시장이기 때문에, 중국 정부 는 기업의 자유로운 활동을 지원한다는 측면에서 그다지 규제 정비를 서두르지 않는 모습이다. 오죽하면 규제가 없다는 것이 오히려 기업의 성장전략 수립에 장애가 된다는 말이 나올 정도다. 필자가 만난 드론 기업 담당자의 말은 이러했다.

"드론 산업은 새로운 분야입니다. 법령과 규제 등이 제대로 없어서 문제죠. 제도 정비가 빨리 이루어져야 안정적으로 투자계획을 수립할 수 있습니다. 투자를 진행한 후 정부가 반대 방향으로 법령을 제정하면 기업이 큰 손실을 입을 수 있습니다. 정부는 정책적 필요에 의해 원하는 방향으로 제도를 수립할 수 있는 힘이 있기 때문입니다."

중국은 그동안 형성된 경제적 이해관계에 영향을 받지 않고 언제든 행정조치 등을 통해 기업의 활동을 제어할 수 있다는 자신감이 있기 때문에 기업활동을 자유로이 허용하는 측면도 있다는 이야기였다.

유사한 사례를 하나 더 살펴보자. 필자가 2017년 9월 처음 광저우에 부임했을 때 모바일 결제 방식이 너무나도 보편적으로 사용되고 있어 놀랐다. 스마트폰만 있으면 모든 게 결제가 가능해 지갑을 들고 다닐 필요가 없었다. 결제 방법도 다양했다. 구매자가 스마트폰으로 금액 지불 QR코드를 보여주면 판매자가 포스 기기로 읽는 방법, 판매 장소에 비치된 금액 수령 QR코드를 구매자가 자신의 스마트폰으로 스캔하는 방법, 판매자와 구매자가 상호 스마트폰을 통해 지불하는 방법(친구로 등록되지 않아도 제3자 지불이 가능해 모르는 사이에도 자주 이용한다) 등이었다.

중국 모바일 결제 시장은 위챗페이(微信支付)와 알리페이(支付宝)가 양분하고 있다. 모바일 결제를 이용하는 사람이라면 거의 대부분 이 두 앱을 다 가지고 있다. 처음 만나는 거래 상대라도 동일한 결제앱을 가지고 있을 게 확실하기 때문에 누구나 편리하게 모바일 결제를 이용한다. 예를 들어, 새로운 거래 상대방을 만나더라도 그가 위챗페이를 사용할 것이 확실하니 위챗페이 전자지갑 안에 보유한 자금을 군이 현금으로 바꿔둘 필요가 없다. 위챗페이에서 위챗페이로 자금을 보내는 것은 동일 은행 간 거래나 마찬가지여서 수수료가 없다. 현금화하면 오히려 수수료가 발생하기 때문에 현금화를 원하지도 않는다. 생활비로 사용하거나 아이들 학비와 용돈을 주는 경우에도 모바일을 이용할 수 있기에 모든 자금이 위챗페이 네트워크 안에서 순환한다.

모바일 결제가 워낙 활성화돼 있다 보니 현금을 아예 받지 않거나 거스름돈을 두지 않는 업소도 있을 정도로 현금 사용은 급격히 줄어드는 상황이 됐다. 이에 대응하여 광둥성 정부는 2018년 12월 〈인민폐 현금 수령 거부 관련 업무 협조 처리에 관한 광둥성 인민정부 판공청 통지〉[53]를 발표하게 된다. 주요 내용은 인민폐 현금 수령 거부 행위를 조사하여 위반 행위를 시정하겠다는 것, 일정 영업소는 현금을 수령하거나 지급하기 위한 시설을 완비하라는 것 등이었다. 정부의 이런 조치는 즉각적 효과가 있었다. 필자가 퇴근하는 길에 즐겨 듣는 라디오 만담에서는 모바일 결제에 익숙하지 않은 시골 노인이 어려움을 겪는 사례를 언급하면서 이러한 일이 발생하지 않도록 정부 지침에 따라 현금을 비치하는 것이 필요하다는 내용이 방송되기도 했다.

이처럼 중국 정부는 사후에도 언제든지 정부가 원하는 방향으로 상황을 통제할 수 있다는 자신감이 있다. 정부의 조치에 대해 이해관계자들이 강력히 저항하기도 힘들다. 결국 보조금 지급이나 산업단지 조성뿐 아니라 규제완화 또는 무규제 등의 지원 정책은 중국 정부가 용인

하는 범위 내에서 강력한 지원 효과를 갖게 된다.

| 발전의 2원소: 경제발전을 우선시하는 실용적 문화 |

2017년 9월, 주광저우총영사관에 부임한 직후 필자는 광둥성과 광저우 그리고 선전 주요 경제부처를 공식 방문하고 부임인사를 했다. 그 과정에서 광둥성 경제부처의 한 간부를 만났다. 당시는 사드 사태의 여파가 여전한 상황이라서 의례적으로 사드를 배치한 조치에 대해 항의가 있을 것으로 예상했다. 그런데 뜻밖에도 첫마디는 다음과 같았다.

"광둥성은 경제를 가장 중요시합니다. 정치는 그다음이에요."

한국과의 경제협력의 중요성을 강조하며 정치를 뒤로 미룬다는 말을 광둥성 주요 경제부처 간부에게 듣게 될 거라고는 미처 예상하지 못한 일이었다.

돌이켜보면 광둥성 부처를 방문했을 때 사드와 관련된 발언을 들은 적은 거의 없었다. 오히려 푸젠성을 방문했을 때 사드 배치에 대한 유감표명을 들은 기억이 있다(주광저우총영사관 관할 지역은 광둥성, 푸젠성, 하이난성, 광시좡족자치구다). 그만큼 광둥성은 경제 문제에 관한 한 실용적 자세를 잃지 않는다. 이를 두고 혹자는 광둥성 사람에게는 오랜 개방의 경험이 DNA에 새겨져 있어, 개혁개방이 시작되자 잠재해 있던 상인 기질을 유감없이 발휘한 것이라고 말하기도 한다.

중국에는 광둥성을 가리키며 '산은 높고 황제는 멀다(山高皇帝远)'는 속담을 쓴다. 중앙 권력이 미치지 않아 지방 토호의 횡포가 심하다는 뜻도 있지만, 지금은 중앙의 간섭과 견제가 적어 각종 형식에 얽매이지 않고 더 자유롭게 활동할 수 있다는 의미가 크다. 오래전부터 상업 문화가 축적되었기 때문에 다른 지역보다 경제를 중시하며 실용성이 강한 모습을 뜻하기도 한다. 집집마다 돈을 가져다준다는 재신(財神)을 모셔놓고는 하늘처럼 떠받든다.

필자가 부임했을 당시 사드사태 여파로 선전에 있는 롯데첨단소재 영업소 사무실이 2017년 3월부터 소방법 위반을 이유로 폐쇄 중인 상황이었다. 선전 영업소는 고품질 폴리카보네이트(PC, polycarbonate)와 같은 플라스틱 소재를 광둥성 고객사에 판매하고 있었는데, 어쩔 수 없이 같은 건물 회의실을 임차해 임시사무실로 써야만 하는 불편함을 겪고 있었다. 재미있는 사실은 폐쇄 조치 후 영업소 매출이 더 늘었다는 점이다. 영업점이 철수할지 모른다는 우려에 광둥성 고객사들이 사전에 물건을 확보하기 위해 선주문을 확대했기 때문이다. 광둥성 고객사들은 자국 제조업체가 만든 저품질 소재로 대체하기보다는 재고 비축에 따른 보관료는 물론 물건을 확실하게 확보하기 위해 웃돈까지 지불하며 경쟁을 벌였다.[54]

그러나 항상 이러한 결과를 기대하기는 어렵다. 중국은 강력한 중앙집권적 시스템을 가진 국가다. 상인 DNA가 본능적으로 녹아들어가 있는 광둥성 사람들이라고 해도 공식적인 수준에서는 중앙정부의 정책의지가 신속하고 일관되게 반영된다. 주광저우총영사관에서는 2017년 12월 한중정상회담 이후 선전 영업소 폐쇄 문제를 선전 외사판공실과 본격적으로 협의할 수 있었다. 이후 절차를 거쳐 2018년 3월 말이 되어서야 폐쇄 명령이 공식적으로 종료됐다. 선전 영업소 직원들은

2017년 3월부터 13개월 만에 원래 사무실로 돌아갈 수 있었다. 영업소 폐쇄가 보다 장기화되었다면 또 다른 결과가 나타났을 가능성도 배제할 수 없다.

| 발전의 3원소: 젊은이들의 도전을 자극하는 성공 경험 |

창업에 성공해 큰 명성을 얻은 성공담도 예비 창업자들을 창업 전선으로 끌어들이는 유인이다. 텐센트의 창시자 마화텅은 1971년생이고, DJI 창시자 왕타오는 1980년에 태어났다. 이들을 바라보며 그들처럼 되고자 하는 많은 젊은이가 간이침대에서 쪽잠을 자며 일하기를 마다하지 않는다. 중국 IT산업에 근무하는 사람들은 '996 근무제'가 보편적이다. 996 근무제란 아침 9시부터 저녁 9시까지 일주일에 6일 근무를 하는 것을 말한다. 텐센트와 DJI 등이 어마어마한 성공을 거두면서 광둥성 스타트업 기업들은 996 근무제를 당연하다는 듯 받아들이고 있다.

요컨대, 광둥성 젊은이들은 부와 명예를 이루는 최선의 방법이 '창업'을 통한 성공이라 믿는다. 필자는 광둥성 외판에서 근무하고 한국어에 능통한 엘리트 공무원과 업무상 자주 만나며 교류했는데 어느 순간 그가 텐센트로 직장을 옮겼다. 그는 자신의 다음 단계를 "텐센트에서 경력을 쌓아 나만의 사업을 일으키는 것"이라고 했다. 주광저우총영사관에 근무하는 중국 직원들 가운데도 창업을 꿈꾸는 사람이 많다. 정부 기관이나 외국 공관에서의 근무가 창업을 위한 디딤돌이었던 것이다. 중국은 사업을 할 때 정부 관료와의 관계가 중요하기 때문에 공직 근무

경험이 향후 창업 시 유리한 조건으로 작용할 수 있어서다. 최근 국유 기업의 신규 직원 채용 수요가 증가하고 있는데, 과거 수년간 국유기업 핵심인력이 창업을 위해 직장을 떠난 것이 주요 원인으로 파악될 정도다. 광둥성 곳곳에 창업 열기가 넘친다.

창업을 위한 인프라도 잘 갖추어져 있다. 광저우와 선전 곳곳에 창업 공간(인큐베이터와 액셀러레이터를 포함)이 널려 있다. 현재 중국정협(중국인민정치협상회의, 中国人民政治协商会议) 주석인 왕양(汪洋) 상무위원이 2007년부터 2012년까지 광둥성 서기로 재직할 당시 '삼구개조(三旧改造)'라는 도시재생 사업을 통해 낡은 공장 등을 리모델링해 전시관과 창업 공간 등을 많이 만들었다. 또 '창업 공간'은 도시재생 사업으로 만들어진 곳만 있는 게 아니어서, 대학 내에도 있고 지적재산권협회와 같은 분야별 전문기관이 만든 곳도 있다. 텐센트 같은 대기업에서도 창업 공간을 운영한다. 운영 방식도 매우 다양해 기숙사까지 제공되는 곳도 있는 반면 낡은 테이블만 하나 덩그러니 놓인 곳도 있다.

한국에도 잘 알려진 대표적인 창업 공간은 '따공팡(大公坊, iMakerbase)'이다. 따공팡은 매우 저렴한 비용으로 개인 또는 팀을 위한 공간을 제공한다. 아이디어를 시제품으로 만들어볼 수 있도록 제조공장이 마련되어 있고 시장성 있는 아이디어는 양산 과정까지 지원한다. 이 과정에서 아이디어 개발자와 투자자를 연결하는 행사를 개최해 제품 양산에 소요되는 자금 문제도 해결할 수 있도록 돕는다. 따공팡의 딩춘파(丁春发) 사장은 후이저우 한중산업단지에 한국과 중국의 청년들을 위한 제2기 따공팡 건설 계획을 추진하면서 필자와 매우 긴밀하게 연락

선전시의 '따공팡' 전경. 따공팡은 매우 저렴한 비용으로 개인 또는 팀을 위한 창업 공간을 제공한다.

을 주고받았다. 그때 딩춘파 사장에게 따공팡의 수익모델에 대해 질문한 적이 있는데 그의 대답은 다음과 같았다.

"따공팡의 매출은 4가지로 구분됩니다. 입주 기업으로부터 받는 임대료, 시제품 제작 수수료, 정부 보조, 우수 스타트업에 대한 투자가 그것이죠. 임대료와 수수료는 미미하고 정부 보조란 토지와 건물을 저렴하게 지원받는 것을 말합니다. 우수 스타트업에 대한 투자가 가장 중요합니다. 양산 과정까지 지원하고, 양산된 제품이 팔릴 때 매출액의 일정 부분을 수익으로 받는 방식으로 운영합니다. 따라서 우리에게는 수익을 창출할 수 있는 아이디어를 발굴하는 것이 매우 중요합니다. 잘못 선택하면 우리도 손실을 입기 때문이죠."

| 발전의 4원소: 홍콩과 마카오를 포함하는 거대한 시장 |

중국의 거대한 시장, 그 자체가 실은 중국이 가진 경쟁력의 원천이다. 많은 외국계 기업들이 중국의 시장을 보고 중국에 투자하고 있다. 중국이 다른 나라들로 하여금 자신들의 정책에 협조하도록 강제할 수 있는 것도 바로 이 '거대한 시장'이라는 무기 덕분이다. 광둥성은 32년 연속 중국 내 GDP 1등 성으로 굳건히 자리를 지키고 있으며 인구도 1.1억 명으로 단일 지방단위로는 가장 많은 인구를 보유하고 있다. 여기에 웨강아오따완취 발전계획으로 홍콩과 마카오가 단일 경제권으로 흡수되고 있다. 중국이 얼마나 거대한 시장인지를 더 말해 무엇하겠는가!

❈ 광둥성의 인구 현황 ❈

광둥성 통계국은 2020년 4월 〈2019년 광둥 인구 발전현황 분석〉을 발표하며 '사람'은 한 사회의 생산능력을 결정하는 첫 번째 요소임을 강조하고 있다. 2019년 광둥성의 상주인구는 1억 1,521만 명으로 중국에서 1위이며, 중국 전체 인구의 8.23%를 차지한다. 남성 인구는 6,022만 명, 여성 인구는 5,499만 명으로 성비는 여성을 100으로 볼 때 남성이 109 수준이다. 인구밀도는 ㎢당 641명이다. 출생 인구수는 143만 명으로 12.5‰ 출생률이다. 두 아이 정책이 전면적으로 실시되고 있고, 외지에서 인구가 지속적으로 유입되고 있기 때문에 광둥성의 상주인구는 앞으로도 계속 증가할 것으로 전망된다.

2021년 3월, 《21세기경제보도(21世纪经济报道)》는 〈어느 도시가 가장 흡인력이 있나?(哪些城市最有吸引力？)〉라는 제목으로 2016년부터 2019년 기간 동안 주요 도시의 인구 변화를 발표했다. 이 내용은 《시나재경》에도 보도되었는데, 인구증가 상위 5개 도시는 1위 선전(199만 명), 2위 청두(192만 명), 3위 광저우(180만 명), 4위 지난(178만 명), 5위 시안(150만 명)이었다. 광둥성의 두 일선도시가 1위와 3위를 기록해 외부 인구 유입이 많은 상황을 잘 보여주고 있다.

참고로 인구통계 기준을 분명히 구분해서 볼 필요가 있다. 중국은 그때그때 자의적 기준으로 인구통계를 바꿔 사용하기도 하기 때문이다. 우선, 가장 기본이 되는 것은 해당 지역의 호적 보유 여부로 판단하는 호적인구(户口人口)다. 다음은 해당 지역에 6개월 이상 상주하는지를 기준으로 하는 상주인구(常住人口)다. 이 상주인구가 중국 통계 기준으로 가장 많이 사용되며 이 책에서도 그것을 따랐다. 마지막으로 해당 지역에 6개월 미만 단기 거주하는 사람도 포함하는 유동인구(流动人口)가 있다. 인구가 많음을 강조할 때는 유동인구를 곧잘 쓴다. 예를 들어, 2019년 선전의 호적인구는 495만 명, 상주인구는 1,344만 명, 유동인구는 2,000만 명이다.

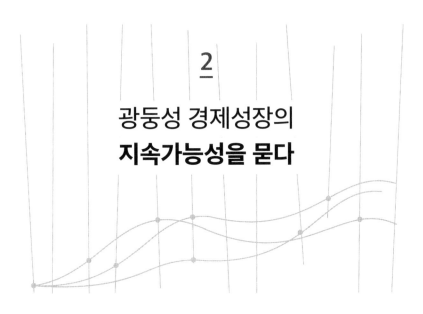

2
광둥성 경제성장의
지속가능성을 묻다

| 광둥성 발전의 4원소는 앞으로도 유효할까? |

보조금 정책과 산업단지 조성 등 광둥성 정부의 지원 정책에 대해서는 이미 3장에서 자세히 살펴봤다. 광둥성은 세 부담, 용지 가격, 사회보험, 전력 사용비, 운송비, 융자 비용, 거래 비용 등에서 기업의 경제적 부담을 완화하고 사업 개시, 시설 건설, 인재 유치, 주식 상장 등 다양한 경우에 일회성 또는 지속적 인센티브를 제공하고 있다. 재정 여유가 많고 경제가 한창 성장하고 있을 때는 보조금 정책을 쓰는 데 부담이 크지 않다. 그러나 경제가 어느 정도 성숙하여 성장속도가 줄어들 때는 한계기업을 정리하지 못하고 좀비기업으로 계속 생존하게 만드는 문제가 발생한다. 가격 구조를 왜곡해 사회적 효율성을 저하시키며 수많은 보조금 정책이 정합성을 갖추지 못하고 상호 충돌하여 새로운 성장동력을 육성하는 데 장애가 될 수도 있다.

광동성처럼 보다 강화된 개방형 경제체제를 가진 경우 보조금이 또 다른 문제를 야기할 수도 있다. 바로 보조금과 상계관세 문제다. 중국 정부의 보조금이 다른 나라에 부정적 효과를 초래하거나 심각한 손상을 주는 경우 상계관세의 대상이 될 수 있다. 또한 중국 정부가 수많은 국영기업에 제공하는 다양한 지원이 시장질서를 교란할 수 있어 미국과 유럽의 선진국들은 그 부분을 민감하게 살펴보고 있다. 이 때문에 중국은 CPTPP(포괄적·점진적환태평양경제동반자협정) 같은 새로운 시장질서에 참여하지 못하는 상황에 처해 있기도 하다.

각종 경제특별구역(산업단지) 조성도 광동성 정부의 다양한 정책 방안에서 빠지지 않고 등장하는 단골 테마다. 중국은 선전 경제특구의 놀라운 성공 경험을 생생히 기억하고 있다. 현재 광동성에 존재하는 경제특별구역만 해도 국가공인 경제기술단지가 6개, 첨단기술산업단지가 14개, 그 밖에 광동성 해관 특수감독관리구역으로 운영하는 수출가공 및 물류단지 및 성급 산업단지가 있다. 여기에 더하여 신재생에너지자동차산업기지를 광동성 남부를 뺀 동서북부 지역(광동성은 남부지역과 기타 지역의 경제발전 격차가 크다)에 설치하거나, 5G 산업클러스터 건설을 위해 8개의 산업단지를 형성하도록 하고, 인공지능 첨단기술 기업을 육성하기 위한 10개 이상의 산업 클러스터를 구축하는 등 새로운 경제특별구역 지정을 통해 경제를 육성하겠다는 계획을 다수 세워두고 있다. 2020년 7월에는 첨단기술단지 20곳을 신규로 조성하겠다는 내용까지 발표했다.

● 광둥성 경제특별구역(산업단지)

국제협력단지	중국–싱가포르 광저우 지식성(中新广州知识城) 중한 후이저우 산업단지(中韩惠州产业园)
국가공인 경제기술단지	광저우 경제기술단지(广州经济技术开发区) 잔장 경제기술단지(湛江经济技术开发区) 광저우 난사 경제기술단지(广州南沙经济技术开发区) 후이저우 따야만 경제기술단지(惠州大亚湾经济技术开发区) 쩡청 경제기술단지(增城经济技术开发区) 주하이 경제기술단지(珠海经济技术开发区)
국가공인 첨단기술산업단지	광저우 첨단기술산업단지(广州高新技术产业开发区) 선전시 첨단기술산업단지(深圳市高新技术产业园区) 중산 화쥐 첨단기술산업단지(中山火炬高新技术产业开发区) 주하이 첨단기술산업단지(珠海高新技术产业开发区) 포산 첨단기술산업단지(佛山高新技术产业开发区) 후이저우 중카이 첨단기술산업단지(惠州仲恺高新技术产业开发区) 둥관 숭산후 첨단기술산업단지(东莞市松山湖高新技术产业开发区) 자오칭 첨단기술산업단지(肇庆高新技术产业开发区) 장먼 첨단기술산업단지(江门高新技术产业开发区) 위엔청 허위안 첨단기술단지(源城河源高新技术开发区) 칭위안 첨단기술산업단지(清源高新技术产业开发区) 산터우 첨단기술산업단지(汕头高新技术产业开发区) 잔장 첨단기술산업단지(湛江高新技术产业开发区) 마오밍 첨단기술산업단지(茂名高新技术产业开发区)
광둥성 해관 특수감독관리구역	광저우바이윈공항 종합보세단지(广州白云机场综合保税区) 광저우 보세단지(广州保税区) 광저우 수출가공단지(广州出口加工区) 광저우 보세물류단지(广州报税物流园) 광저우 난사 보세항구단지(广州南沙报税港区) 광둥 푸티엔 보세단지(广东福田保税区) 선전 첸하이만 보세항구단지(深圳前海湾保税港区) 선전 엔티엔 종합보세단지(深圳盐田综合保税区) 광둥 선전 수출가공단지(广东深圳出口加工区) 광둥 주하이 보세단지(广东珠海保税区) 주하이 마카오 크로스 보더 공업단지(珠澳跨境工业园) 주하이 가오란 항구 종합보세단지(珠海高栏港综合保税区) 둥관 후먼 항구 종합보세단지(东莞虎门港综合保税区) 산터우 경제특구 보세단지(汕头经济特区保税区)

자료: 광둥성 상무청.

그러나 이미 변화한 경제환경을 고려하면 이처럼 많은 산업단지를 세운다고 해서 이전에 선전 경제특구가 그랬던 만큼 큰 성과를 거둘 수 있으리라고 기대하기는 어렵다. 웨강아오따완취 발전계획 등 기존의 개발계획과 유기적으로 연계되면서 각자의 기능을 수행할 수 있을지도 장담할 수 없다. 비효율과 낭비, 중복이 발생할 우려가 있는 것이다. 자칫하면 과거의 성공 경험에 도취돼 '창조적 파괴'와는 거리가 멀어질 수 있다. 따라서 이제 광동성과 중국은 과거 선전 경제특구를 통해 고속 성장을 누린 성공 경험의 추억에서 빠져나오지 못하고 있는 것은 아닐지 숙고해볼 필요가 있다.

사실 최근 들어서는 광동성의 창업 열기에도 미묘한 변화가 일어나고 있다. 사회가 더욱 급속도로 성숙해가고 기술이 고도화되면서 개인이 자신의 아이디어만으로는 성공을 이루기가 어려워진 것이다. 대규모 자금과 다수의 연구자들이 모인 곳에서 아이디어가 전략적 계획에 따라 시장성 있는 제품으로 만들어지거나, 심지어 거대한 자금력을 동원해 인위적으로 시장을 창출하기도 한다.

더욱이 플랫폼 경제가 활성화되면서 이미 시장에 진출해 있던 대기업의 우월적 힘이 강화되고 있다. 앞서 4장에서 살펴본 텐센트는 "시장의 동향을 면밀히 살펴, 가장 빠른 방식으로 성공자의 모델을 복사한 후 QQ 사용자 우세를 이용하여 추월한다"라는 이유로 비난을 받았다. 그런데 이를 조금 더 적나라하게 풀어보면 "시장성 있는 아이디어를 빨리 베껴 이미 확보한 많은 고객에게 제공하는 방법으로 경쟁자의 싹을 고사시킨다"라는 의미다. 이처럼 창업환경이 변화하고 성공 가능성이 줄어드는 모습은 광둥성 경제의 고민거리이다.

| 광둥성의 인구구조 변화와 경제발전의 미래 |

인구구조에서도 문제가 나타나고 있다. 과거에는 젊은 중국이 중년에 접어든 미국과의 격차를 빠르게 줄일 수 있었지만, 이제는 늙은 중국이 여전히 중년인 미국을 추격해야 하는 상황이기 때문이다. 중국은 35년간 한 자녀 정책을 고집하다가 생산인구 감소와 급격한 고령화라는 문제에 직면해 있다. 2015년 시진핑 주석이 두 자녀 정책으로 완화했으나 이미 시작된 고령화 추세를 막기에는 역부족이다. 이 때문인지 《광저우일보(广州日报)》는 2021년 6월 세 자녀를 허용하는 새로운 산아 정책이 실시된다고 보도하기도 했다.[55]

광둥성의 인구 연령별 구조를 보면 노년층과 아동층이 적고 중간층이 많은 모습이다. 0세에서 14세 인구가 1,876만 명, 15세에서 64세

● **2019년 광둥성의 인구 분포**

(단위: 만 명, %)

	연말 인구	비중
상주인구	11,521.00	100.00
도시 인구	8,225.99	71.40
농촌 인구	3,295.00	28.60
남성 인구	6,022.33	52.27
여성 인구	5,498.97	47.73
0~14세	1,875.62	16.28
15~64세	8,608.49	74.72
65세 이상	1,036.89	9.00

자료: 광둥성 통계국 (2020. 4). 〈2019년 광둥 인구 발전현황 분석〉.

인구가 8,608만 명, 65세 이상 인구가 1,037만 명으로 각각 16.3%, 74.7%, 9.0%다. 광둥성은 출산 완화 정책과 외지 인구 유입에 힘입어 65세 이상 고령인구 비율이 중국 전체 평균인 12.6%보다 3.6%p 낮은 9.0%를 기록하고 있지만, 그럼에도 고령화사회다. UN 기준에 따르면 65세 이상 인구가 7% 이상일 때 고령화사회, 14%를 넘으면 고령사회, 20%를 넘으면 초고령사회로 구분한다. 참고로 한국은 2019년 14.9%로 이미 고령사회에 진입했으며, 2025년에는 초고령사회로 들어설 것으로 전망되고 있다. 고령화 문제에 대한 근본적 해결책인 출산율 제고는 결코 쉬운 일이 아니다. 그 때문에 중국 각 지역은 한정된 생산가능인구를 두고 치열하게 싸우면서 흡사 쟁탈전 양상까지 띠고 있다.

❈ 신일선도시들의 인재 쟁탈전 ❈

인간에게 생로병사가 있는 것처럼 도시도 흥망성쇠가 있다. 도시의 운명을 좌우하는 요소는 인구의 흐름이다. 사람이 몰려들면 흥하는 도시가 되지만 빠져나가면 망하는 도시가 된다. 저출산 고령화의 거센 물결은 중국을 팽창의 시대에서 축소의 시대로 전환시키고 있다. 이러한 시대적 변화 속에서 중국 도시들은 흥망성쇠의 흐름을 자신들에게 유리한 방향으로 돌리기 위해 치열한 경쟁을 벌이고 있다.

베이징과 상하이 등은 상주인구가 줄어들고 있는 반면 신일선도시들은 상주인구가 빠르게 증가하고 있다. 중국 내 많은 도시에서 인재 쟁탈전이 벌어지고 있는 형국인 것이다. 여러 도시가 호적과 부동산 등 다양한 유인책으로 젊은이들을 끌어들이고 있다.

2017년 3월, 시안은 대학생이기만 하면 중국 어디에 살더라도 학생증과 신분증만으로 시안에 호적을 올릴 수 있도록 하는 정책을 발표했다. 곧바로 7월에는 청두가 45세 이하의 대학 졸업자나 그 이상 학력을 가진 사람은 신분증과 졸업증만 있으면 청두 어느 지역에나 호적을 올릴 수 있다고 선포했다. 이로 인해 2017년 한 해 시안으로 이주하여 호적을 얻은 인구가 80만 명이 넘었고 청두는 36만 명이 증가했다.

왜 이런 방법을 쓰면서까지 인구 쟁탈전을 벌이는 것일까. 지방도시는 투자와 부채 등에 의존한 경제성장 방식에는 분명한 한계가 있음을 인식하고 인적자원에서 성장동력을 찾고 있는 것이다. 인구가 늘어나면 부동산 시장이 성장하고 결국 도시의 경제규모가 커진다. 인적자본에 대한 투자 수익과 과학기술의 진보가 우수 인적자원에 대한 거대한 수요를 형성한다는 이야기다.

그러나 과도한 경쟁으로 인한 부작용도 발생하고 있다. 인구 유입이 장기 성장동력으로 작용하려면 도시의 산업을 육성하고 공공서비스 능력을 향상시키는 것이 중요함에도, 대다수 지방도시는 자체적 산업 발전보다 중앙정부가 육성하는 산업을 비판 없이 채택하는 단기적 발전계획에 매몰되어 있는 듯 보인다. 예를 들어, 국가가 바이오의약 산업을 촉진하면 전국 대부분의 지방정부도 한꺼번에 바이오의약 산업에 투자하는 모습이다.

한편, 인재 경쟁은 도시와 도시 사이에서만 일어나는 게 아니다. 도시 내부에서도 비효율적인 지역 간 인구 유입 경쟁이 있다. 기업이 도시의 한 지역에서 다른 지역으로 이주하는 사례도 있고, 정책적 우대를 받기 위해 상대적으로 먼 지역에 유명무실한 연구개발센터를 세우기도 한다. 이러한 내적

낭비는 결국 생산효율을 떨어뜨리고 도시경쟁력을 약화시킨다.

인구 유인 정책이 불러오는 가장 심각한 문제는 학력 차별 현상이다. 대학 이상 학력을 기준으로 우대 정책을 실시하고, 좀 더 큰 규모의 유동인구인 농촌인구는 도외시한다. 2016년 기준 중국의 유동인구 규모는 2.45억 명이었는데, 이 중 도시 간 유동인구는 0.8억 명에 불과하고 대부분 도시와 농촌 간 인구이동이었다. 그런데 농촌 유동인구는 도시의 호적을 얻을 수 없다. 호적이 없으면 사회복지 혜택은 물론 자녀교육 혜택에서도 차별대우를 받기 때문에 농민공 시위 등 심각한 사회 문제가 발생하고 있다. 노동생산성이 높은 지역일수록 농민공의 저렴한 노동집약적 서비스가 필요한데, 이런 사정을 무시하면 경제에 부정적 효과를 가져올 수 있다.

| 도시 간 발전 수준으로 본 광둥성의 빈부격차 |

광둥성은 아시아 외환위기와 서브프라임 모기지 사태를 겪으면서 수출증진 강화와 함께 내수확대를 동시에 추진해왔다. 이러한 정책 변화로 광둥성은 본질적으로 내재된, 그리고 다시 부각되는 문제점에 직면하고 있는데, 그것은 바로 광둥성 도시 간의 발전격차와 빈부격차 문제다. 광둥성이 내수확대를 위해 내구재 교체 구매, 쇼핑거리 개선, 야간경제 활성화, 농촌의 소비 진흥 등 소비 촉진 정책을 실시하고는 있으나 도시 간 발전격차를 줄이고 주민 가처분소득을 높이는 것이 내수확대를 위해 무엇보다 중요하다.

노벨 경제학상 수상자인 조지프 스티글리츠는 《불평등의 대가(*The*

Price of Inequality)》에서 "불평등이 심화되면 경제성장이 둔화되고 소속 구성원 대부분에게 돌아가는 파이의 크기도 갈수록 줄어든다"라고 지적한 바 있다.[56] 불평등은 역동성과 효율성과 생산성을 모두 마비시키고 이것이 다시 분배 구조를 고착화시켜 파멸적 악순환 고리를 형성한다는 의미다. 개혁개방 40년간 꾸준히 심화되어온 광둥성의 불평등은 더는 무시할 수 없을 정도로 심각한 수준에 이르렀다. 따라서 내수 확대와 함께 중국 사회를 제대로 유지하기 위한 최소한의 안전판은 지역 간 그리고 개인 간의 불평등 완화다.

광둥성 내의 도시 간 발전 수준이 얼마나 불평등한지는 장쑤성과 비교해보면 금세 드러난다. 장쑤성은 중국 대륙 동부연안 상하이와 인접한 성이다. 2019년 장쑤성의 상주인구는 8,070만 명으로 10만 7,200㎢의 면적에 13개의 지급시가 있다(광둥성은 1억 1,521만 명의 인구에 면적은 17만 9,800㎢다). 2019년 GDP는 광둥성이 10조 7,671억 위안(약 1.56조 달러), 장쑤성이 9조 9,632억 위안(약 1.43조 달러)을 기록했다. 2020년에는 광둥성이 2.3% 성장해 11조 761억 위안(약 1.71조 달러)을 달성했고 장쑤성은 10조 27억 위안(약 1.55조 달러)으로 3.7% 성장했다. 광둥성과 장쑤성은 각각 GDP 1위와 2위를 유지하고 있고 둘 사이의 GDP 차이가 크지 않기 때문에, 실제로 1위 타이틀을 두고 지속적으로 경쟁하는 관계다. 하지만 1인당 GDP를 보면 이야기가 달라진다. 2019년 1인당 GDP는 광둥성이 9만 4,172위안(약 1만 3,651달러), 장쑤성이 12만 3,607위안(약 1만 8,444달러)으로 장쑤성이 광둥성을 많이 앞선다. 주민 가처분소득도 광둥성이 3만 9,014위안(약 5,827달러), 장쑤성이 4만 1,400위안(약 6,183달러)으로 장쑤성이 더 높다.

앞서 언급했듯 광둥성과 장쑤성을 비교할 때 가장 주목할 만한 차이는 도시별 발전의 균형 문제다. 장쑤성은 쑤저우(苏州)와 난징 등 2개의 신일선도시를 포함하여 13개의 지급시가 모두 삼선도시(三线城市) 이상이다. 중국에서 사선도시 이하가 없는 유일한 성이 장쑤성이다. 중국에서 지역별 경제발전이 가장 균형을 이룬 곳이라 하겠다. 광저우나 선전 같은 초대형 도시는 없지만 장쑤성의 13개 지급시는 모두 중국의 100대 도시에 속한다.

반면, 광둥성은 중국에서 유일하게 2개의 일선도시를 보유한 성이면서 동시에 사선도시와 오선도시도 있다. 일선도시인 광저우와 선전의 GDP가 광둥성 GDP의 50%를 차지하며, 여기에 포산과 둥관을 합하면 70%까지 늘어난다. 주강삼각주 지역 외 광둥성 동부(粤东), 서부(粤西), 북부(粤北)는 전국 평균보다도 몹시 낮은 수준이라 지역별 차이가 심각하다.

그러므로 광둥성의 소비 촉진을 위한 최대 과제는 도시 간 발전격차와 빈부격차를 완화하는 것이다. 광둥성 공무원들과 만나 이야기를 나누다 보면 이러한 구조적 문제를 해결하지 못할 경우 광둥성이 장쑤성에 뒤처질 수 있다는 위기의식이 크다는 것을 발견할 수 있다. 하지만 과거와 같은 고도성장이 점점 어려워지는 상황에서 도시 간 불평등을 해소하고 내수주도형 경제로 획기적으로 전환하기란 결코 쉽지 않은 과제다.

❈ 광둥성과 장쑤성의 도시별 발전 수준 비교 ❈

	정의	광둥성(21개)	장쑤성(13개)
일선도시	중국 도시를 대표하는 가장 발달된 도시(4개)	광저우, 선전 (2개)	없음
신일선도시	상업자원 집중, 허브 역할, 생활습관 다양성 등 지표를 기준으로 선정한 상위권 도시(15개)	둥관, 포산 (2개)	난징, 쑤저우 (2개)
이선도시	일반적으로 지방행정의 중심, 동부 지역 경제도시, 경제개발 지역 중심 도시로 일정한 경제 기반과 강한 상업활동 보유(30개)	후이저우, 중산 (2개)	우시, 창저우, 난퉁 쉬저우, 양저우 (5개)
삼선도시	규모가 큰 중심 도시, 비농업 인구가 100만 이상, 동부 지역 경제개발도시, 지방 중부 도시, 지방 중심 도시 등 포함(70개)	주하이, 산터우, 장먼, 제양, 잔장, 자오칭, 차오저우 (7개)	옌청, 타이저우, 전장, 화이안, 롄윈강, 쑤첸 (6개)
사선도시	경제 및 사회 발전이 지역의 중소기업 또는 자원 기반 기업에 의존하며 주민의 소비 수준이 성장 과정에 있음(90개)	메이저우, 칭위안, 허위안, 산웨이, 사오관, 마오밍, 양장 (7개)	없음
오선도시	일반적으로 규모가 작고 경제 기반이 취약하며 교통이 불편함, 기업 수가 제한적이고 농업인구가 여전히 많은 비율을 차지(129개)	윈푸 (1개)	없음

자료: 바이두 내용 재구성.

신일선도시는 중국 최대 경제지인 《제일재경(第一財経)》이 매년 선정하는 상위 15개 도시를 말한다(베이징, 상하이, 광저우, 선전은 제외). 지급시 이상의 338개 도시들을 대상으로 상업자원 밀집도, 도시 중심성, 시민 활력도,

생활방식 다양성, 미래발전 가능성 등 5개 지표를 분석해 선정한다. 2020년에는 청두, 항저우, 충칭, 우한, 쑤저우, 시안, 톈진, 난징, 정저우, 창사, 선양, 칭다오, 둥관, 포산, 허페이가 선정됐다. 2021년에는 허페이가 빠지고 그 자리를 닝보가 차지했다.

| 광둥성의 한계가 곧 중국의 한계 |

정리하자면, 현재 정부의 지원은 그 효율성이 점차 떨어지고 있으며 특히 수많은 경제특별구역(산업단지) 건설은 과거의 성공 경험에만 집착하는 모습으로 보이기도 한다. 사회가 성숙해지고 경제규모가 커지면서 공유할 수 있는 성공 경험은 외려 줄어들고 있다. 1인당 GDP와 가처분소득이 늘어나야만 구매력을 갖춘 광대한 시장이 형성되지만 지역별 발전 격차와 인구 고령화가 이를 어렵게 하고 있다. 이 문제는 광둥성뿐 아니라 중국 전체의 문제점이기도 하다.

게다가 민주주의 체제를 가지지 못한 중국 경제의 성장 한계와 침체를 예상하는 견해도 많다. 대런 애쓰모글루 등이 쓴《국가는 왜 실패하는가(Why Nations Fail)》가 대표적이다.[57] 이 책은 중국을 착취적 제도하에서 성장한 대표적 국가로서, 소수의 공산당 지도부가 대다수 인민을 희생시켜 사리사욕을 채우는 사회라고 지목한다. 저자에 따르면 그런 상황에서도 일정한 성장이 가능한데, 그 방법이란 공산당 지도부가 생산성 높은 활동에 자원을 강제적으로 배분하는 것이다. 어떤 부문과 기업이 추가적 자본을 수혈받아 성장 기회를 잡을지 결정하는 주체가 다름 아닌 공산당이라는 이야기다. 이러한 착취적 제도에서는 성장이 가능하다 해도 지속적 경제성장으로 이어지기는 어렵고 창조적 파괴가 수반되는 본격적 성장은 아예 불가능하다고 보는 관점이다. 창조적 파괴는 기존 시스템에서 이익을 공유하고 있던 공산당 지도부의 이해관계에 손상을 주기 때문이다.

게다가 미국은 기술패권을 유지하기 위해 중국을 전 방위적으로 압박하고 있다. 트럼프에서 바이든 행정부로 정권교체가 이뤄졌지만 미중 갈등은 수그러들 기미가 보이지 않는다. 관세, 지적재산권, 보조금, 화웨이 수출규제, 틱톡 퇴출 문제 등에 이어 코로나19 책임론, 홍콩보안법, 영사관 철수(2020년 7월 휴스턴 중국총영사관과 청두 미국총영사관의 철수) 등에 이르기까지 정치와 경제를 포함하여 다양한 측면에서 분쟁이 일어나고 있다. 특히 바이든 행정부는 동맹국과 함께 강력한 압박을 하는 등 트럼프 행정부 때 썼던 방식보다 더 정교하게 설계된 조치를 취할 것이라고 많은 전문가가 예상하고 있다.

결국 중국 입장에서는 대내적 성장동력 위축과 체제 자체에서 초래되는 내재적 한계 그리고 미국의 압박으로 초래되는 대외적 위기까지 중화인민공화국 건국 이래 최대의 고비를 맞고 있는 셈이다. 그렇다면 중국은 성장의 벽에 부딪혀 좌절할 수밖에 없는 것인가?

| '무모하지만 놀라운' 중국의 도전은 계속될 것 |

역사적으로 봐도 그렇고 최근의 위기 극복 사례를 봐도 그렇고, 중국은 위기에 직면하면 애국심과 민족주의적 성향이 강화되는 모습을 보인다. 이러한 대응이 중국의 자원동원력을 제고하여 위기 극복의 동력을 제공한다. 아무리 무모해 보이는 도전이라도 일단 시도하고 매우 놀라운 인내심을 보이며 결국 목표를 달성해내는 경험이 그렇게 쌓여간다.

최근 기술패권을 둘러싼 미국의 압박에 대해 시진핑 중국 주석은 '양탄일성(兩弾一星)'을 언급하며, 국가의 핵심 전략으로 '과학 자립'을 채택하고 결연한 대응 의지를 표명한 바 있다. 양탄일성은 2개의 폭탄과 1개의 인공위성을 뜻하는데, 중국이 원자폭탄과 수소폭탄 그리고 인공위성 개발에 성공한 것을 일컫는 표현이다. 1964년 10월 원자폭탄 개발, 1967년 6월 수소폭탄 개발, 그리고 1970년 4월 동방홍 인공위성 발사 성공 등으로 중국은 핵클럽과 ICBM(대륙간탄도미사일)클럽에 가입하게 됐다.

이는 1950년대 중반 이후 중소 관계가 결렬되는 위기 속에서 중국이 이를 극복하기 위해 핵과 유도탄 개발에 뛰어든 이후 어렵사리 얻은 성과다. 결과적으로 중국은 소련을 의식하지 않고 독자적 행동을 할 수 있게 되었고, 타이완을 제치고 UN상임이사국이 되는 데도 이것이 큰 역할을 했다.

강주아오대교도 이와 유사한 과정을 거쳐 건설됐다. 건설 초기 선진국의 기술 지원을 받을 수 없었던 중국은 외국의 경험이나 노하우를 습득하지 못한 채 스스로 시행착오를 겪어가며 토목기술의 완성도를 높일 수밖에 없었다. 강주아오대교 건설 이전 중국의 교량 관련 토목기술 수준은 하저(河底)터널을 건설할 정도에 불과했지만 대교 건설 이후에는 세계 최장의 해저(海底)터널을 100% 자국의 기술력으로 건설하는 수준으로 올라섰다. 그렇다면 아직은 미완성인 화웨이의 하모니OS도 향후 중국이 쌓은 또 하나의 성공 경험이 되어 전 세계를 놀라게 할지도 모를 일이다.

중국은 어떻게 이 모든 다양한 성공 경험을 차근차근 쌓아나갈 수 있는 것일까? 그 비밀은 무엇일까? 아마도 넓은 내수시장을 바탕으로 수많은 시행착오를 빠르게 축적할 수 있다는 점이 가장 설득력 있는 설명이 아닐까 한다. 선진국의 기술 수준을 따라잡는 데 필요한 시간을 단축시킬 수 있는 조건을 잘 갖춘 것이다. 이를 두고 이정동 교수는 《축적의 길》에서 공간의 힘으로 축적의 시간을 압축한다고 설명한 것이다.[58]

실제로 중국의 과학기술 발전 과정은 놀랍도록 인상적이다. 하지만 그것은 하루아침에 이루어진 것이 아니다. 중국 지도부는 중화인민공화국 건국 초기부터 국가경쟁력의 핵심이 과학기술 발전이라는 신념을 가지고 일관성 있는 국가 주도의 발전 정책을 위해 지속적 노력을 쏟아부었다. 시진핑 집권 이후 첨단산업 육성을 위한 기술혁신 드라이브 정책은 그러한 노력의 연장선으로 볼 수 있다.

또한 중국은 '전략적 인내'라는 측면에서도 강자다. 청나라가 영국과 아편전쟁을 치른 후 홍콩섬과 카오룽반도를 할양해주고 1898년부터 신계(新界, New Territories)를 99년간 조차지로 내준 것은 중국의 이러한 인내심을 극명히 보여준다. 1997년 홍콩 반환과 함께 50년으로 규정된 '일국양제'의 일몰 기한인 2047년도 어느새 가까운 미래가 되었다. 이렇듯 중국은 바둑을 두듯 긴 시간에 걸쳐 전체적 상황을 자신에게 유리한 방향으로 조금씩 바꾸어나간다. 장애물에 부딪히면 적절히 조정해나가면서 최종 승리를 향해 천천히 전진한다.

2020년 9월, 우한을 반도체 제조의 허브로 만들고자 약 200억 달러가 투입되었던 HSMC(우한홍신반도체제조유한공사, 武汉弘芯半导体制造有限公司) 프로젝트가 정부의 보조금을 노린 사기극이라는 대대적 언론 보도가 터졌다. 반도체 자급이 절실한 상황에서 정부의 지원금과 투자금이 몰리자 실현 가능성 없는 목표를 세우고 투자를 강행했다가 결국 설립이 좌초된 황당한 사기극이었다는 것이다. 이뿐 아니라 중국 칭화대학교가 1988년에 설립하여 반도체굴기의 상징으로 꼽히는 칭화유니(TSINGHUA UNIGROUP, 清华紫光集团)가 2020년 13억 위안의 사모 채권을 상환하지 못해 채무 불이행을 선언한 데 이어 2021년에는 해외 자산마저 처분할 수 없는 위기에 몰려 결국 파산 절차를 밟고 있다.

중국의 이러한 실패를 보며 도리어 안심할 사람도 있을 수 있다. 하지만 이런 시행착오가 새로운 발전을 위해 꼭 필요한 축적의 과정임을 생각한다면 오히려 긴장하고 경각심을 가져야 할 것이다. 비록 양산체제를 갖추는 데 실패하고 미미한 자급률 수준에 머물고 있지만 중국 반도체산업은 D램과 낸드플래시 모두에서 상당한 기술적 성과를 거두고 있는 것으로 알려진다. 중국은 반도체와 디스플레이 등을 생산하는 핵심기술 개발에 필사적으로 드라이브를 걸고 있다. 이처럼 축적의 시간을 압축하는 노력이 지속적으로 이루어진다면 중국 반도체산업의 성과가 어느 순간 비약적으로 상승할 가능성도 있다.

　미국이 중국과 앞으로 어떠한 관계를 맺든, 중국은 현재의 쓰라린 경험을 결코 잊지 않을 것이다. 즉, 앞으로 중국은 막대한 자원동원력을 바탕으로 선진국의 첨단기술을 모방하거나 재창조하고, 이를 거대한 자국 시장에 적용하여 고유 생태계를 구성해낼 것이다. 이러한 중국 시장에 진입하려는 외국 기업이라면 당연히 중국의 생태계에 참여해야만 하고, 이를 통해 중국의 시스템이 그 기업의 본국에도 조금씩 이식되면서 중국 생태계는 제 영토를 확장할 것이다. 이른바 '만리방화벽(Great Firewall of China)에 의해 외국의 특정 웹사이트가 차단되고 중국 본토에서는 구글서비스가 제공되지 않기에 중국과의 소통이 필요한 외국인들이 위챗을 사용해야만 하는 것이 그런 예다. 그리고 세계 유명 관광지를 찾는 중국 관광객이 늘어나면서 이들에게 편의를 제공하기 위해 위챗페이 결제 시스템을 사용하는 것이 세계 각지로 확대되고 있는 모습도 또 다른 사례다. 이와 같이 중국이 선진 기술을 따라잡고 경제성장을 지속하면서 자신의 경제영토를 더욱 확대해나갈 것이라고 전망하는 것이 보다 타당한 예측일 것이다.

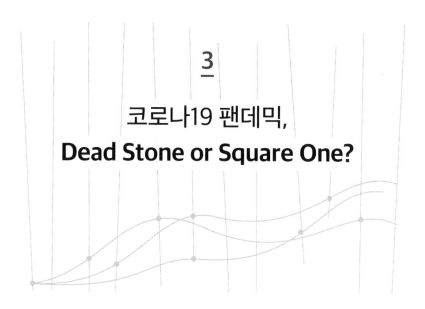

3

코로나19 팬데믹,
Dead Stone or Square One?

| 코로나19 팬데믹에 빠진 2020년의 중국, 그리고 세계 |

2020년 중국은 전례 없는 위기에 직면했다. 미중 무역분쟁이 여전한 상황에서 코로나19 팬데믹으로 세계 각국의 수요가 둔화되고 국제 교역량이 감소한 것은 중국 경제에 직격탄이 됐다. 세계은행(World Bank)은 코로나19에 따른 세계경제의 위축이 제2차 세계대전 이후 최악의 경기침체라고 평가했다. 여기에 여름철에는 4,000만 명의 이재민을 낸 장마와 대홍수 그리고 싼샤댐 붕괴 우려 상황까지 발생했으며, 페스트와 신종 돼지독감 이슈도 있었다.

그런데도 2020년 중국은 강력한 사회 통제로 G20 가운데 유일하게 2.3%의 플러스 성장을 달성했다. 광둥성도 1분기에는 급격한 하락세를 보였으나 2분기부터 회복세를 나타냈고 하반기에는 예년 수준을 회복해 결국 중국 전체 성장률과 동일한 2.3%의 성장을 기록했다.

그렇다면 우리는 코로나19로 점철되었던 2020년을 어떤 시선으로 돌이켜보면 좋을까? 코로나19가 가져다준 변화는 우리의 미래를 어떻게 바꿀 것인가? 2020년은 역사적 예외가 될 것인가, 아니면 새로운 시작점으로 기록될 것인가? 2020년을 '역사적 예외'로 본다는 것은 2020년을 건너뛰고 2019년과 2021년을 이어서 생각하는 것, 다시 말해 세계가 기존의 경제성장을 지속적으로 유지한다는 의미다. 이 경우 2020년은 버려도 되는 것, '사석(Dead Stone)'일 수 있다. 그렇지만 코로나19 팬데믹을 계기로 2019년까지의 성과를 내려놓고 2020년부터는 이전과는 전혀 다른 길을 걸을 수밖에 없다는 사실을 받아들여야 한다는 견해도 있다. 이런 의미에서는 2020년을 '시작점(Square One)'으로 볼 수도 있다.

2020년을 '사석'으로 보는 입장에서는 코로나19 사태가 얼마나 빨리 종결되느냐가 중요하다. 중국은 강력한 방역 정책으로 '코로나19 사태 종결'이라는 측면에서는 비교적 주목할 만한 성과를 보이고 있다. 2020년 12월 13일 중국은 총 16건의 확진 병례가 추가되었으며 그중 '해외 유입' 사례가 14건이라고 밝혔다. 즉, 그 시점에서 중국 국내 발생 사례는 2건뿐이라는 것인데, 14억 인구를 보유한 전 세계 제일의 인구 대국임을 고려하면 이는 믿기 어려운 경이적인 기록이다. 광둥성의 경우 같은 날 1건의 해외 유입 확진 병례와 5건의 무증상 감염자가 보고됐다.

여기에 백신과 치료제 개발로 바이러스의 광범위한 확산을 억제하게 되다면 조만간 예전과 같은 사회·경제적 회복을 기대할 수 있게 된다. 이 경우 2020년은 예외적인 침체의 시기로 기록되면서 버려도 되는 '사석'으로 간주될 수 있을 테고 2019년까지 진행된 성장을 토대로 한두 해만 건너뛰고 무난한 성장의 흐름을 이어갈 수 있을 것이다.

반면, 2020년의 팬데믹 상황을 변화의 '시작점'으로 보는 견해는 코로나19가 상시화되거나 주기적으로 발병할 것이며, 따라서 2020년을 기점으로 새로운 경제 패턴이 형성될 것이라고 본다. 대도시에 만연한 스모그 속에서 적응하며 살아가는 것처럼 코로나19와 함께 살아가는 삶을 전제로 새로운 경제의 틀을 구성해야 한다는 이야기다. 가장 성공적으로 바이러스를 억제하고 있다고 선전하는 중국에서는 지금도 소규모 발병이 지속되고 있으며 중국 보건당국은 이에 대해 강력한 봉쇄로 대응하고 있다. 산발적 확진 사례 발생과 그에 따른 주택단지 폐쇄가 일상적 상황이 될 수 있는 것이다. 어쩌면 대학에서 '경기 변동론'의 한 갈래로 '바이러스 변동론'을 공부해야 하는 세상이 도래할 수도 있다.

미국 질병통제예방센터(United States Centers for Disease Control and Prevention)에서 심각한 전염병 위기로 규정한 사례를 보면, 1918년 스페인독감 이후 1957년 아시아독감, 1968년 홍콩독감, 2002년 중증급성호흡기증후군(SARS), 2009년 신종플루, 2012년의 중동호흡기증후군(MERS)에 이어 2013~2014년에 극심했던 에볼라를 거쳐 2019년 코로나19로 이어져오고 있다. 그런데 특히 이번 코로나19는 유행이 1년을 넘기고 있으며, 백신이 개발되어도 이전처럼 자유로운 인적·물적 교류가 이뤄지리라고 생각하기 어려운 상황이다. 무엇보다도 이젠 전 세계가 촘촘히 그물망처럼 엮여 있어 세계 어느 한 곳에서 바이러스가 발생하면 그 영향이 실시간으로 전 세계에 파급될 수 있다.

결론적으로 말하자면, 코로나19 팬데믹을 겪은 2020년은 '사석'과 '시작점'의 경계선에서 복합적 양상을 띨 수밖에 없다. 문제는 어느 쪽에 좀 더 가까운가 하는 것인데, 시작점에 근접한 것으로 보는 견해가 많다.

세계 각국은 코로나19 확산을 막고자 영업 금지와 함께 시민들의 이동도 제한하고 있다. 이로 인해 개인의 기본권을 우선시하고 국가의 개입을 최소화하는 자유민주주의 국가의 기본 원칙이 흔들리고는 있으나, 코로나19로 국가의 역할 강화가 불가피하다는 견해도 힘을 얻고 있다. 이를 두고 코로나19 사태로 1970년대 이후 죽어가던 '리바이어던(Leviathan)'이 화려하게 부활했다고 이야기하기도 한다. 영국의 주간지 《이코노미스트(The Economist)》는 2020년 3월 말 "큰 국가의 귀환"을 핵심 이슈로 언급하면서 "제2차 세계대전 이후 가장 강력한 국가권력의 확대"라고 평가했다. 특히 중국은 중앙집권적 사회주의 국가로 이미 국가의 역할이 강화되어 있는 상태에서 더더욱 중앙집권체제에 가까워지는 모습이다. 최근 대런 애쓰모글루는 《좁은 회랑(The Narrow Corridor)》이라는 제목의 저작에서 '강한 국가'와 '강한 사회'의 건강한 긴장관계를 강조하면서, 강한 국가의 귀환만이 만능이라고 보는 중국의 팬데믹 대응 방식을 '독재적 리바이어던'의 전형이라고 비판하기도

했다.[59]

이러한 분위기 속에서 광둥성 정부 역시 코로나19의 외부 유입과 내부 재발을 방지하고자 인구의 유동을 엄격히 관리하는 방안을 추진 중이다. 2018년 3월 발표된 〈광둥성 인구 발전계획(2017-2020년) 공개에 관한 광둥성 인민정부 통지〉[60]는 공안·위생·민정·교육·고용·주택 부문에서 인구 관련 자료를 하나로 모아 인구 정보를 통일적으로 관리하고자 하는 방안을 담고 있다. 이러한 인구관리 방안은 코로나19를 계기로 더욱 강화되고 있는 상황이다. 당연히 외부에서 볼 때는 중앙집권적 사회주의 국가로서 중국이 주민들에 대해 강력한 통제력을 순조롭고 효과적으로 발휘하는 것으로 보여질 수 있다.

그러나 다수의 전문가들은 중국이 비록 대외적으로는 자신감 넘치는 모습을 보여주고 있을지라도 내부적으로는 공산당 통치에 대한 불신 또한 적지 않음을 지적한다. 서울대학교 정치외교학부 손인주 교수는 〈2019년 홍콩 민주화 시위의 기원〉이라는 논문에서 홍콩 민주화 시위로 그동안 누적된 불신감이 극명하게 노출되었고 이는 대외적 위협보다는 대내적 위기를 어떻게 관리할 것인가가 보다 중요하다는 인식을 강화시켰다고 언급했다.[61] 실제로 중국 주민들은 자신의 안전과 생존 등의 문제에서는 자기 목소리를 분명하게 내고 있으며, 중국 정부도 주민들의 이러한 의사를 무시하지 못하고 있다. 필자가 현장에서 확인한 '포산시 폐기물 처리시설 철회 시위'와 '광저우 자가격리 반대 시위'도 그런 맥락에서 살펴볼 수 있겠다(자가격리 반대 시위 사례는 부록에 수록했다).

❀ 포산시 폐기물 처리시설 철회 시위 ❀

2018년 10월 포산시는 포스코 공장과 인접한 부지에 '공업폐기물 처리시설'을 설치하겠다고 발표했다. 중국 내 자동차 도금강판 생산 판매의 전략적 거점을 포산에 설립(2012년 10월)하여 운영하던 포스코는 폐기물 처리시설이 설치되면 경영활동에 악영향이 발생할 것을 우려하여 필자와 대응방안을 논의 중이었다.

그런데 이때 뜻밖에도 인근 주민들이 반대 움직임을 보이기 시작했다. 폐기물 처리시설 예정부지 주변에는 양어장이 매우 넓게 펼쳐져 있었기 때문이다. 10월 20일 인근 주민들이 공업폐기물 처리시설 설치에 반대하는 소규모 항의 집회를 열었다. 연이어 21일에는 주민들이 포산시 정부에 조치 철회를 요구하는 서명운동을 시작했고, 24일 포산 시내에서 진행된 저녁 시위에는 1만 명 이상이 참여할 정도로 시위 규모가 급격히 커졌다. 포산시 공안당국은 시위 확대를 우려해 인쇄소와 같이 플래카드 작성이 가능한 곳들의 영업을 중지시키는 등의 예방 조치를 취했지만 주민들은 플래카드를 인쇄하는 대신 A4 용지에 항의 구호를 직접 써서 들고는 시위를 이어갔다. 결국 포산시 정부는 10월 24일 심야에 긴급 대책회의를 열었고, 이튿날인 25일 오전 "공업폐기물 처리시설 설치를 철회한다"라는 입장을 공식 발표해 사태는 마무리됐다.

2018년 10월 22일부터 25일까지 시진핑 중국 주석이 강주아오대교를 포함해 광둥성 개혁개방의 현장을 방문했다. 공교롭게도 포산 주민들의 시위와 겹쳐 포산시 입장에선 매우 당황스러웠을 테고 아마도 그런 상황이 포산시의 발 빠른 정책 변경으로 이어졌을 것이다. 바로 이런 경험이 중국과 광둥성 주민들에게 누적되고 있다는 점이 중요하다.

이 사례는 주민들의 자발적 시위로 시작되었고 정부 정책이 매우 빠르게 변경됐다는 점에서 주목할 만하다. 한편, 포산시 주민들의 시위는 광둥성 언론에서는 전혀 언급되지 않았고, 10월 25일자 홍콩의 《동방일보(東方日報)》에서만 보도됐다.

| 코로나19가 가져온 또 다른 사회적 균열의 조짐 |

중국 사회는 부유층과 빈곤층 사이의 빈부격차가 극심한 것으로 알려져 있다. 개혁개방 40년간 대내외적 위기를 극복하고 국가 주도의 발전 전략을 추진하는 과정에서 중국 사회의 불평등성은 꾸준히 심화되어왔다.

그렇지만 이 과정에서 '중국 특유의 이중사회 구조'가 중국 사회를 유지시켜주는 최소한의 안전판 구실을 해왔다. 즉, 중국의 부유층이 유지하는 의식주 여건과 빈곤층이 유지하는 의식주 여건이 같은 공간에서 다른 형태로 양립했으며, 더 높은 소득계층으로 진입을 가능하게 하는 사다리가 상당 기간 존재했고, 가까운 사람이 사다리를 오르는 사례를 직접 눈으로 목격하면서 자신도 사다리에 오를 수 있다고 믿었다. 바로 이것을 필자는 '중국 특유의 이중사회 구조'라고 정의한다.

이를테면, 광저우 시내 한복판에 있는 쇼핑센터 타이구후이(太古汇)

에는 명품 가게가 즐비하고, 지하 식료품 매장은 고품질의 값비싼 식재료와 수입 제품이 가득하다. 한편, 그곳에서 얼마 떨어지지 않은 곳에는 빈곤층이 이용하는 노천시장이 있는데 저렴한 가격으로 싱싱한 채소와 고기를 판다. 벤츠와 BMW 그리고 아우디와 포르쉐 차량도 흔하게 볼 수 있는 한편, 저임금 노동자들이 주로 이용하는 대중교통 요금은 낮게 책정되어 있다. 버스비가 2위안이니 우리 돈으로 350원 정도다. 지하철도 비슷한 수준이다. 도로 곳곳에 설치된 감시카메라가 차량의 교통법규 위반 행위를 철저히 적발하지만 서민들이 많이 타는 전기오토바이는 도심에서 위법 운전을 해도 엄격히 단속하지는 않는다. 허름한 전기오토바이가 가족과 짐을 싣고 도로 위의 벤츠와 포르쉐 사이를 누빈다. 이러한 중국 특유의 이중사회 구조 속에서 개인의 아이디어를 바탕으로 창업을 하거나 점포를 운영하면서, 그리고 때로는 부동산을 통해 갑작스럽게 새로운 인생을 만들어가는 사례도 많았다.

그런데 이제 그 안전판이 흔들리는 모습이다. 우선, 물질적 소비 생활에 익숙하고 권리의식이 강해 불공정한 대우에 대해 강렬한 반응을 보이는 신세대 농민공의 등장을 이야기할 수 있다. 이들은 거주하던 도심 아파트 지하층이나 낡은 주택단지가 안전을 이유로 철거되거나 도심재개발이 이뤄지면서 외곽으로 내몰리는 현실을 마주하면서 의식주를 포함한 사회생활 전반에 작용해온 사회적 차별을 절감하고 있다. 동시에 중국 사회가 성숙해가고 플랫폼 경제가 심화되면서 신분상승의 사다리가 제거되고 있는 현실을 목도하고 있다. 이들이 회복 불가능한 불평등에 근본적 의문을 제기하면 이중사회 구조의 균열이 심화되면서 사회적 안정 또한 흔들릴 가능성이 높다.

엎친 데 덮친 격으로 코로나19 팬데믹으로 인한 강한 충격이 중국 사회 내부에 더 큰 균열을 가져올 수 있다. 코로나19를 억제하기 위해 취한 통제 조치로 인해 농민공 등 취약계층이 실질적 피해를 입고 있기 때문이다. 그런 의미에서 중국 경제의 진정한 위기는 중국 인민들의 인내심이 바닥을 드러낼 때 촉발될지도 모른다.

후 여사는 요즘

코로나19가 발생하면서 후 여사는 가정관리사 일을 제대로 하지 못하고 있다. 아파트 단지마다 외부인 출입을 엄격히 통제하고 있고, 시내 구석구석을 누볐을 후 여사를 집 안으로 들일 만큼 용기 있는 가정도 거의 없었기 때문이다. 코로나19가 후 여사의 삶에 얼마나 큰 타격을 입혔을지 짐작할 만하다.

2020년 말부터 한동안 방역 활동이 성공적이라는 평가를 들으며 광둥성 경제가 회복세를 보이자 후 여사도 다시 일거리를 찾기 시작했다. 그러나 2021년 들어 확진자가 다시 늘어나는 모습을 보이자 광둥성 정부는 방역의 고삐를 바짝 조였다. 광저우시 일부 지역이 봉쇄관리를 시작하면서 해당 지역 주민들은 전원 PCR 검사를 받아야만 했다. 모든 공공장소는 출입이 금지됐고 일상용품도 관할 지역정부에서 일괄적으로 배송하는 것으로 바뀌었다. 광저우 소재 고등학교 1~2학년들은 5월 말부터 6월 중순까지 모든 수업이 온라인으로 대체됐다.

결국 후 여사는 다시 일거리가 줄어들고 있다고 한다. 고향으로 돌아갈까도 생각했지만 이것도 쉽지 않은 상황이다. 광저우에서 비행기나 열차 또는 고속버스를 이용해 다른 지역(후 여사의 고향은 후난성이다)으로 가려면 탑승 시간을 기준으로 48시간 내에 받은 PCR 검사 음성 증명서를 소지해야만 하기 때문이다. 더구나 한번 돌아가면 언제 다시 광저우로 올 수 있을지 알 수 없는 상황이라 이러지도 저러지도 못한 채 상황이 나아지기만 기다리며 광저우에서 무작정 버티는 모습이다.

후 여사는 남편과 함께 광저우 도심 외곽의 허름한 골방에 살면서 뜨거운 광저우 날씨 속에서도 도시락으로 끼니를 해결해가며 부지런히 돈을 벌었다. 고향의 가족이 좀 더 나은 생활을 하고 아이들을 교육시켜 조금은 여유로운 직업을 가질 수 있게 하겠다는 의지가 그것을 가능케 한 것이다. 그러나 이제 본인의 노력과 무관하게 중국 특유의 이중사회 구조가 무너지고 있고 갑작스럽게 닥친 코로나19의 여파가 오랫동안 지속되면서, 빈곤에서 벗어날 수 있다는 희망은 점차 절망으로 바뀌고 있다.

필자가 만나본 후 여사는 미중 무역분쟁의 구도하에서 이른바 '애국 소비'를 기꺼이 따를 마음가짐이 된 사람이다. 하지만 코로나19 상황으로 인해 점점 심화된 불평등과 닥쳐오는 생존의 위협을 과연 얼마나 인내할 수 있을지 알 수 없는 노릇이다.

중국에서 경험한 코로나19 팬데믹

　필자가 주광저우총영사관(이하 '총영사관')에서 그간의 직무를 마무리하고 귀국편 항공기에 탑승하던 2020년 9월 2일까지, 2020년 1월 이후의 만 8개월은 코로나19로 어려움을 겪던 기업 및 교민과 함께한 시간이었다. 2020년 초에는 코로나19로 중단되었던 한국 기업들의 조업 재개 문제를 고민해야 했고, 이후에는 한국발 항공기 탑승객들의 격리 문제를 해결해야 했다. 다음에는 운영 자금이 부족해 어려움을 겪는 기업을 지원하고 항공편 중단으로 생이별한 가족들을 만나게 하기 위해 전세기를 마련해야 하는 과제가 연이어 주어졌다. 그중 여기서는 한국 교민 격리 문제와 전세기 마련 문제를 정리해 수록한다. 중국 공무원들의 업무 처리 방식이 어떠한지 실질적이면서도 생생한 이야기로 전달하고자 함이다.

| 한국발 항공기 탑승객 격리의 시작 |

　광둥성은 2020년 1월 31일 코로나19 일일 확진자 수가 127명으로 최고점을 기록한 후 점차 감소세였다. 2월 12일 기준으로 보면 광둥성의 일일 확진자는 22명이었고 누적 확진자는 1,241명에 달했다. 이는 중국 전체에서 보면 후베이성의 4만 8,206명에 이어 2위 수준이었다. 전 세계적인 대유행을 겪고 있는 지금의 상황에서 보면 매우 미미한 규모지만, 당시만 하더라도 광둥성에 대해 여행경보를 격상할 것인지에 대해 논의가 진행될 정도였다. 이 상황에서 한국의 대구·경북 지역에서 확진자가 크게 늘어나자 광둥성은 한국발 항공편 승객에게 방역 조

● **2020년 초 광둥성의 코로나19 일일 확진자 수와 증가율**

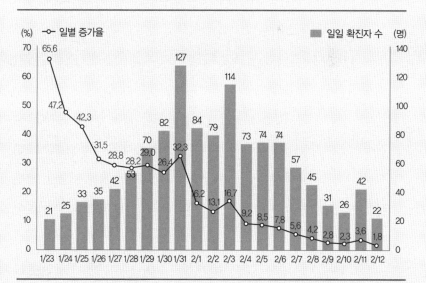

자료: 광둥성 방역당국 발표 자료를 정리하여 재구성.

치를 확대했다.

2020년 2월 27일 오전, 아시아나항공 광저우 지점장으로부터 다급한 연락이 왔다. "이미 한국을 출발하여 광저우로 오고 있는 아시아나 항공편 승객에 대해 격리 조치를 하겠다는 광둥성의 연락을 받았다"라는 것이었다. 한국에서 오는 승객에 대한 광둥성의 엄격한 방역 조치의 시작이었다. 2월 27일부터 시작해 3월 28일 정기 항공편이 완전히 중단될 때까지 꼬박 한 달간 진행된 광둥성 정부의 방역조치는 다음 3단계로 이루어졌다.

1단계는 2월 27일부터 3월 1일까지 광둥성에 들어온 9편의 한국발 항공편을 대상으로 진행됐다. 한국인 탑승객은 총 899명이었고 그중 대구·경북 지역에서 온 181명은 '14일 시설격리', 그 이외의 사람들은 '14일 자가격리' 조치가 취해졌다.

2단계는 3월 2일부터 3월 5일 사이에 도착한 경우로 모든 탑승객에 대해 '14일 시설격리' 조치가 취해졌다. 이 기간 중에는 6편의 항공기를 통해 503명이 입경했다.

이후 3월 6일부터 3월 28일까지 입경한 모든 탑승객에 대해 '14일 자가격리' 조치가 취해졌으며, 자가격리 요건에 맞지 않는 경우에만 '14일 시설격리' 조치를 취했다. 이것이 3단계 조치다. 이 기간 동안 총 20편의 항공기로 2,141명이 입경했고 그중 자가격리 요건에 맞지 않는 사람은 351명이었다.

요약하자면, 한 달 동안 35편의 비행기로 총 3,479명의 한국인이 광둥성으로 들어왔고 그중 971명이 시설격리를 경험했다.

| 광둥성의 방역 3단계와 총영사관의 단계별 대응 |

총영사관은 광둥성의 방역 조치 필요성은 인정하되 시설격리를 자가 격리로 전환해 격리 과정에서 교민들의 어려움을 덜어줄 수 있도록 하자는 목표를 세우고 신속하게 대응했다. 우선 총영사와 지역별 상공회장이 이끄는 '교민지원 TF'를 구성하였고 필자가 실무를 총괄했다. 광둥성 정부와의 교섭과 현장지원 등 세부 업무는 담당 영사가 각각 나누어 맡도록 했다.

1단계 조치에 대한 대응의 핵심은 대구·경북 지역에서 온 것으로 잘못 분류된 교민을 신속하게 자가격리로 전환하는 것, 그리고 더 근본적으로는 대구·경북 지역 교민으로 구분하는 기준의 문제점을 해소하는 것이었다. 광둥성은 대구·경북 지역 사람인지 여부를 주민등록번호로 구분했는데 총영사관은 그 방법이 얼마나 비합리적인지 설명했다. 또 부모와 자녀가 생이별을 해야 하는 비인도적 문제가 발생할 수 있음을 피력하며 시설격리를 자가격리로 전환해줄 것을 요청했다. 하지만 광둥성은 문제점을 잘 알고 있으나 다른 대안이 없고, 자국민인 후베이성 지역민에 대한 조치와 형평성을 맞춰야 한다는 입장을 고수했다.

당시 광저우는 1월 25일 〈후베이 우한 출신 방역 조치(来穗湖北武汉朋友防护指引)〉와 〈후베이 여행객 거류 지침(关于湖北籍游客在广州的住宿服务的指引)〉 등을 통해 후베이성 지역 주민들을 22개 시설에 나누어 격리 조치를 실시하고 있었다. 《남방일보》 등 보도에 따르면, 후베이와 우한에서 출장이나 여행을 온 사람도 있지만 오래전부터 광저우 등 다른 지역에 살고 있던, 고향만 후베이성인 사람들도 14일 격리를 겪어야 하는 사례가 많았다.

그런데 총영사관의 노력에도 불구하고 한국의 코로나19 상황이 악화되면서, 광둥성은 한국에서 오는 탑승객 전원에 대해 '시설격리'를 실시하는 것으로 방침을 강화했다. 한국인들을 가장 힘들게 했던 2단계 조치다. 당시는 설 연휴를 마치고 광둥성으로 돌아오는 주재원 가족이 많아 엄마들과 미성년 학생들, 심지어 영유아를 동반한 가족이 대부분이었다. 그들 모두가 '시설격리' 조치를 적용받아야 했다.

'시설격리'로 배정된 좁은 방은 먼지가 가득했고, 청소도구도 제대로 구비되어 있지 않았다. 구석구석에 죽은 바퀴벌레와 곰팡이가 널려 있고, 창문은 한 뼘밖에 개방되지 않았다. 14일간 1인당 2장의 수건만 지급됐다. 아이들의 옷은 매일 갈아입혀야 하기에 손세탁 후 헤어드라이어로 말려 다시 입혔다. 시설에서 제공되는 중국 음식은 아이들이 잘 먹지 못하는 것이어서 부모들의 걱정이 컸다. 격리 장소로 징발된 시설들은 2~3성 호텔로 제대로 관리된 곳이 매우 드물었던 것이다.

한편, 격리 시설로 지정된 호텔은 방역전문요원이 상주하며 외부와의 접촉을 엄격히 차단했다. 식사를 제공할 때도 호텔 직원들이 방역복을 입고 호실별로 하나하나 전달했다. 이 때문에 외부에서 한식을 호텔 내부로 반입하기가 쉽지 않았다. 호텔별로 제각각인 음식 반입 규제로 인해 교민들의 불만과 항의가 높았다. 일부 시설은 어렵게 음식 반입을 허가받았지만 중국 측 방역당국은 격리자 안전을 이유로 그 결정을 번복하기 일쑤였다. 통일된 기준을 적용한 것이 아니라 시설별로 자체 판단에 맡겼기 때문이다.

총영사관에서는 근본적 해결책은 시설격리를 자가격리로 전환하는 것밖에 없다고 보고, 최소한 아동을 동반한 가족만이라도 자가격리로 전환시키자는 목표로 광둥성 고위층과 끊임없이 접촉했다. 격리 중인 한국인들에게도 불편 사항이 있는 경우 총영사관뿐 아니라 호텔 측에 보다 적극적으로 요구하도록 했다. 호텔 측에서 한국인 격리자의 요구 수준을 맞추어줄 수 없음을 광둥성 정부도 인식하는 것이 중요했기 때문에 총영사관도 광둥성 정부에 식사, 시설, 청결, 방 배정 등 제기되는 모든 문제에 대한 시정을 강하게 요구했다.

결국 광둥성은 자가격리 전환 시 총영사관에서 격리 지침 위반 등의 문제가 발생하지 않도록 책임지고 관리한다는 것을 전제로 전격적으

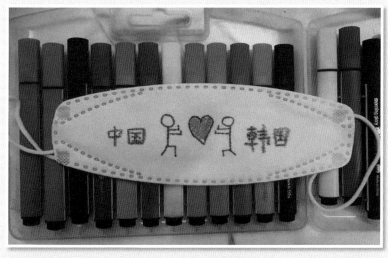

전원 시설격리 기간 중 한국인 아동이 마스크에 그린 그림. 홍성욱 총영사는 광둥성 부성장에게 사진을 전달하면서 미래의 한중 우호를 위해 아동가족들의 자가격리 전환이 반드시 필요함을 역설했다.

로 전원 자가격리로 전환하는 결정을 내리게 된다. 이것이 3단계 조치다. 광둥성의 적극적 협조로 3단계 조치로 전환이 되었지만, 현장에서는 개개인별로 자가격리 요건에 맞는지 여부를 두고 실무 차원의 갈등 상황이 전개됐다.

| 방역 과정: 인해전술식 인적·물적 자원의 투입 |

광둥성에서 방역의 일반적 과정은 다음과 같았다. 우선 항공기가 도착하면 방역복을 갖춰 입은 방역요원들이 탑승객 개인별로 열 체크를 하고, 증상 유무와 인적사항 등 각종 문진표를 작성하게 한 후, 별도로 마련된 입경 수속을 진행하게 된다. 이후 방역요원의 인도하에 버스에 탑승하고 격리 숙소로 이동한다. 그런데 종종 이 과정에서 차량이 제대로 준비되지 않아 몇 시간이나 대기하는 일이 발생하기도 했다. 초기에는 공항 근처 호텔로 한데 아울러 이동하였으나 이후 넘쳐나는 인원을 감당하기 어려워 거주지별로 나누어 각자의 거주지 부근 호텔로 바로 이동하도록 변경됐다. 거주지 부근 호텔도 다 찼을 경우에는 버스에 탑승한 채 새벽이 다 되도록 도시를 배회해야 했다. 이동 인원이 단 1명에 불과한 경우라도 구급차 등을 동원하여 새벽까지 이동이 진행됐다.

격리 시설에 도착하면 방 배정을 마친 후 PCR 검사 차례를 기다린다. 방역요원이 직접 방문하여 검사했는데, PCR 검사 물량이 많아지면서 결과가 나올 때까지 3~4일가량을 격리 시설에서 대기해야만 했다. 다행히 필자가 근무하는 기간 동안 광둥성에서는 단 1명의 한국인 확진자도 나오지 않았다. 음성 결과가 나오고 나서야 호텔 방역직원을 통해 자가격리를 신청할 수 있다. 시설별로 배치된 방역 담당자 중에는 자가격리로 전환이 가능하다는 사실을 모르는 경우가 많았기 때문에 총영사관에서 이를 모니터링하고 필요 시 신청서 양식을 공유하면서 신속히 신청할 수 있도록 했다.

신청이 접수된 후에는 신청자가 자가격리 요건에 부합하는지를 꼼꼼히 살펴보는 심사절차가 진행됐다. 이 과정에서 개개인별로 자가격리 요건에 부합하는지 여부를 두고 많은 갈등이 발생했다. 자가격리 요건은 비교적 엄격했고, 그 요건을 하나라도 충족시키지 못하는 경우에는 시설격리를 해야만 했기 때문이다.

구체적으로 보면 신청자가 합법적으로 본인 명의로 계약한 집인지(친척이나 친구 집 또는 다른 호텔이나 기숙사 등은 허용이 안 된다), 어른 기준으로 방의 개수가 알맞게 갖춰져 있는지(예를 들어, 부모와 미성년 자녀 1명, 성년 자녀 1명이면 성년 기준으로 방이 3개가 되어야 한다. 이를 맞추지 못하면 일부 인원은 시설격리를 해야만 했다), 집안에 거주 중인 사람이 있는지(설 연휴로 엄마와 아이들이 한국에 다녀오는 경우가 많았는데, 이 경우 업무상 체류 중이던 아빠는 집을 비워주고 자신은 별도로 숙소를 구하거나 가족과 함께 14일간 자가격리를 해야만 한다) 등을 검사한다. 간혹 4인 가족은 화장실 4개가 필요하다는 황당한 주장을 고집하는 방역요원도 있어 필자가 직접 전화를 걸어 이의 제기를 했다. "중국의 자가격리 지침은 화장실 개수를 정하지 않고, 다음 사용자가 소독 후 사용할 수 있다고 규정하고 있다. 1인당 하나의 화장실을 요구하지 않는다"라고 지적하면, 방역요원은 "지침이 개정됐다. 개정판은 비공개다"라고 주장했다. 그래서 필자가 "광둥성 방역본부에 확인해보고 외교관에게 거짓 사실을 말한 경우라면 상급 기관에 고발하겠다"라고 대응한 경우도 있다. 다행히 관련 한국 교민은 무사히 자가격리로 전환됐다.

단지 요건 부합 여부를 신청자에게 문의하는 것이 아니라 우리나라의 동사무소 격인 제다오반에서 아파트 등 숙소 관리소에 직접 확인하는 과정을 거친다. 이런 요건이 모두 갖추어지면 제다오반에서 자가격리 대상자를 데리러 직접 격리 시설로 온다. 이러다 보니 똑같이 자가격리를 신청했지만 제다오반 여건에 따라 자가격리를 개시하는 시간이 제각각일 수밖에 없어 언제 올지 모르는 제다오반 직원들을 하염없이 기다려야 하는 고역을 치러야 했다. 총영사관에서는 방역당국과 지역별 제다오반에 수시로 연락하면서 제다오반 방역팀이 현재 어디까지 도착했는지 위치 등을 확인하여 전달하고 한시라도 빨리 자가격리로 전환해줄 것을 요청했다.

자가격리를 시작하는 과정도 꽤나 요란스러웠다. 예컨대 엄마와 딸 2명의 가족을 데려오기 위해 구급차와 방호복으로 완전 무장한 5~6명의 인력이 동원되었을 정도다. 구급차가 사이렌을 울리며 아파트 단지로 들어서고, 엘리베이터를 다른 사람이 이용하지 못하게 한 뒤 격리 대상자만 타게 한다. 이동이 마무리되면 해당 엘리베이터는 소독을 하고 나서야 다른 사람들이 이용할 수 있다.

이렇듯 눈에 띄는 자가격리 과정은 본의 아니게 주변에 위험인물로 잘못 인식시키는 부작용을 낳았다. 그러다 보니 같은 아파트 단지에 사는 이웃 주민들이 괜히 긴장하며 걱정스럽게 자가격리 과정을 지켜

보았으며, 아파트에 따라서는 조직적으로 자가격리를 막는 경우도 발생했다. 아파트에서 확진자가 생기면 해당 단지 자체가 폐쇄되고, 그 때문에 생업에도 지장을 받을 우려가 있기 때문에 아파트 주민들도 대단히 격렬하게 반대 의사를 표했다. 자가격리를 반대하는 피케팅을 하며 입구를 막아섰고 SNS로 한국인 자가격리 현황을 공유하며 조직적으로 시위를 진행했다. 총영사관 요청으로 공안(경찰)이 출동했지만 그들은 지역 주민들의 의사에 반하는 조치를 적극적으로 취하지 않았다. 결국 자가격리를 위해 온 교민들 중에는 눈물을 삼키고 격리 시설로 발길을 되돌린 경우가 적지 않았다.

심지어 무사히 자가격리를 시작한 경우에도 퇴거를 요구하며 외부에서 14일 격리를 다 끝내고 돌아와야 한다고 주장한 경우도 있었다. 이 사안은 무사히 자가격리를 시작한 다른 아파트 단지에 악영향을 끼칠 우려가 있었기에 필자와 정부 담당 영사가 직접 단지 주민들과 협상을 한 경우다. 모든 소요 비용을 자신들이 부담할 테니 14일 후에 돌아와달라는 요청이라서, 요청을 받은 한국 교민 가족도 아파트 주민 이웃들과의 관계를 생각해 퇴거를 신중하게 고려 중인 상황이었다. 필자는 PCR 검사 결과가 음성이며 광둥성에서 규정한 자가격리 요건을 철저하게 준수할 것이라는 사실 그리고 광둥성 정부가 허락한 자가격리임을 반복해 설명할 수밖에 없었다.

수많은 주민들 앞에서 마치 녹음기를 틀어놓은 듯 반복해서 설명하는 그 과정은 누가 먼저 지치느냐 하는 버티기 게임과도 같았다. 정오에 시작된 협의가 오후 늦게까지 계속되었고 비까지 내리는 상황에서도 '지루한 버티기'는 지속됐다. 이런 협의를 하며 14일을 버틸 참이었다. 아파트 주민들이 밤늦게까지 내부적으로 회의를 진행했고 결국 자가격리를 인정하기로 결론을 내렸다.

자가격리를 시작한 경우에도 현관 입구에 감시카메라를 설치하고 심지어는 아파트 경비원이 의자를 가져다 놓고는 거기 앉아 14일을 보내거나 현관문을 봉인하는 경우도 있었다. 자가격리가 종료될 때는 다시한 번 PCR 검사를 하고 음성 결과를 받으면 격리 해제 증명서가 나오는데 이때 비로소 격리의 모든 과정이 종료됐다. 격리 시설 비용 문제와 관련해 총영사관에서는 3월 19일 중국 중앙정부가 공식적으로 자부담 방침을 정하기 전까지는 광둥성 정부가 부담할 것을 요구했고, 개별적으로 비용을 지불한 경우에도 모두 환불받을 수 있도록 조치를 취했다.

이 모든 과정을 거치면서 필자는 광둥성 정부가 이 격리 관련 조치에얼마나 많은 인적·물적 자원을 투입하는지 알 수 있었다. 광둥성 정부는 모든 외국인 입경자와 외국에서 귀국하는 수많은 자국민에게도 동일한 절차를 진행했다. 격리 시설로 지정되는 호텔의 징발과 수많은인력 동원 등은 필요 시 중국 정부가 과감한 물량 공세를 장기간 지속할 만한 능력이 있음을 단적으로 보여주었다.

| 한국 교민들의 성숙한 시민의식과 광둥성의 방역조치 확대 |
문제가 발생했을 때 어디서 어떤 방법으로 실마리를 찾아야 할지, 혹시라도 나만 불합리하게 취급받는 것은 아닌지 의심스러울 때는 비슷

한 처지에 놓인 사람들과 정보를 공유하고 소통하는 것이 효과적이다. 총영사관에서는 예상되는 절차를 설명하고 SNS 단체방 가입을 요청하는 안내문을 작성했고, 항공사와 협조해 항공편 탑승 시 항공사 승무원들을 통해 이를 한국인 승객들에게 배포했다(초기에는 총영사관에서 SNS 단체방을 만들고 항공기에 탑승한 지인들을 통해 주변 한국인 가입을 권유하는 방법을 썼다).

그리하여 SNS 단체방에는 가족까지 포함하면서 평균 250여 명이 참여했다. 이를 통해 모든 항공편 각각에 대해 SNS 단체방이 만들어졌고, 실시간으로 발생하는 돌발 상황에 대해 즉각적 대응을 할 수 있었다. 격리가 진행되는 절차와 자가격리 요건 관련 각종 문제 그리고 대응 방법 등을 안내하면서 사전에 대비할 수 있도록 했다. 중국 방역당국이 만든 〈자가격리 안내서〉라는 문서를 중문본과 한글 번역본으로 함께 공지했고, 현장에서 방역요원을 직접 대응할 때 활용할 수 있도록 했다.

무엇보다 격리자들은 SNS 단체방을 통해 작은 도움과 정보라도 서로 주고받으며 소통할 수 있었다. 격리된 숙소에서 외부 상황을 알 수 없다 보니 PCR 검사가 시작됐다는 소식이나 자가격리 신청서를 접수하기 시작한다더라 하는 내용부터 와이파이 비번이나 시설 내부 설비 사용법까지 각종 정보를 SNS 단체방에서 공유하는 것이 교민들이 어려움을 극복하는 데 큰 역할을 했다. 또한 포스코와 LG디스플레이 등 진출 기업을 중심으로 한 구호물품 지원과 한인상공회 중심의 자원봉사도 지역별로 진행됐다. 많은 불편함과 어려움이 있었지만 격리자와 자원봉사자 모두 자신들의 행동 하나하나가 앞으로 한국인 입경 시 부정적 영향을 끼칠 수 있다는 점을 인식하고, 그런 일이 생기지 않도록 성숙한 시민의식을 보여주고자 최선을 다했다.

격리 중인 교민들의 어려움을 해결하는 민원 대응이 보다 체계적으로 진행되기 시작한 것은 광둥성 외판 담당자들(광둥성 외판 부주임과 성 외판 직원 및 각 시별 외판 실무자들이 모두 참여했다)과 총영사관 영사들이 참여하는 SNS 단체방이 만들어지면서다. 광둥성은 한국 총영사관이 교민들을 위해 이렇게까지 강하게 나설 줄은 예상하지 못했다면서 한국 교민 지원 업무를 성실히 수행해주었다. 인적사항과 연락처 그리고 민원 내용을 우리 쪽에서 SNS에 올리면, 중국 측 관련 담당자가 사실 관계를 파악하고 즉시 후속 조치를 취한 후 그 결과를 답신으로 알리는 방식이었다. 이러한 공식 절차를 통해 많은 문제를 빠르게 해결할 수 있었다. 그 전까지는 민원 발생 시 필자를 포함한 영사들이 직접 현장 방역요원에게 전화로 항의하고 사안별로 지역별 외판 담당자들을 찾아 도움을 요청하는 등 번거롭고 지난한 과정을 거쳐야만 했다.

물론 때로는 방역 과정 중 문화적 차이에서 오해가 빚어지기도 했지만 한국 교민들의 편의를 위해 협조해준 중국 측 방역요원들과 중국 시민들도 아주 많았음을 밝혀두고 싶다. 주민등록번호 착오로 대구·경북으로 분류되어 시설격리를 위해 이동하던 중, 필자의 문제 제기로 결과가 다시 나오기까지 한국 교민들과 함께 길 위에서 5시간이나 참을성 있게 기다려준 방역요원도 있었고, 생일을 맞은 교민을 위해 케이크를 마련해준 격리 시설도 있었다.

총영사관은 중국의 이러한 인해전술 같은 조치가 광둥성 정부의 부담을 키워 장기적으로 유지하기는 힘들 것으로 예상했다. 한국의 방역은 확진자 파악과 동선 추적을 위주로 진행하는, 즉 점과 점을 선으로 연결하는 정교한 방역(TTT: Testing, Tracking and Tracing)인 데 반해 중국의 방역은 인적·물적 자원을 투입한 면적 봉쇄 형식이기 때문이다. 하지만 광둥성 정부는 2021년 7월 현재까지도 모든 정기 항공편과 전세기 탑승객들에 대해 동일한 방역조치를 진행하고 있다. 여기에 더해 한국의 코로나19 상황이 더욱 악화되면서 자가격리 대상을 14세 이하 미성년 아동과 보호자 1인으로 축소하면서 시설격리 대상을 확대했으며, 2주간의 시설격리에 더해 추가로 1주간의 자가격리를 의무화하여 격리 기간을 총 3주로 늘렸다. 다시 말해, 중국 및 광둥성은 이 같은 인해전술식 방역 조치를 아직도 끈질기게 유지하고 있다.

| 가족 간 생이별을 막는 유일한 방법, '전세기 띄우기' |

광둥성 방역 조치가 진행된 한 달의 기간 동안 한국 국적기(대한항공, 아시아나, 에어부산) 기준으로 보면 원래 202편의 항공기가 운행될 예정이었으나 실제로 운행된 것은 35편에 불과했다. 3월 28일부터 7월 16일까지는 비행편이 모두 취소됐고, 7월 17일부터 일주일에 1편으로 운행이 재개되었지만 중국인 환승객들이 좌석을 선점하는 상황이었다. 당시 광둥성에 오지 못하고 한국에 발이 묶인 주재원 가족들과 교민들이 매우 많았음을 알 수 있는 대목이다. 이분들이 장기간 방치된 가정과 일터로 돌아올 수 있는 유일한 방법은 전세기 이용뿐이었다.

전세기는 정부특별 전세기와 기업일반 전세기로 구분되는데, 정부특별 전세기는 우한에서 교민들을 긴급히 탈출시킨 경우와 같이 국민의 생명과 안전이 위협받을 정도로 긴박한 경우 등 예외적 상황에서 운영된다. 반면, 기업일반 전세기는 기업 영업활동의 필요에 따라 운영되는 전세기다. 공장 가동에 필요한 기술진을 한국에서 중국으로 수송하는 것이 그런 예다. 정부특별 전세기는 신청 주체가 국가이고 따라서 정부의 예산이 투입되지만, 기업일반 전세기는 신청 주체가 기업이며 비용도 기업이 모두 부담한다. 필자가 여기서 언급하는 전세기는 모두 기업일반 전세기다.

코로나19 이전의 전세기 운항 절차는 이러했다. 기업이 항공사에 전세기를 신청하면 항공사가 항공 업무를 담당하는 중국 정부 부서인 민항총국에 전세기 운항 공항과 날짜 그리고 시간 배정을 요청하는 절차를 통해 결정됐다. 그러나 코로나19로 방역이 중시되면서 정부 중심으로 운항 절차가 까다로워져 항공사보다는 기업이 직접 중국 정부를 상대해야 했다.

우선 기업이 중국의 지방 시 정부(市政府)에 전세기 신청을 하면, 지방 시 정부는 전세기 운항 시 방역 문제를 감당할 수 있을지 신중히 검토하여 성 정부(省政府)로 신청 절차를 넘긴다. 성 정부는 공항 운영 및 방역 여건을 심사한 뒤 중앙정부로 전달하고 중앙정부 방역본부에서 최종 결정이 나면 민항총국에 통보하는데, 그때가 되어서야 민항총국은 항공사에 연락해 구체적인 이착륙 시간을 배정하게 된다. 이처럼 전세기를 운행하는 데 정부기관의 역할이 중시되면서 주중 한국 대사

관과 각 지역 총영사관이 적시에 필요한 지원을 하는 것이 매우 중요한
일이 됐다.

| 한국 국적기를 전세기로 띄워라 |

코로나19로 한중 정기노선이 전면 중단된 초기에는 한국과 중국을
오가는 얼마 안 되는 전세기가 모두 중국 국적기로만 운항되는 상황이
었다. 전세기 운항을 승인하는 중국 측은 중국 국적기를 이용하기를
선호했고, 톈진과 시안 등에 진출한 기업들 역시 보다 확실한 전세기
운항 허가를 확보하기 위해 난팡항공과 에어차이나 등 중국 국적기를
선택하고 있었다. 광저우에 소재한 LG디스플레이도 항공편 완전 중단
이후 두 달 만인 5월 20일 처음으로 전세기를 운행했는데, 170명이 난
팡항공편에 탑승해 이른바 신속통로를 이용하여 광저우로 입경했다.

한중 간 합의된 '신속통로'가 무엇인지 잠시 그 내용을 살펴볼 필요가
있다. 신속통로를 잘못 이해하여 오해가 발생하는 것을 많이 보았기
때문이다. 한중 정부 간 협의로 긴급하게 마련된 '신속통로'란 PCR 검
사에서 이상 없음이 확인된 기술인력이 14일간 '폐쇄식 관리'가 가능한
경우에 한해 입경을 허가하고 예외적으로 격리 기간 없이 바로 작업 현
장에 투입될 수 있는 것을 말한다.

이 절차를 이용하려면 폐쇄식 관리가 가능한지가 중요한데 그 내용
은 다음과 같다. 한국에서 PCR 검사를 완료한 기술인력이 별도의 입
경 수속을 마친 후 전용 이동수단(전세버스)을 타고 사전에 준비된 숙소
로 이동해야 한다. 숙소는 반드시 개별 냉방 시스템이 구비되어야 하

는데, 중앙공조식 냉방 시설은 공기 순환으로 인해 다른 사람들에게 전염될 위험성이 있기 때문이다. 숙소에 도착하면 다시 PCR 검사를 하며(경우에 따라서는 혈청 검사가 추가되기도 한다), 검사 결과가 최종 음성으로 나오면 사업장 출퇴근이 가능하다. 즉, 14일 격리를 완료하기 전에 사업장에 출근할 수 있도록 했다는 점에서 '신속통로'라고 한 것이다. 사정이 이렇다 보니 출퇴근의 경우에도 전용 이동수단(주로 전세버스를 가리킨다)이 마련되어야 할 뿐 아니라 14일간 고정된 좌석에 앉아야 한다. 사업장으로 출근해서도 식사와 작업 그리고 휴식공간과 이동 동선이 다른 직원들과 겹치지 않도록 해야 한다. 14일을 모두 채울 때까지 사업장과 숙소만 왕복할 수 있을 뿐이다. 결국 중국이 요구한 여건을 맞출 수 있는 경우는 대기업 기술인력밖에 없었다. 다른 사람과 대면 업무를 해야 하는 영업인력은 제외되었고, 기술인력이 소수이고 영업장이 소규모인 중소기업은 요건을 맞추기가 어려웠다.

5월 20일 운항된 LG디스플레이 전세기가 대표적 사례다. 필자는 LG디스플레이 관계자와 함께 전세기 입경의 모든 과정을 상세히 지켜볼 수 있었다. LG디스플레이는 전세기 운행에 대한 불확실성을 최소화하기 위해 관할 지방정부인 광저우 및 회사가 소재한 개발구 정부(开发区政府)와 충분한 사전협의를 거쳤고, 당시 추진 중이던 OLED 신규 공정을 안정화하는 데 필요한 필수 기술인력만 엄선하여 전세기로 광저우에 입경했다. LG디스플레이는 광둥성에 진출한 가장 큰 한국 기업이라 중국 정부의 협조가 원활했기 때문에 총영사관에서 지원할 부분은 거의 없었다.

LG디스플레이가 전세기를 준비한다는 소식을 듣고 가장 발빠르게 움직인 곳은 둥관에 소재한 삼성디스플레이였다. 둥관의 삼성디스플레이는 전세기를 운행한 경험이 없어 총영사관에 도움을 요청했다. 이에 필자는 광둥성 외판에 중국 국적기만 전세기로 허용되느냐고 공식 질의했고, 광둥성은 "전세기 항공사 선정은 전적으로 기업 자율이며, 정부는 그에 관여하지 않는다"라고 답변했다. 공식적으로는 당연한 답변이었고 업무를 진행하는 과정에 어떤 변화가 있을지는 알 수 없는 노릇이지만 공식적 질의답변을 근거로 삼성디스플레이 측과는 아시아나항공을 전세기로 쓰는 것을 결정했다. 목표 운항일은 5월 30일로 정했다.

당시만 해도 한국 국적기를 이용한 전세기 사례가 전무했기 때문에 다수의 관계자가 회의적 반응을 보였다. 삼성디스플레이는 물론이고 아시아나항공사조차 헛고생만 하는 건 아닌지 걱정했다. 필자는 광둥성 정부의 입장을 지속적으로 확인하면서 우리 측의 우려를 불식시키기 위해 노력했다. 삼성디스플레이 입장에서는 신규 라인 정비를 위해 기술인력이 반드시 중국으로 들어올 수 있어야 했다. 전세기 일정에 문제가 생기면 손실이 발생할 수도 있는 상황이었다.

결국 삼성디스플레이에서 전세기를 아시아나항공에서 난팡항공으로 변경해야 할 것 같다고 필자에게 연락해왔다. 그 연유를 확인하니 둥관시 전세기 업무 담당자가 "전세기를 난팡항공으로 변경하면 좋겠다"라는 의견을 전달해왔다는 것이다. 필자는 둥관시 외사국장을 통해 사실관계를 확인하면서 항공사 선정에 불합리한 강제가 있어서는 안 된다는 점을 설명했다. 결국 둥관시 외사국장은 실무자 확인 결과 "건의를 한 것은 사실이나 강요한 적은 없고 항공사 선택은 기업 자율이다"라는 회신을 보내왔다. 이러한 고비를 넘기면서 중앙정부로 올라간 전세기 신청 건은 주중 한국 대사관의 전폭적 지원 아래 민항총국의 최종 확정을 받아, 정기 항공편 중단 이후 처음으로 한국 국적기가 전세기로 운행되는 결과를 얻었다. 운항 확정 통보일이 운항 예정일인 5월 30일보다 열흘이나 일찍 결정된 예외적인 경우였다. 당시는 전세기 운항이 1~2일 직전에 확정되는 게 일반적이었으니 말이다.

| 전세기 귀국편을 활용하자 |

삼성디스플레이 직원들을 위해 마련된 아시아나항공 전세기는 운항 결정일과 실제 운항일 사이에 10일이라는 시간적 여유가 있었다. 그래서 총영사관에서는 새로운 시도를 해보기로 했다. 한국으로 귀국하는 빈 항공기를 활용하여 광둥성에서 한국으로 꼭 가야만 하는 교민들을 수송하면 어떻겠느냐 하는 것이었다. 처음에는 별 어려움이 없을 것으로 예상되었지만, 선례가 없는 일이라 광둥성 정부에서는 선뜻 나서려하지 않았다. 사전에 정해진 명단을 제출하고 그 사람들만 탑승시키는 것이 아니라, 항공사에서 항공권 판매를 하도록 하고 귀국할 필요가 있는 사람들이 자율적으로 항공권을 구매할 수 있도록 하자는 것이었으니 광둥성이 난처해하는 까닭도 이해할 만했다. 아니나 다를까, 광둥성은 미리 탑승자 명단을 정해 전세기 운항 신청을 새로 하라는 입장을 통보해왔다. 하지만 어렵게 한국 국적기를 전세기로 확정한 상태에서 새로이 절차를 밟는다는 것은 위험부담이 너무 컸다.

베이징의 중국 외교부도 한국 교민들이 귀국하는 것은 인도주의적 측면에서 전혀 문제 될 것이 없다는 입장이었다. 이렇게 공감대는 형성되었지만 최종적으로 책임지고 민항총국에 문서를 발송하는 문제가 남아 있었고, 광둥성은 기존 입장에서 한 발짝도 움직이려 하지 않았다. 결국 주중 한국 대사관이 중국 외교부에 어렵사리 협조를 구했고, 중국 외교부가 정식 문서가 아니라 관련 서한을 민항총국에 보내줌으로써 이 문제는 가까스로 해결됐다.

민항총국에서 비준을 확정한 것이 29일 아침이었으니 출발 하루 전에야 결정이 난 것이다. 하지만 그 짧은 기간에도 탑승 의사를 보인 사람이 150여 명이었고 개별적으로 비용을 지불하고 항공권을 최종 발권한 사람은 89명에 달했다.

5월 31일 《매일경제》에도 보도된 삼성디스플레이 전세기 사례는 총영사관 입장에서는 매우 다양한 의미를 갖는 중요한 경험이다. 코로나19로 한중 간 정기 항공편이 중단된 이후 첫 번째로 운항된 한국 국적 전세기였고, 신속통로를 통해 주재원 가족도 같이 입경한 첫 번째 사례였을 뿐 아니라 전세기 귀국편을 통해 공식적으로 교민들을 한국으로 귀국시킨 최초의 사례이기도 했기 때문이다.[62]

무엇이든 처음이 힘든 법이고 그 이후는 보다 수월한 편이다. 당시 전세기 수요가 컸던 LG디스플레이도 삼성디스플레이의 전세기 사례를 바탕으로 한국 국적기를 전세기로 사용할 수 있겠다는 판단을 했다. 이에 따라 대한항공, 아시아나항공, 난팡항공을 상대로 전세기 입찰을 실시했고, 아시아나항공이 최종 선정됐다. LG디스플레이는 6월

29일, 7월 7일, 7월 10일 연달아 세 차례 전세기를 편성했는데, 총영사관에서는 귀국편 항공기를 교민들이 이용하도록 하는 일을 중점 지원했다.

| 중소기업을 위한 전세기도 필요하다 |

대기업 전세기가 순조롭게 운항되면서 중소기업에 대한 지원 부족 문제가 불거졌다. 중소기업은 인원수가 적어 전세기를 임차할 여건이 안 되었고, 무엇보다 폐쇄식 관리가 불가능했기 때문에 '신속통로' 이용도 할 수 없었다. 이러한 상황에서 총영사관은 중소기업을 위해 직접 중국 정부에 전세기를 신청하는 일을 시도해보기로 했다. 광둥성에서는 총영사관과 KOTRA 광저우무역관이 전세기 신청 절차를 진행하고 한국에서는 산업통상자원부와 한국무역협회가 전세기에 탑승할 중소기업을 모집하고 필요한 제반 절차를 진행하는 업무를 담당했다.

전세기 신청에 필요한 서류 중에는 방역책임자를 지정하는 것이 있었는데, 방역조장을 부총영사가 맡고 부조장은 KOTRA 무역관장이 맡도록 했다. 방역 실무 총괄은 필자가 담당했고 다른 영사들과 광저우 한인상공회 임원 및 KOTRA 직원을 세부 업무 담당자로 포함했다. 또 산업통상자원부에서 광저우시장에게 직접 서한을 보내 한국 정부에서도 크게 관심을 갖고 있음을 확인할 수 있도록 했다. 한국무역협회가 홈페이지에서 신청자를 모집했고, 비자 등 탑승요건 확인과 비용 문제를 담당했다. 비용은 탑승자들이 모두 공평하게 부담하도록 했다. 필자는 중소기업 전세기의 필요성을 입증하는 자료를 만들어 광둥성 정부에 제출해야 했는데, 이를 위해 탑승 신청자들에게 광둥성 입경이 필요한 이유 등을 전화로 일일이 물어보는 등 문의를 많이 했다. 그러자 어떤 분은 "보이스 피싱을 하려면 그럴듯하게 해라"라고 말하기도 했다. 그만큼 전례가 없는 일을 했던 것인데, 결과적으로는 총영사관, 산업통상자원부, 한국무역협회, KOTRA 광저우무역관 등이 함께 긴밀한 협조로 중소기업을 위해 전세기를 운행한 최초의 사례로 기록되면서 《아주경제》에서도 이를 비중 있게 보도했다.[63] 운항된 전세기는 대한항공 편이었고, 7월 23일 159명이 광저우바이윈국제공항에 도착했다. 탑승자들은 신속통로 절차를 준용해 사전에 PCR 검사를 받은 사람들만 탑승하도록 했으며, 광저우에 도착해서는 폐쇄식 관리가 곤란했기에 14일 격리를 준수하도록 했다. 이 중 미성년 아동을 동반한 가족들은 자가격리로 전환하도록 지원했다.

이런 사례가 쌓여가면서 광둥성 한인상공회도 나섰다. 한국에 갔다가 아직 돌아오지 못하고 있는 교민들을 전세기로 수송하는 일에 적극 나선 것이었다. 이 일은 지역별로 이루어졌는데, 가장 발 빠르게 움직인 지역은 한중산업단지가 위치한 후이저우였다. 후이저우 한인상공회는 진출 기업인 효성금융설비와 연계하여 교민들을 태워서 온 경우인데 6월 29일 난팡항공으로 68명이 입경(기업인 21명, 한인상공회 교민 47명)했다. 기업과 연계하긴 했지만 중국에서 한인상공회 차원에서 전세기를 운행한 첫 사례라 할 수 있다. 선전 한인상공회는 7월 17일 처음으로 정기편이 재개되는 에어부산 항공기 좌석을 사전에 확보하는 창의적인 방법으로 선전 교민들을 수송했다. 이후 둥관 한인상공회와 광저우 한인상공회도 각각 교민들 입경을 위한 전세기를 띄우게 된다.

한인상공회가 주관해서 추진한 전세기를 탑승하려는 교민들은 대부분 오래전부터 광둥성에 정착해 삶을 영위하던 분들로 설 연휴 기간 중 잠시 한국에 갔다가 돌아오지 못하고 발이 묶인 경우다. 이 시기에는 기존에 발급된 중국 비자의 효력이 모두 정지되고 새로이 중국 정부의 초청장을 받아 주한 중국 대사관에 단기 비자를 발급받아야만 했다. 초청장은 우선 지방의 구정부(区政府)나 현정부(县政府)에 신청해야 했고, 이어서 시 정부를 거쳐 최종적으로 성 정부의 명의로 발급되는 것이었기 때문에 개인이 이를 확보하는 것은 불가능한 상황이었다. 지방 정부는 한국 교민 입경 시 방역 부담을 져야만 했기 때문에 대기업 기술인력에 대해서는 초청장을 수월하게 발급했지만, 일반 교민에 대한 초청장 발급에는 매우 소극적이었다. 이에 따라 총영사관에서는 총영사가 직접 지방정부 주요 고위급 인사를 만나 협조를 요청하면서 초청장 발급 문제의 돌파구를 마련했다. 초청장이 발급되어야만 비자를 받을 수 있었기에 이는 한인상공회의 전세기 운행을 위한 필수 선행요건이었다.

| 다시 새로운 도전은 이어지고 |

전세기 운행 사례 및 경험이 축적되면서 총영사관에서는 새로운 시도를 하게 된다. 당시는 주중 한국 대사관에서도 학생들을 비롯한 교민 수송을 강조하던 시기였다. 교민이 많고 총영사관이 소재한 지역에서는 전세기 덕분에 어느 정도 숨통이 트인 상황이었지만, 그 이외의 지역들은 여전히 어려움이 컸다.

　전세기를 운행하면 해당 지방정부가 방역에 책임을 져야 했다. 그렇기 때문에 어느 지역이든 타 지역 사람을 전세기에 탑승시키려 나서지는 않았다. 결국 타 지역 사람들을 전세기에 함께 탑승시키려면 방역 책임을 지는 지방정부도 어떤 혜택을 받도록 해주는 것이 핵심이었다. 이에 따라 총영사관은 후이저우와 협력하여 한중산업단지를 활용하는 방안을 추진했다. 중국 전역의 한국 교민들을 대상으로 전세기를 운행하되, 후이저우에서 14일 격리가 끝날 때 하루를 더해 후이저우 한중산업단지 투자설명회를 여는 것이었다. 그 후 중국 국내선을 이용해 최종 목적지로 이동하면 된다. 이러한 전세기 3편을 2주 간격으로 운항할 것을 사전에 확정하자는 것이었다.

　후이저우 입장에서는 큰 비용을 들이지 않으면서 후이저우에 대한 좋은 인상을 남기고 투자설명회 또한 진행할 수 있는 기회였다. 필자는 옌청과 옌타이 등 다른 지역의 한중산업단지가 유사한 프로그램을 만들기 전에 후이저우가 먼저 선도적으로 진행하자고 말하며 후이저우와 협의를 진행했다. 2020년 8월 13일 협의가 진행됐고, 8월 15일 후이저우에서 전세기 운행에 합의함에 따라 8월 27일과 9월 10일 그리고 24일 세 차례에 걸쳐 전세기를 띄울 예정이었다. 이에 맞춰 무역협회에서도 중국으로 돌아가야만 하는 교민을 대상으로 전세기 탑승 신청을 받기 시작했다.[64]

　그러나 갑작스럽게 한국의 코로나19 상황이 악화되고 광둥성에서도 전염병 최고통제 단계를 요구하는 등 상황이 급박해지면서 후이저우에서 전세기 운행계획을 연기해줄 것을 요청해왔다. 그게 8월 17일의 일이다. 이후 필자는 9월 2일자로 3년간의 파견 업무를 마치고 한국으로 복귀하였고, 이에 따라 후이저우의 한중산업단지 전세기 운행계획은 결국 무산되고 말았다.

전세기 업무는 한 번도 해본 적 없는 생소한 일이었지만 15차례에 걸쳐 총 3,328명(입경 2,285명, 출경 1,043명)에게 직간접적으로 도움을 줄 수 있었다. 15편의 전세기 중 중국 국적기는 3편이었고 한국 국적기가 12편 운항됐다. 광둥성에 입경하는 교민 자가격리 지원 업무와 전세기 편성 업무는 꽤 성과도 있고 보람도 느꼈던 일이다. 중국 내 다른 지역 총영사관에서도 전세기 업무에 관한 문의가 많았다. 이에 한국 국적기 운항, 주재원 가족 탑승, 귀국편 전세기 활용, 중소기업 전세기 운행 등 모든 고비마다 직접 몸으로 배운 교훈을 공유했다.

그러나 돌이켜보면 전세기 업무의 성과는 국내 방역 상황과 매우 밀접하게 연계돼 있었다. 한국에서 방역 상황이 좋을 때는 전세기 업무도 성과가 있었지만, 그렇지 못할 때는 전세기 업무도 성과를 내기가 어려웠다. 그런 의미에서 광둥성의 전세기 업무가 얻어낸 성과는 국내에서 땀 흘리며 방역 활동에 헌신한 분들이 낸 성과라고 보는 게 맞다. 감사드리지 않을 수 없다. 한국 방역의 성공은 한국 경제를 살리는 첩경일 뿐 아니라 타국에서 생활하는 교민들에게도 큰 도움이 되는 일이었다.

1 광둥성과 한국의 GDP를 비교한 내용으로 南生今世说이 2020년 3월 6일 〈差距多
 大? 2019年中国广东省·俄罗斯·韩国的GDP, 人均GDP 对比(차이가 얼마나 큰가?
 2019년 중국 광둥성, 러시아, 한국의 GDP와 1인당 GDP 비교)라는 제목으로 처음
 발표하고, 이를 《시나재경(新浪财经)》 등 주요 언론사가 보도했다. 南生今世说은 우
 수한 경제 관련 분야 글을 싣는 플랫폼이면서 다수 작가로 구성된 일종의 공인 파워
 블로거이기도 하다.

2 2020년 한국 GDP 관련 자료도 2021년 3월 14일 南生今世说에서 〈正式公布!
 2020年韩国GDP约为1.63万亿美元, 扔超过我国广东省(정식 발표! 2020년 한국의
 GDP 약 1.63조 달러, 여전히 광둥성 앞서)란 제목으로 발표했다. 《시나재경》과
 《텐센트넷》등 주요 언론에서 이를 보도했다.

3 鲁晓东 (2018. 10). 《广东对外开放四十年》. 中国社会科学出版社.

4 毛艳华 (2018. 10). 《粤港澳合作四十年》. 中国社会科学出版社.

5 광둥성 판공청에서 2009년 4월 14일에 〈关于积极应对国际金融危机保持外经贸稳
 定发展的意见〉란 제목으로 발표한 문건이다. 이 문건은 인민정부 판공청 문건(粤
 府办 2009-33호)이다. 광둥성에서 발표하는 문건은 5가지 종류로 구분되는데, 최
 상위 법령인 인민정부부령(粤府令), 주요 정책을 내용으로 하는 인민정부문건(粤府),
 그리고 인민정부서한(粤府函), 인민정부판공청문건(粤府办), 인민정부판공청서한

(粵办函) 순서다.

6 광둥성이 〈珠江三角洲地区改革发展规划纲要(2008-2020年)〉이란 제목으로 12년 간의 발전 로드맵을 그린 종합정책이다. 2008년 7월 19일 당시 왕양 광둥성 서기가 광둥성을 방문한 원자바오 총리에게 계획을 보고하고, 2008년 12월 31일 중국 국무원의 정식 비준을 받고 홈페이지를 통해 대외적으로 공개된 것은 2009년 1월 8일 이다. 국무원의 비준을 받은 중앙정부 차원의 정책이기 때문에 일반적인 지방정부 정책보다 중요하게 취급받는다.

7 중국 국무원이 발표한 〈中国 (上海) 自由贸易试验区总体方案〉으로 최초의 자유무역시험구 설치에 관한 규정이다. 2013년 7월 3일 국무원 상무회의를 통과하고 홈페이지를 통해 대외 공개된 것은 9월 18일이다. 실시 지역은 상하이지만 중앙정부가 특별히 관리하는 중요한 정책이기 때문에 국무원이 발표했다.

8 광둥성이 〈广东省人民政府关于复制推广中国 (广东) 自由贸易试验区第五批改革创新经验的通知〉이란 제목으로 2019년 5월 23일 발표한 문건으로, 개혁 혁신 모범 사례를 다른 지역에도 확대 적용하기 위한 내용을 담고 있다. 광둥성 인민정부서한 (粵府函 2019-124호)에 해당한다.

9 2015년 3월 28일에 〈推动共建丝绸之路经济带和21世纪海上丝绸之路的愿景与行动〉이란 제목으로 중국 국가발전개혁위원회와 외교부 그리고 상무부가 함께 발표한 문건이다.

10 "화교 문화 켜켜이 쌓인 조루… '하이브리드 모더니티' 유산" (2020. 8. 29). 《중앙일보》.

11 2015년 6월 3일 광둥성이 〈广东省参与建设 "一带一路" 的实施方案〉이란 제목으로 발표한 문건이다. 국가가 추진하는 "일대일로" 건설에 광둥성이 전략적 엔진 역할을 하겠다는 내용을 담고 있다.

12 2018년 1월 6일 중국 국무원이 〈国务院关于同意撤销深圳经济特区管理线的批

復〉이란 제목으로 발표한 문건이다.

13 2019년 7월 24일 중국공산당중앙위원회와 국무원이 함께 〈中共中央, 国务院关于 支持深圳建设中国特色社会主义先行示范区的意见〉이란 제목으로 발표한 문건 이다. 정부 부처와 공산당위원회가 함께 발표한 것으로 보아 중국이 특별히 중요시 하는 문건임을 알 수 있다. 개혁개방 노선을 견지하고, 웨강아오따완취 건설의 기 회를 살려서 사회주의 현대화 국가의 모범도시로 거듭날 것을 강조하고 있다.

14 2018년 6월 8일 후이저우시가 〈惠州市支持中韩 (惠州) 产业园加快发展若干政 策措施〉란 제목으로 발표한 문건이다. 2017년 중국 국무원이 발표한 〈중한산업단 지 설립 동의에 관한 국무원 비준〉을 실천하기 위한 지방정부의 후속 문건에 해당 한다.

15 2017년 12월 5일 광둥성이 〈广东省人民政府关于印发广东省沿海经济带综合发 展规划 (2017-2030 年) 的通知〉란 제목으로 발표한 문건이다. 광둥성 인민정부문 건(粤府 2017-119호)에 해당한다.

16 2018년 5월 24일 중국 국무원이 〈国务院关于印发进一步深化中国 (广东) 自由贸 易试验区改革开放方案的通知〉란 제목으로 발표한 문건이다.

17 2019년 2월 18일 중국공산당 중앙위원회와 중국 국무원이 함께 〈中共中央, 国务 院印发《粤港澳大湾区发展规划纲要》〉이란 제목으로 발표한 문건이다. 이 경우도 공산당위원회가 관여한 중요한 문건임을 알 수 있다.

18 광둥성이 〈广东省人民政府关于印发广东省重大工程建设项目总指挥部组建方案 的通知〉란 제목으로 2019년 10월 29일 발표한 문건이다. 광둥성 인민정부서한(粤 府函 2019-367호)이다.

19 박소희 (2019). "중국 웨강아오따완취 발전계획과 연계한 한중 산업협력 혁신거점 육성방안".《중소연구》제43권 제1 호.

20 邱国祥 (2020. 2). 〈2019年广东规模以上工业经济运行情况分析〉. 广东省统计局.

21 양평섭 (2020. 7. 7). "최근 대중국 수출 급감의 원인과 과제".《오늘의 세계경제》. 대외경제정책연구원.

22 李国辉 (2020. 2).〈2019年广东规模以上服务业运行情况分析(2019년 광둥성 규모이상 서비스업 운행 현황 분석)〉. 东省统计局.

23 광둥성이 2017년 8월 5일 처음 문건을 발표한 후 2018년 9월 10일 수정판을 발표했다.〈广东省人民政府关于印发广东省降低制造业企业成本支持实体经济发展若干政策措施的通知〉로, 수정판은 광둥성 인민정부문건(粤府 2018-79호)에 해당한다. 주광저우총영사관은 2017년 11월 7일 정책 수립에 직접 참여한 광둥성 공업정보화청의 잔루어란(詹若兰) 국장을 초청하여 한국 기업인들에게 정책을 상세하게 설명하는 간담회를 개최했다.

24 광둥성은 2017년 12월 5일 처음 문건을 발표한 후 2018년 9월 6일 수정판을 발표했다.〈广东省人民政府关于印发广东省进一步扩大对外开放积极利用外资若干政策措施的通知〉로, 수정판은 광둥성 인민정부문건(粤府 2018-78호)이다.

25 2018년 11월 8일 광둥성 공산당위원회 판공청과 광둥성 판공청이 함께〈省委办公厅, 省政府办公厅印发《关于促进民营经济高质量发展的若干政策措施》〉이란 제목으로 발표한 문건이다. 광둥성 인민정부문건(粤府 2017-125호)에 해당한다.

26 刘建民 (2020. 2).〈企业研发投入加大, 科技实力稳步提升〉. 广东省统计局.

27 〈2019年广东省科技经费投入公报〉는 2020년 10월 29일 광둥성 통계국과 광둥성 과학기술청 그리고 광둥성 재정청이 함께 발표한 자료다.

28 刘建民 (2020. 4).〈广东高技术制造业发展现状研究〉. 广东省统计局.

29 刘建民 (2020. 4).〈科技创新强省建设研究〉. 广东省统计局.

30 광둥성 인민정부가 2019년 1월 7일 발표한 문건이다.〈广东省人民政府印发关于进一步促进科技创新若干政策措施的通知〉로, 2019년 광둥성 인민정부문건 제1

호(粤府 2019-1 호)로 발표됐다.

31 선전시 인민정부에서 2019년 9월 11일 〈深圳市人民政府印发关于率先实现5G基础设施全覆盖及促进5G产业高质量发展的若干措施的通知〉라는 제목으로 발표한 문건이다.

32 선전시 공업정보화국이 2019년 9월 4일 선전시 5G건설 동원대회를 개최하고, 차이나유니콤, 차이나모바일, 차이나텔레콤과 각각 체결한 MOU다. 〈5G基站建设合作备忘录〉으로, 비망록(备忘录)은 MOU로 번역한다.

33 광둥성 인민정부 판공청이 2019년 5월 15일 발표한 문건이다. 〈广东省人民政府办公厅关于印发广东省加快5G产业发展行动计划(2019-2022)的通知〉는 광둥성 인민정부판공청서한(粤办函 2019-108호)에 해당한다.

34 광둥성 인민정부가 2018년 8월 10일 발표한 문건이다. 〈广东省人民政府关于印发广东省新一代人工智能发展规划的通知〉는 광둥성 인민정부문건(粤府 2018-64호)에 해당한다.

35 유망산업연구원에서 2019년 12월 2일에 연구원 네트워크에 공개한 자료다. 〈2019年广东省新能源汽车行业市场分析〉은 광둥성이 생산과 판매량은 선두권이고 충전설비는 3위를 기록하고 있음을 지적하고 있다.

36 중국 공업정보화부(공신부)에서 작성하여 2020년 10월 〈新能源汽车产业发展规划(2021-2035年)〉란 제목으로 국무원상임위원회 회의에서 통과된 계획이다. 2020년 11월 2일 국무원 판공청에서 공식 발표했다.

37 2018년 6월 13일 광둥성이 발표한 문건이다. 〈广东省人民政府关于加快新能源汽车产业创新发展的意见〉은 광둥성 인민정부문건(粤府 2018-46호)에 해당한다.

38 杨丹 (2020. 4). 〈广东能源开发利用情况, 问题和对策建议〉. 广东省统计局.

39 储小平 (2018. 10).《广东民营企业四十年》. 中国社会科学出版社

40 1998년 런정페이 회장이 쓴《华为的红旗到底能打多久(과연 화웨이의 붉은 깃발은 얼마나 펄럭일 수 있을까)》에서 늑대문화의 특징을 좀 더 자세히 설명했다. 늑대는 날카로운 후각과 꺾이지 않는 공격정신 그리고 집단투쟁이라는 3가지 특징을 가지고 있는데, 런정페이 회장은 기업이 확장하기 위해서는 이 3가지 특징을 반드시 갖춰야만 한다고 강조했다. 이 책은 런정페이 회장이 중국전신연구단에 발표한 보고서와 차이나유니콤 본사에서 개최된 처장급 이상 간부 좌담회에서 발언한 내용을 묶은 것이다.

41 "국가비상사태까지 선포하며 화웨이에 칼 빼든 美… 견제 진짜 이유는?" (2020. 5. 22).《동아일보》.

42 민성기 (2021). "미중 탈동조화 현상과 중국 ICT 기업의 공급망 변화에 관한 연구: 화웨이와 아너의 사례를 중심으로".《중국과 중국학》. 제42호.

43 2020년 5월 15일 중국《파이낸셜 네트워크(金融界网站)》에 발표된 광따증권(光大证券)의 시장 분석 보고서〈光大证券点评美国再挑华为事件: 短期看备货中期看大国博弈(광따증권 미국 화웨이사건 재점화 평론: 단기 물량비축, 중기 대국치킨게임)〉에 실린 내용이다. 광따증권은 1996년 설립되어 상하이에 본부를 두고 있는 회사로 중국 정부가 인정한 3대 혁신 증권회사 중 하나다. 2016년《포천》중국 500대 기업 중 하나로 이름을 올린 기업으로, 업무 영역은 자산관리, 기금공모, 사모기금, 선물 등이다.

44 "중국, 미국 화웨이 제재 대응해 애플·보잉 블랙리스트 올릴 것" (2020. 5. 15).《한국경제신문》.

45 "'백색가전의 왕' 메이디, 가전 스마트화 선도" (2020. 8). 뉴스핌.

46 2019년 7월 31일 중국 매체 华商韬略의 천광(陈光)과 이란(伊然)이〈从塑料生产组做到市值3800亿, 美的集团五百强排名四连升(플라스틱 생산팀에서 시장가치 3,800억으로, 메이디그룹 500대 기업으로 4연속 이름 올려)〉이란 제목으로 발표

한 자료에 수록된 내용을 참고했다.《시나재경》,《텐센트넷》등에 보도됐다.

47 임재현 등 (2018. 8). "스마트팩토리 로보틱스".《기계저널》.

48 "[광저우·선전에서 본 中 첨단산업 굴기 현장] 퇴근길에 자율주행자동차… 도시 전체가 '테스트베드'" (2018. 12. 23).《서울경제》; "[中 첨단산업 굴기 현장을 가다] 개발능력 예상보다 뛰어나지만… 매출액 '0' 상업화 성공은 의문" (2018. 12. 23). 《서울경제》; "[中 첨단산업 굴기 현장을 가다] 인재 삼고초려에 전용 고속도로까지 건설… 스타트업 무한지원" (2018. 12. 24).《서울경제》.

49 〈小马智行首批自动驾驶量产车辆获广州路测牌照(포니ai 최초로 자율주행 양산차량 광저우 드라이브테스트 면허증 획득)〉 (2021. 3. 2).《南方 Plus》.

50 〈深圳全无人驾驶出租车来了(선전에 완전한 무인 자율주행 택시가 등장했다)〉 (2021. 4. 28).《深圳晚报》.

51 "中 드론, 거대 내수시장 업고 200여 곳 무한경쟁… 안보 논란은 걸림돌" (2019. 10. 1).《서울경제》

52 "규제 풀어 무섭게 큰 中 'AI굴기'… 의료·교육·금융까지 무한융합" (2020. 1. 15). 《동아일보》.

53 광둥성 판공청은 2018년 12월 26일 〈广东省人民政府办公厅关于配合做好整治拒收人民币现金有关工作的通知〉라는 제목으로 발표한 문건이다. 광둥성 인민정부판공청서한(粤办函 2018~411 호)에 해당한다.

54 롯데첨단소재 영업소 사무실은 사무실 구석의 빈 공간을 자그마한 집기 보관창고로 활용 중이었는데, 그 창고의 출입문과 바닥에 난연재(难燃材)를 사용하지 않았다는 이유로 소방당국으로부터 전체 사무실 1개월 폐쇄 조치를 받았고, 매월 폐쇄 조치가 갱신 중인 상황이었다. 해결의 물꼬가 트인 것은 2017년 12월 한중정상회담이었다. 필자는 선전 외사판공실과 보다 본격적으로 협의를 시작할 수 있었고, 2018년 2월 말 영업소 측에 연락하여 선전 소방당국에 정식으로 폐쇄 해제를

신청하도록 하여 3월 말 폐쇄 명령이 공식 종료되었다.

55 2021년 6월 2일 '21世纪经济报道'에서 〈关于"三孩"政策, 国家卫健委回应了(셋째 아이 정책에 관해 국가 위생보건위원회가 대답했다)〉라는 제목으로 처음 발표했고,《시나재경》,《광저우일보》등에서 이를 보도했다.

56 조지프 스티글리츠 (2013).《불평등의 대가: 분열된 사회는 왜 위험한가》. 이순희 역. 열린책들.

57 대런 애쓰모글루, 제임스 A. 로빈슨 (2012).《국가는 왜 실패하는가》. 최완규 역. 시공사.

58 이정동 (2017).《축적의 길》. 지식노마드.

59 이동헌, 이향아 (2021. 3). "전염병 위기 관리하기".《경제와 사회》.

60 광둥성에서 2018년 3월 7일 발표한 문건이다. 〈广东省人民政府关于印发广东省人口发展规划 (2017-2030年) 的通知〉로, 2018년 광둥성 인민정부문건 제1호(粤府 2018-1호)로 발표될 만큼 광둥성이 중시한 정책이다.

61 손인주 (2020). "2019년 홍콩 민주화 시위의 기원".《한국정치연구》.

62 《매일경제》는 2020년 5월 31일 "한중 기업인 '신속통로', 저장성 등 9곳 추가 확대"라는 기사를 통해 다음과 같이 보도했다. "30일 삼성디스플레이 엔지니어 137명이 아시아나를 이용해 광저우에 도착했다. 지난 3월 28일 이후 한중 양국을 오고 가는 전세기는 모두 중국 국적기였으나 이번에 처음으로 한국 국적기가 운행됐다. 30일 광저우에 도착한 아시아나 전세기는 광저우 현지 교민 89명을 태우고 한국으로 향했다."

63 《아주경제》는 2020년 7월 1일 "정부, 출장길 막힌 중소기업인 위해 광저우행 전세기 띄운다"라는 기사를 통해 다음과 같이 보도했다. "정부가 한중 기업인 신속통로 (패스트트랙) 제도 시행에도 정기 항공노선이 없어 출장에 어려움을 겪는 중소기

업인을 위해 중국 광둥성 광저우행 전세기 투입을 추진한다. 코로나19 팬데믹(세계적 대유행) 사태 속 정부가 국내 중소기업인의 중국 출장에 발 벗고 나선 건 이번이 처음이다."

64 《파이낸셜뉴스》는 2020년 8월 18일 "투자설명회 참석하면 전세기 허용 中, 韓투자 사활"이라는 기사를 통해 다음과 같이 보도했다. "후이저우 한인회 등과 후이저우시는 이 같은 상황을 고려해 다른 지역 거주자라도 인천~후이저우 전세기를 이용할 수 있도록 합의했다. 다만 탑승객 전원은 후이저우에 도착해 14일간 격리한 뒤 정부에서 준비한 투자설명회를 참석해야 한다. 이런 형태의 전세기 허용은 처음이다."

- 党鹏 (2020. 5. 1).《手机简史》. 中国经济出版社.

- 鲁晓东 (2018. 10).《广东对外开放四十年》. 中国社会科学出版社.

- 李胜兰 (2018. 10).《广东区域经济发展四十年》. 中国社会科学出版社.

- 林江 (2018. 10).《广东财政改革四十年》. 中国社会科学出版社.

- 毛艳华 (2018. 10).《粤港澳合作四十年》. 中国社会科学出版社.

- 徐现祥 (2018. 10).《广东经济改革四十年》. 中国社会科学出版社.

- 我的钢铁 (2021. 1. 22).〈2020年各省市汽车产量排行〉.

- 广东省统计局 (2020. 1).〈2019年广东宏观经济运行情况〉.

- 广东省统计局 (2020. 1).〈粤港澳大湾区工业经济创新驱动发展研究〉.

- 广东省统计局 (2020. 10).〈2019年广东省科技经费投入公报〉.

- 广东省统计局 (2020. 2).〈2019年广东规模以上工业经济运行情况分析〉.

- 广东省统计局 (2020. 2).〈2019年广东规模以上工业企业经济效益情况分析〉.

- 广东省统计局 (2020. 2).〈2019年广东规模以上工业利润总额增长5.6%〉.

- 广东省统计局 (2020. 2).〈2019年广东规模以上服务业运行情况分析〉.

- 广东省统计局 (2020. 2).〈企业研发投入加大 科技实力稳步提升〉.

- 广东省统计局 (2020. 3). 〈2019年广东省国民经济和社会发展统计公报〉.

- 广东省统计局 (2020. 4). 〈2019年广东人口发展状况分析〉.

- 广东省统计局 (2020. 4). 〈科技创新强省建设研究〉.

- 广东省统计局 (2020. 4). 〈广东高技术制造业发展现状研究〉.

- 广东省统计局 (2020. 4). 〈广东工业小微企业发展状况研究〉.

- 广东省统计局 (2020. 4). 〈广东能源开发利用情况问题和对策建议〉.

- 广东省统计局 (2020. 4). 〈广东法人单位状况分析研究〉.

- 广东省统计局 (2020. 5). 〈广东信息服务业发展研究〉.

- 广东省统计局 (2020. 7). 〈2020年上半年广东固定资产投资实现正增长〉.

- 广东省统计局 (2020. 7). 〈2020年上半年广东规模以上工业能源生产简况〉.

- 广东省统计局 (2020. 7). 〈2020年上半年广东规模以上工业生产运行简况〉.

- 广东省统计局 (2020. 7). 〈2020年上半年广东规模以上工业生产运行情况分析〉.

- 广东省统计局 (2020. 7). 〈2020年上半年广东规模以上工业效益简况〉.

- 广东省统计局 (2020. 7). 〈2020年上半年广东规模以上服务业运行简况〉.

- 广东省统计局 (2020. 8). 〈2019年广东区域经济发展情况分析〉.

- 广东省统计局 (2020. 8). 〈2020年上半年广东经济运行情况分析〉.

- 广东省统计局 (2020. 8). 〈广东经济特区成立40周年发展成就〉.

- 广东省统计局 (2020. 8). 〈广东经济特区成立40周年发展成就〉.

- 广东省统计局. (2020. 2).《2019年广东经济运行情况分析〉.

- 张斌 (2018. 10).《广东制造发展四十年》. 中国社会科学出版社.

- 才国伟 (2018. 10).《广东经济发展四十年》. 中国社会科学出版社.

- 储小平 (2018. 10).《广东民营企业四十年》. 中国社会科学出版社.

- 前瞻产业研究院 (2019. 12).〈2019年广东省新能源汽车行业市场分析〉.

- 第一电动研究院 (2020. 1).〈2019年新能源汽车销量排行出炉〉.

- 中国政府网 (2010. 10).〈农业部部长韩长赋谈解决农民工问题的基本思路〉.

- 中汽协 (2020. 6).〈2019年我国的新能源汽车销量数据〉.

- 그레이엄 앨리슨 (2018).《예정된 전쟁: 미국과 중국의 패권 경쟁, 그리고 한반도의 운명》. 정혜윤 역. 세종서적.

- 김유휘 (2015). "중국 이중노동시장의 형성에 대한 제도주의적 분석".《한국사회정책》.

- 대런 애쓰모글루, 제임스 A. 로빈슨 (2012).《국가는 왜 실패하는가》. 최완규 역. 시공사.

- 대런 애쓰모글루, 제임스 A. 로빈슨 (2020).《좁은 회랑: 국가, 사회 그리고 자유의 운명》. 장경덕 역. 시공사.

- 미야자키 마사히로, 다무라 히데오 (2020).《중국발 세계경제 위기가 시작됐다: 다가올 경제 위기를 현명하게 극복하는 법》. 박재영 역. 센시온.

- 배성종 (2006). "소득분배구조 변화가 소비에 미치는 영향". 한국은행.

- 손인주 (2020). "2019년 홍콩 민주화 시위의 기원".《한국정치연구》. 서울대학교 한국정치연구소.

- 심지원, 김바로 (2020). "자율주행자동차 논의에 있어서 인간의 자리: 자율주행자동차에 대한 논의의 특징과 한계".《인문사회21》. 아시아문화학술원.

- 이은영 (2019. 9). "선전 중국특색사회주의 선행시범구 지정과 시사점". KDB미래전

략연구소.

- 이정동 (2017).《축적의 길》. 지식노마드.

- 조지프 스티글리츠 (2013).《불평등의 대가: 분열된 사회는 왜 위험한가》. 이순희 역. 열린책들.

- 헨리 키신저 (2012).《헨리 키신저의 중국 이야기》. 권대기 역. 민음사.

- 헨리 키신저 (2016).《헨리 키신저의 세계 질서》. 이현주 역. 민음사.